创新型高等教育精品教材

普通高等学校国防教育概论

主审　刘代军
主编　李广锋　王洪梁　邢金善

航空工业出版社
北　京

内 容 提 要

在高校开展国防教育是新时代加强全民国防教育的一个重要组成部分，也是当代大学生必不可缺的基本教育。本书由长期从事国防教育的专家编写而成。全书以习近平新时代中国特色社会主义思想为指导，以最新的《中华人民共和国国防教育法》《普通高等学校军事课教学大纲》为编写依据，用全新视野阐述国防观念、国防基础知识、古今经典军事思想、国防技能和训练等。在讲解方式上，根据当代大学生的学习特点，摒弃了许多国防教材说教式的理论讲解，融入大量经典案例、先进人物故事等，并精心设计了课堂互动和实践活动等体例，添加了精美图片，以激发学生的学习兴趣，让学生潜移默化地树立国防意识，提升国防素质，淬炼国防技能，增强爱党、爱国情感。

本书内容严谨、科学、实用、新颖，可作为高校国防教育教材。

图书在版编目（CIP）数据

普通高等学校国防教育概论 / 李广锋，王洪梁，邢金善主编． -- 北京：航空工业出版社，2024.3
（2024.12重印）
ISBN 978-7-5165-3671-1

Ⅰ．①普… Ⅱ．①李… ②王… ③邢… Ⅲ．①国防教育－高等学校－教材 Ⅳ．①G641.8

中国国家版本馆CIP数据核字（2024）第019685号

普通高等学校国防教育概论
Putong Gaodeng Xuexiao Guofang Jiaoyu Gailun

航空工业出版社出版发行
（北京市朝阳区京顺路5号曙光大厦C座四层　100028）
发行部电话：010-85672666　　010-85672683

北京鑫益晖印刷有限公司印刷	全国各地新华书店经销
2024年3月第1版	2024年12月第2次印刷
开本：787×1092　1/16	字数：379千字
印张：16	定价：48.90元

本书编委会

主　审　刘代军

主　编　李广锋　王洪梁　邢金善

副主编　李　洁　占龙祥　胡红贵　金高辉
　　　　　李　莉　周长满　柯　伟　田　荣
　　　　　刘少峰　黄祖兵　荣文龙　刘凯亚

序　言

　　国无防不立，民无防不安。自古以来，国防便是关乎国家民族兴衰存亡的重大战略问题。当前，环顾全球，世界百年未有之大变局加速演进，世界之变、时代之变、历史之变正以前所未有的方式展开。我国面临复杂多变的发展和安全问题，尤其是在当今高新技术快速发展格局下，战争形态沿着智能化方向快速演变，各种可以预见和难以预见的风险因素明显增多，安全挑战层出不穷，高等学校国防教育的重要性愈发凸显。加强和改进全民国防教育，构筑起中华民族伟大复兴的精神长城，是国家安全的根本和国防现代化的内在要求。

　　党的十八大以来，以习近平同志为核心的党中央高度重视全民国防教育工作，做出一系列重要决策和战略部署。2022年，中共中央、国务院、中央军委联合印发了《关于加强和改进新时代全民国防教育工作的意见》，要求着力加强青少年国防教育，将国防教育要求有机融入课程教材，将国防教育融入普通高等学校和中等学校考试内容，纳入学校绩效考评体系。作为培养社会主义合格建设者和可靠接班人的重要阵地，普通高等学校肩负着开展国防教育的重要责任。如何充分发挥学校的育人功能，努力开创新时代高校国防教育高质量发展新局面，推动国防教育入脑入心，培养更多具有国防意识、国防知识和国防技能的高素质人才，成为新时代高等教育面临的一项重要议题。

　　基于此，我们在2019年教育部、中央军委国防动员部联合颁布的《普通高等学校军事课教学大纲》指导下，以大量教学实践案例为基础，以最新版《中国人民解放军军语》为用语、用词准确性约束，创编了这本《普通高等学校国防教育概论》。教材内容上注重理论与实践相结合，既阐述了国防的基本理论、发展历程和战略思想，又介绍了国防科技、武器装备和现代战场环境等实用知识；教法上注重现代科技手段和传统教学方式相结合，充分运用数字化新技术新手段，将有效资源进行整合，构建"线上"和"线下"互动课堂，丰富课程形式、提升课程质量；课程纵深学习方面，以微视频、微课形式对国防教育的实践与创新进行系统总结、展示。

　　一代人有一代人的长征路，一代人有一代人的使命和担当。新时代青年大学生生逢盛世，也重任在肩。我们相信，通过这本书的学习，广大青年大学生将能够深刻认识到国防的重要性，自觉增强国防意识，积极投身国防事业，为国家的繁荣富强贡献自己的力量。我们也希望广大教育工作者能够充分发挥自身优势，不断创新教学方法和手段，提升国防教育的实效性。全书由刘代军教授审定，具有较强的科学性、可读性和实用性。

　　最后，我们要感谢为此书付出辛勤努力的出版社编辑人员，是他们的辛勤工作使得这本书得以顺利出版。同时，我们也期待广大读者能够认真阅读本书，从中汲取知识、启迪思想、激发热情，共同为国家的繁荣富强和中华民族的伟大复兴而努力奋斗。书中若存在不足之处，请广大师生多提宝贵建议，以便我们再版完善。

编　者
2024年3月27日

FOREWORD
前言

党的二十大报告指出:"国家安全是民族复兴的根基,社会稳定是国家强盛的前提。"在普通高等学校开设军事课程,对大学生进行国防教育,是党中央、国务院和中央军委高度重视的一项战略性工作,是引导大学生开阔全球视野、增强忧患意识、激发爱国热情、增强社会责任感的重要手段,是对大学生进行综合素质教育的重要渠道,也是提高综合国防实力、保障国家安全的重要举措。

为适应普通高等学校对在校大学生开展国防教育的需要,我们根据教育部、中央军委国防动员部于2019年联合发布的《普通高等学校军事课教学大纲》(以下简称《大纲》),在总结多年来国防教育教材编写经验的基础上,结合教学改革的实际编写了本书。全书共9章,内容包括中国国防、国家安全、军事思想、现代战争、信息化装备、共同条令教育与队列动作训练、射击与战术训练、防卫技能与战时防护训练、战备基础与应用训练,其中带"*"的内容为《大纲》中的必讲内容。

具体而言,本书主要有以下特点。

◢ 素质引航,铸魂育人

党的二十大报告指出:"育人的根本在于立德。"本书积极贯彻党的二十大精神,切实落实教育立德树人的根本任务,以培养学生树立正确的世界观、人生观和价值观为宗旨,致力于提升学生的国防和军事素养。例如,通过介绍新时代军事战略方针和总体国家安全观,增强学生的国防观念和国家安全意识;通过介绍当前国际形势,使学生增强忧患意识和危机意识;通过介绍我国的国防和军队建设新成就,激发学生的爱国热情和民族自信心;通过介绍英雄部队及战士事迹,使学生感受祖国安全和人民幸福生活的来之不易,自觉发扬红色传统、传承红色基因。

◢ 内容系统,与时俱进

本书以国防教育为主线,紧扣《大纲》,严格按照《大纲》规定的课程目标和课程体系安排教学内容。为突出重点内容,方便教学,我们将部分选讲内容放到了二维码中,以微课视频的形式呈现。同时,在正文内容及各个模块中融入了二十大报告的相关内容,可引导学生在学习相关知识的基础上深入学习、领会党的二十大精神。

模块丰富，可读性强

本书遵循教师精讲有据、学生自学可循的原则，精选理论知识，减少冗长陈述，用通俗的语言阐述抽象的军事理论知识，使内容更加简明易懂。同时，在知识讲解中穿插设置了"军史讲堂""军事前沿""人物视窗""军事百科""互动空间""视野拓展"等多种模块，增强了教材的可读性。此外，每章章末均设置了"训练营地"和"练兵沙场"模块，能够让学生在实践中进一步提升国防素养，增强国防观念。

数字资源，平台辅助

本教材附有大量的视频资料，均以二维码的形式呈现，学生只需拿出手机或相关设备"扫一扫"，丰富的视频内容便跃然于眼前。

为了方便学校管理、教师教学和学生自学，本书与集教学管理、教学支撑于一体的文旌综合教育平台"文旌课堂"开展了深度合作，学校可借助该平台管理校本课程；教师可借助该平台管理各种教学资源（如慕课、微课视频、教学课件、教案、题库等），布置作业，组织考试；学生可借助该平台阅读课外资源、提交作业、线上练习、参加考试等。师生在教与学的过程中有任何疑问，都可以登录该平台寻求帮助。

在编写过程中，为把党的最新方针政策及时、全面、准确地体现在教材中，我们引用了一些专家、学者的最新研究成果，借鉴了相关的教材、论著等资料，在此深表谢意。本书在编写过程中所引用的部分文章和图片大部分已获原作者授权，但由于部分资料来自网络，我们未能确认出处，也暂时无法联系到原作者。对此，我们深表歉意，并欢迎原作者随时与我们联系，我们将按规定支付酬劳。由于编者水平有限，书中难免存在疏漏之处，敬请广大读者批评指正。

本书配套资源下载网址和联系方式

网址：https://www.wenjingketang.com

电话：400-117-9835

邮箱：book@wenjingketang.com

目录 CONTENTS

第一章
强化国防观念，提升国防素养——中国国防 / 1

第一节　国防概述*/ 2
第二节　国防法规*/ 11
第三节　国防建设*/ 18
第四节　武装力量*/ 27
第五节　国防动员*/ 38
训练营地 / 42
练兵沙场 / 43

第二章
增强忧患意识，提高战略思维——国家安全 / 44

第一节　国家安全概述 / 45
第二节　国家安全形势*/ 49
第三节　国际战略形势*/ 60
训练营地 / 64
练兵沙场 / 65

第三章
强化理论武装，感悟思想伟力——军事思想 / 66

第一节　军事思想概述 / 67
第二节　外国军事思想 / 70
第三节　中国古代军事思想* / 71
第四节　当代中国军事思想* / 75
训练营地 / 93
练兵沙场 / 94

第四章
拨开战争迷雾，理清制胜之道——现代战争 / 95

第一节　战争概述 / 96
第二节　新军事革命* / 100
第三节　机械化战争 / 105
第四节　信息化战争* / 106
训练营地 / 119
练兵沙场 / 120

第五章
盘点沙场利器，立志为国铸剑——信息化装备 / 121

第一节　信息化装备概述 / 122
第二节　信息化作战平台* / 126
第三节　综合电子信息系统 / 143
第四节　信息化杀伤武器 / 150
训练营地 / 154
练兵沙场 / 155

第六章

增强纪律观念，做到令行禁止
——共同条令教育与队列动作训练 / 156

第一节　共同条令教育* / 157
第二节　队列动作训练* / 162
训练营地 / 168
练兵沙场 / 169

第七章

熟习实战之技，深谙应变之道
——射击与战术训练 / 170

第一节　轻武器射击训练* / 171
第二节　战术训练* / 186
训练营地 / 198
练兵沙场 / 199

第八章

锤炼救护硬功，提高防护能力
——防卫技能与战时防护训练 / 200

第一节　格斗基础* / 201
第二节　战场医疗救护* / 207
第三节　核化生防护* / 223
训练营地 / 227
练兵沙场 / 228

第九章

始终心有狼烟，坚持常备不懈
——战备基础与应用训练 / 229

第一节　战备基础* / 230
第二节　行军拉练* / 236
第三节　野外生存 / 241
第四节　识图用图 / 241
训练营地 / 242
练兵沙场 / 242

参考文献 / 244

第一章

强化国防观念,提升国防素养——中国国防

章前导读

国防是国家生存与发展的安全保障,关系着国家和全民族的生死存亡与兴衰荣辱。国防不仅是国家的防务,也是全民族的防务,与国家的各部门、各组织及全体公民息息相关。作为中华人民共和国公民,当代大学生应了解国防,关注国防建设,增强国防观念,自觉投入保卫国家安全,维护民族利益,防止外来侵略的国防建设。

学习目标

- ✦ 了解国防的内涵及类型,领会现代国防的内涵,增强国防观念。
- ✦ 正确认识我国的国防历史及其对现代国防建设的启示。
- ✦ 了解国防法规体系,理解把国防建设纳入法制化的意义。
- ✦ 了解公民的国防义务和权利,学会依法履行自己的国防义务,行使自己的国防权利。
- ✦ 了解我国的国防领导体制、国防建设成就及新时代国防政策。
- ✦ 了解我国武装力量的性质、宗旨、构成及发展历程,熟知我国武装力量在抵御外敌入侵、巩固国防、保卫祖国领土安全等方面做出的重大贡献。
- ✦ 掌握国防动员的主要内容,增强依法建设国防、积极为国防建设奉献力量的观念。

第一节　国防概述 *

自古以来，有国必有防，国无防不立，这是历史和现实告诉我们的经验和教训。

一、国防的基本内涵

（一）国防的含义

《中华人民共和国国防法》（以下简称《国防法》）对"国防"一词进行了立法性表述，即国防是"国家为防备和抵抗侵略，制止武装颠覆和分裂，保卫国家主权、统一、领土完整、安全和发展利益所进行的军事活动，以及与军事有关的政治、经济、外交、科技、教育等方面的活动"。

（二）国防的基本要素

国防的基本要素包括国防的主体、国防的目的、国防的手段和国防的对象4个方面。

1. 国防的主体

国防的主体，即国防活动的实行者，通常为国家。任何国家，从诞生之日起，都要防备和抵御各种外来侵略，以保障国家安全，维系国家生存。

2. 国防的目的

国防的目的主要是捍卫国家的主权、统一、领土完整、安全和发展利益。

（1）捍卫国家主权。国家主权是指国家独立自主地处理其内外事务的统治权力。它是完整无缺、不可分割而独立行使的，是一国最高的权力和尊严。如果一个国家的主权被剥夺，其他的一切，包括国家的独立、领土完整、传统生活方式、基本政治制度和社会准则等都将无从谈起。因此，捍卫国家主权是国防的首要目的和任务。

（2）维护国家的统一。国家统一是指国家由一个中央政府对领土内一切居民和事务行使完整的管辖权，不允许另立政府或分割国家的管辖权。保卫国家统一、反对分裂，历来是国防的重要任务。

（3）保卫国家的领土完整。领土是国家存在和发展的物质基础，是构成国家的基本要素之一。国家主权与国家领土有着密切的联系，领土既是国家行使主权的空间，也是国家行使主权的对象。捍卫国家主权，必然要保卫国家领土完整。

> **军事百科**
>
> 领土包括国家主权管辖下的一切陆地、水域及其底土和上空，即由领陆、领水和领空3部分组成。

（1）领陆指国家主权管辖下的陆地及其底土，包括边界以内的大陆和岛屿，是国家领土的基本组成部分。没有领陆就不能称为国家。

（2）领水指国家主权管辖下的全部水域及其底土，包括内水和领海两部分，是国家领土的重要组成部分。其中，内水指国家领陆内的水域和领海基线陆地一侧的水域，包括河流及其河口、湖泊、港口、港湾和内海等。领海是从领海基线量起向海洋方向延伸一定宽度的水域。

（3）领空指国家领陆和领水上的大气空间。

（4）维护国家的安全和发展利益。国家想要正常地生存与发展，必须有一个和平安全的外部环境和稳定的内部环境。一旦国家遭到外来侵略和武装颠覆，安全受到威胁，国防力量就必须履行自己的职能，抵御和制止外来侵略和武装颠覆，确保国家的和平与稳定。当前，我国正处于实现中华民族伟大复兴的关键时期，前进的道路上必定会面临各种风险和挑战，这就需要国防力量为我国的发展利益提供强大的力量支撑。

军事前沿

宁肯高原埋忠骨，绝不丢失一寸土

加勒万河谷位于中印边界西段新疆阿克赛钦西部，属于新疆和田地区。加勒万河谷地区的主权一直都属于中国，多年来，中国边防部队一直在此巡逻执勤。2020年4月，印度边防部队严重违反两国协定协议，在该地区抵边、越线修建道路、桥梁等设施，蓄意挑起事端，中国多次就此提出交涉和抗议，尽最大诚意维护两国关系大局和边境地区和平安宁。6月6日，两国边防部队举行首次军长级会晤，双方达成共识，印度边防部队承诺不再越线。

但令人震惊的是，6月15日晚，印度边防部队公然违背双方达成的共识，出尔反尔，再次越过实控线向中方蓄意挑衅。我军边防部队某团团长祁发宝，仅带领几名官兵，蹚过湍急的河水，诚心进行交涉。对方却试图以多欺少，用钢管、棍棒、石块发起攻击，暴力袭击了我军战士。

在数倍外军面前，我军战士做出了英雄的壮举。祁发宝站在河水里，赤手空拳，张开双臂，他以血肉之躯阻挡外军，守护着祖国的山河。战斗中，祁发宝头部受到重创，左前额骨破裂，面部鲜血淋漓。营长陈红军立刻带人突入重围，营救团长，盾牌手陈祥榕冲在最前面，摄像取证的肖思远也投入战斗。但由于以寡敌众，陈红军、陈祥榕、肖思远壮烈牺牲。牺牲的还有战士王焯冉，他拼力救助被冲散的战友，自己却淹没在冰冷的激流中。

陈红军当时还有4个多月就要当爸爸了；陈祥榕曾写下"清澈的爱，只为中国"；肖思远憧憬着未来娶上心爱的姑娘；王焯冉曾说，"不去当兵，会后悔一辈子"。为了祖国山河，他们把生命和青春永远地留在了高原。我们将永远铭记他们，祖国不会忘记他们，人民也不会忘记他们。

（资料来源：人民网，有改动）

3. 国防的手段

国防的手段是指为达到国防目的而采取的方法与措施。根据《国防法》第二条的规定，我国的国防手段包括军事活动及与军事有关的政治、经济、外交、科技、教育等方面的活动。由此可知，与军事有关的诸方面的活动，只要有利于捍卫国家的主权，保卫国家的统一、领土完整、安全和发展利益，都是国防的重要手段。

4. 国防的对象

国防的对象是指国防所要防备、抵抗和制止的行为。根据《国防法》的界定，国防的对象一是侵略，二是武装颠覆和分裂。

（1）国防要防备和抵抗侵略。《国防法》对国防对象的这一法律界定，既有国际法理依据，又符合国防的实际需要，与国家安全所面临的威胁相一致；不仅表述方法合理恰当，而且意义深远重大，具体表现如下。

① 与国际约定接轨。联合国于1974年通过的《关于侵略定义的决议》对"侵略"做了非常详尽的定义。凡属于决议所指的侵略，均属于运用国防力量防备和抵抗的对象。

② 与国家的根本大法《中华人民共和国宪法》（以下简称《宪法》）的提法相一致。我国《宪法》第二十九条规定了武装力量的任务，第五十五条规定了公民的国防义务，它们都采用了"抵抗侵略"的提法。

③ 与国防活动的客观实际相适应。当今世界，武装侵略和非武装侵略并存。因此，国防所要防备和抵抗的"侵略"不仅仅是"武装侵略"。

（2）国防要制止武装颠覆和分裂。武装颠覆包括武装叛乱、武装暴乱等，须动用国防力量进行处理。同时，我国坚决维护国家主权和领土完整，绝不允许任何分裂国家的活动。

二、国防的基本类型

国防的类型是由国家的社会制度和国家政策决定的。目前，世界上主要的国防类型有扩张型、联盟型、自卫型和中立型4种。

（一）扩张型国防

扩张型国防是指为了本国自身的利益，以本国安全和防卫需要为幌子，奉行霸权主义、强权政治，把其他国家和地区纳为自己的势力范围，对他国进行侵略、颠覆和渗透的国防类型。其特点是把本国的"安全"建立在他国屈服的基础上，把"国防"作为侵犯他国主权和领土、干涉他国内政的代名词。

（二）联盟型国防

联盟型国防是指以结盟形式联合他国进行防卫，以弥补自身国防力量的不足的国防类型。联盟型国防可分为一元体联盟和多元体联盟：一元体联盟是指由一个大国做盟主，其他国家处于从属地位的联盟形式；多元体联盟是指联盟诸国为伙伴关系，共同协商防卫大计的联盟形式。

（三）自卫型国防

自卫型国防是指在国防建设上以防止外敌入侵为目的，主要依靠本国力量，广泛争取国际上的同情和支持，以维护本国安全、周边地区和世界的和平与稳定的国防类型。我国是社会主义国家，奉行独立自主的和平外交政策和防御性国防政策，始终不渝地走和平发展道路，坚持和平自主的防卫方针。

（四）中立型国防

中立型国防是指为保障本国的繁荣和安全，奉行和平中立的国防和外交政策，实施总体防御的战略和寓兵于民的防御体系的国防类型。中立并不等于放弃武力，有些奉行中立型国防政策的国家也拥有较强的国防实力。

三、中国国防历史及其启示

我国国防历史悠久，不仅留下了丰富的国防遗产，积累了极其宝贵的历史经验，也引发了人们对国防历史的无限感慨和深思，给予人们深刻启迪。

（一）中国古代的国防

从第一个奴隶制王朝——夏朝建立，直至1840年鸦片战争爆发，我国古代国防随着朝代的兴衰更替和社会制度的演变而不断发展。

1. 中国古代国防的兵制建设

兵制，即军事制度，现在称为"军制"。它包括武装力量体制、军事领导体制和兵役制度等方面的内容。兵制建设是我国古代国防的一个重要方面。

夏朝之初，王控制着军事大权，这个时期已有对参战人员进行编组和奖惩的规定。至商朝和西周，王是军事的最高统帅，军事领导职务由贵族大臣和地方首领担任，士卒主要由奴隶主和平民充当，奴隶一般只随军服杂役；车兵为主要兵种，师为最高建制单位。

春秋时期，随着奴隶制的解体，各诸侯国开始实行兵制变革：废除奴隶不能充当士卒的限制，开始实行武官任免制度；车兵地位逐渐下降，步兵地位逐渐上升；依户籍定军队的编制，军为最高建制单位。

战国时期，封建制度开始确立，诸侯国之间不断发生大规模的兼并战争，加速了兵制的变革与发展。这一时期，步兵、骑兵、水师逐渐分离成为独立兵种；打破了世袭兵制，开始实行募兵制和郡县征兵制；剥夺了私属武装，集中军权，统一军队，文武分职，将帅专职化；凭玺印和虎符任将发兵；建立了按军功晋爵的制度。

自秦始皇统一六国到清朝末年，历代封建王朝根据各自的需要，在专制主义中央集权制度的基础上加强了帝王的军权，从中央到地方建立了便于帝王控制的统帅指挥系统；常备军成为武装力量的主体，它具体又分为中央军、地方军、边防军和地方私人武装；以步兵或骑兵为主要兵种。明朝开始出现专门装备火器的部队，建立了武库制度、粮储制度和运输制度，主要武器装备和军需物品由国家监制和供给；采用征兵制、募兵制和世兵制等兵制，农民为军队的主要成分。

在我国古代，兵制的许多内容都通过法律形式颁布执行。例如，唐朝的《卫禁律》《擅兴律》《军防令》等，对军队的组织编制、屯田戍边、兵役军赋、军队调动、军需补给、驿站管理、武器制造和配发等都做了具体的规定。

视野拓展

司禾府印：小方印见证屯田戍边史

司禾府印（见图1-1）于1959年从新疆和田地区民丰县尼雅遗址出土，它是一枚炭精制方印，印文为篆文，阴刻，分两行：一行"司禾"，一行"府印"，印纽为桥纽。从字体和纽式可以确认，这是汉朝时期管理农业的印章。

图1-1　司禾府印

史书中并没有"司禾府"这种官署的记载，但《汉书·地理志》有"宜禾都尉治昆仑障"的记录。据《后汉书·西域传》记载，公元73年，东汉政府曾在伊吾庐（今新疆哈密境内）"置屯禾都尉以屯田，遂通西域，于田诸国皆遣子入侍"。东汉《右扶风丞相李君通阁道记》碑文中也有右扶风丞相李君曾"迁宜禾都尉"的记载，可见东汉政府为了屯田曾在西域设"宜禾都尉"。

尼雅遗址出土的"司禾府印"说明东汉王朝曾在这里设有专门管理屯田事务的国家机构，是当年东汉屯田的一个区域，更是汉朝在西域推行移民屯田的历史见证，也是汉朝加强对西域管理的见证。

（资料来源：《光明日报》，作者王瑟，有改动）

2. 中国古代的国防工程建设

图1-2　长城

在古代，为抵御外敌入侵，我国不断进行边防、海防建设，修筑国防工程，如城池、长城和海防要塞等。其中，城池是我国建设时间最早、数量最多的古代国防工程，在古代战争中发挥了重要的防御作用。长城（见图1-2）是城池筑城体系的发展和运用，是以城墙为主体，与其他工程设施相结合的连续线式防御工程体系。历史上先后有8个诸侯国和10多个王朝构筑、修缮过长城。到明代，形成了东起山海关、西至嘉峪关，全长5000多千米的长城。

到了明代，为防止倭寇的偷袭、骚扰，明王朝一方面下令禁海；另一方面在沿海的主要地段陆续修建了以卫城、所城为骨干，堡、寨、墩、烽堠和障碍物相结合的防御工程体系，从而有效地抗击了倭寇的侵扰。

3. 中国古代"富国强兵"的国防思想

"富国强兵"是我国古代各朝各代都十分重视的国防思想。早在春秋战国时期，许多统治者和军事家就已经认识到国防与经济的关系，明确提出"国不富则无称雄之本，兵不强则无争霸之力"的政治主张，强调"富国强兵"，视"富国"为强兵之本、之先、之急，十分重视发展经济和充实武备。秦始皇能统一六国成就帝业，与秦国推行"富国强兵"思想有着重要关系。

此后，各朝各代的统治者围绕"富国强兵"这一思想采取了一系列有效的政策，努力把发展生产与加强国防建设统一起来。例如，汉高祖得天下后，实行裁军赐爵、与民生息、重视农业的政策，为尽快恢复和发展生产、增强国家的军事实力奠定了基础。

（二）中国近代的国防

从1840年鸦片战争开始到1949年中华人民共和国成立的100多年间，由于国力日趋衰微，国防实力每况愈下，我国屡遭外敌的侵略、欺侮。1840年，英国首先挑起了第一次鸦片战争。1856年，英法联军又发动了第二次鸦片战争。接着，帝国主义列强相继挑起了1883年的中法战争、1894年的中日甲午战争、1900年的八国联军侵华战争。20世纪三四十年代，日本帝国主义又发动了残酷的侵华战争。至抗日战争结束，先后有20多个国家的侵略者践踏过中国国土，抢掠过中国人民的财物，屠杀过中国同胞，参与过损害中国主权的罪恶活动。

中国近代国防的抗争

从1840年鸦片战争开始，中国人民为反抗外敌和改革现状，同外国侵略势力和本国封建势力进行了长期的英勇顽强的斗争。无数志士仁人，前仆后继，抛头颅洒热血，显示出中国人民不屈不挠的反侵略、反压迫的坚强意志和斗争精神，在中华民族革命斗争史上写下了可歌可泣的悲壮篇章。正是由于中华儿女的不屈不挠和浴血奋战，列强企图把中国变成其殖民地、附属国的阴谋始终未能得逞。从这个意义上说，我国的近代国防史是中华民族从漫漫长夜中迎接黎明、不断觉醒、不断斗争的历史。

（三）中国国防历史的启示

我国数千年的国防历史，有过声威远播、天下归附的辉煌，有过引而不发、强虏驻足的宁静，有过遍体鳞伤、不堪回首的屈辱，也有过抗敌卫国的巨大胜利。这些漫长的国防历史给我们留下了不少启示。

1. 经济强盛是国防强大的基础

经济是国防的物质基础，强大的国防依赖于经济的发展，这是国防历史给予我们的一个深刻启示。早在春秋战国时期，统治者就认识到国富才能兵强，无不把发展经济作为巩固国防、争夺霸权的重要措施。例如，春秋时期，晋文公通过整顿内政、发展经济、扩充军队等一系列综合治理，使晋国实力急剧提升，一跃成为中原霸主。又如，秦国重用商鞅进行变法，极大地解放了生产力，促进了经济的发展，这对秦国最终吞并六国，完成统一大业起到了重要的作用。由此可见，只有经济强盛，才能有强大的国防，从而确保政权稳固、国家安全。

2. 政治昌明是国防巩固的根本

纵观中国几千年的国防兴衰史，不难看出，当统治阶级处于上升时期，政治昌明，经济发展，民族团结，国家统一，国防就强盛；反之，当统治阶级处于下降时期，政治腐败，经济凋敝，民族分裂，国内混乱，国防就衰弱。

例如，春秋战国时期，各诸侯国十分注重昌明政治，变法图强，把尊贤厚士、举贤任能、选拔优秀人才治理国家作为强国的根本大计。齐国得管仲、孙膑、孟尝君、邹忌等而崛起争霸；越国得范蠡、文种而复国称雄；等等。相反，秦朝统一六国后实行暴政，激起农民起义，最终导致秦始皇梦想千秋万年、子孙相继的基业被推翻。

3. 国家统一和民族团结是国防强大的关键

国防历史给予我们的另一个重要启示是，在外敌入侵、国家危亡的紧要关头，只有国家统一、民族团结，共同筑起一道坚不可摧的国防长城，才能取得反侵略战争的胜利。

近代西方列强对我国发动的一系列侵略战争，使我国逐渐沦为半殖民地半封建社会。而山河破碎、有国无防的一个重要原因是，清朝统治者认为"患不在外而在内"，甚至在义和团奋起抗击八国联军的时候，企图借外国侵略者之手消灭义和团。相反，在抗日战争时期，中国共产党放手发动群众，建立广泛的抗日民族统一战线，团结一切可以团结的力量共同抗击敌人，有效地打击了日本侵略者，最终取得了抗日战争的全面胜利。

4. 科技进步是国防强大的重要保证

回顾历史，自鸦片战争强行打开了我国的大门后，中华民族就开始了用血泪写成的屈辱史。晚清政府的腐败无能、闭关自守和对科学技术的不重视，致使我国武器装备发展得十分缓慢。与此同时，西方资本主义国家在工业革命中后来居上，用所谓的洋枪洋炮对付清军的大刀长矛和低劣火炮等武器装备，造成了交战双方科技水平上的"代差"。"落后就要挨打。"这就是近代中国历史给我们留下的最深刻的教训，我们应当永远牢记。以史为鉴，我们可以从中看出科技进步对国防强大的重要性。

四、现代国防

现代国防又叫作"社会国防""大国防""全民国防"，它是对传统国防的继承和发展，是一种全新的国防观念和国防实践活动，是一个巨大的系统工程。它不仅涉及军事领域，还涉及与国家安全利益相关的政治、经济、科技、文化、教育等各个领域。具体来说，其具有以下鲜明特征。

（一）现代国防的整体性

随着战争观念的发展和国家安全利益的泛化，现代国防的内涵不断拓展，其整体性特征也越发突出。

首先，现代国防的职能不断扩大。由维护地缘明确的"硬范围"转变为争取于己有利的"软环境"；由保卫本土不受侵犯扩展为在全球或地区范围争取政治、经济和安全秩序的影响力；由打赢战争转变为在战争和非战争状态下都能保证国家利益的实现。

其次，国家安全要靠整体性防务来实现。一个国家只有经济不断强大、科技不断发展、国防实力不断增强、国防安全意识不断巩固，以及与周边国家睦邻友好，才能真正实现长治久安。

（二）国防力量的综合性

当前，一个国家战略主动权的获取，并不完全取决于军事力量，还取决于由各种制胜因素构成的国家综合实力。国家综合实力之间的差距是战争胜负的根本因素。有了雄厚的国家综合实力，才有可能建设强大的国防力量。

（三）国防目标的层次性

国家安全目标是国防建设的路标。概括地讲，国家安全目标可分为自卫目标、区域目标和全球目标。

自卫目标主要着眼于维护国家主权、领土完整、海洋权益、政治制度、经济制度、意识形态和传统文化不受侵害。区域目标更着重争取和维护周边地区的和平与稳定，扩大防卫的纵深和弹性，利用更多的有利因素，寻求更大的回旋余地。全球目标则着眼于全球的战略利益，维护国家在世界政治、经济、军事和文化等领域所处的位置及影响力。

（四）国防手段的多样性

由于对国家的威胁来自诸多方面，除了兵戎相见的"硬对抗"，还有各种"软伤害"，如经济制裁、意识形态攻击、信息攻击、技术封锁等。因此，现代国防必须依靠综合国力，合理运用武力手段和非武力手段（如经济战、外交战、科技战、信息战、网络战、心理战等）来捍卫国家安全利益。

特别是在和平时期，有节制地使用武力手段，最大限度地发挥各种非武力手段的作用，以最小的代价来换取最大的安全效果，已成为各国处理危机的必然选择。也正因为如此，加大各个不同领域的建设，提高国防实力和国防潜力，发挥国防手段的多样性，使各种手段都能发挥其应有的作用，才是保障国家安全的必由之路。

（五）国防系统的协调性

现代国防斗争更注重质量优劣，而不仅是数量优势；更重视整个系统的威力，而不是某些单元的作用。因此，世界各国普遍着眼于从宏观规划上合理调整军队、准军事组织和后备役部队的比重，军队内部各军种、各兵种的比重，以及如何在发展武器装备、改进编制体制、强化军事训练、完善战场建设等方面有利于协调行动，发挥系统的整体效能。

（六）国防建设的全民性

国防并非只是军队、国家的事，而是各个领域、各条战线、每个公民的义务。俗话说："天下兴亡，匹夫有责。"特别是在信息化时代，安全与发展、经济建设与国防建设、军与民、平与战、前线与后方、军用与民用的界限越来越模糊，呈现不断融合的趋势。因此，我们必须牢记：保卫祖国、抵抗侵略是每个公民的神圣职责，每个人都要为国家的强盛和国防的强大贡献自己的力量。

人物视窗

布茹玛汗·毛勒朵：在边境线刻满"中国石"

在新疆克孜勒苏柯尔克孜自治州乌恰县吉根乡的千里边防线上，有一条50多千米长的巡逻路。路的尽头，矗立着一块庄严的界碑；路的两侧，数不清的青石静谧地躺在泥土中，宛若一个个守护祖国疆土的卫士。青石上，或用柯尔克孜文，或用汉字，镌刻着"中国"字样。这是冬古拉玛山口护边员、柯尔克孜族妇女布茹玛汗·毛勒朵，用数十载岁月构筑的巡逻路标。

1964年，布茹玛汗·毛勒朵与丈夫托依其别克第一次来到吉根乡的冬古拉玛山口成为第一批护边员，从此知道了什么是边境，什么是国家。

那一年，当望着绵延的边境线，看到不时有牧民越界放牧时，她意识到守护边境的重要意义，从此立下了刻界碑的心愿。通过向人请教，她学会了汉字和柯尔克孜文"中国"的写法。在一次巡边时，她随手捡起地上的一块石头，跪在乱石堆上，蘸着雪水在石头上写下"中国"，然后用尖利的石块雕刻。手被石头磨出了血，她依旧一笔一画地刻着。当最后一缕阳光落下时，第一件作品"中国石"诞生了。

从那时起，只要行走在边境线上，她就会找石头在上面刻上"中国"二字，如图1-3所示。几十年过去了，布茹玛汗·毛勒朵刻下了多少块"中国石"，她自己也不清楚。

"我熟悉冬古拉玛山口的石头，如同熟悉自家抽屉里放置的东西一般。"哪块大石头有挪动，布茹玛汗·毛勒朵一看便知。多年前的一天清晨，年过半百的她巡边时

图1-3 布茹玛汗·毛勒朵在刻"中国石"

发现界碑被人动了手脚，她骑上马转头向边防派出所赶去。60多千米的山路，悬崖深涧、怪石嶙峋，危险地段有17处之多，曾有行人和马匹不慎坠崖。但布茹玛汗·毛勒朵顾不上这些，马不停蹄地奔波数小时赶到了边防派出所。

顾不上休息，布茹玛汗·毛勒朵又带着官兵赶回冬古拉玛山口。经仔细勘查后，布茹玛汗·毛勒朵与官兵一道将界碑恢复原位。待所有事情办完后，她却累得虚脱在地，半天没有缓过劲儿来。

第一章　强化国防观念，提升国防素养——中国国防　　11

> 在布茹玛汗·毛勒朵守护的山口，创造出多年从未发生过人畜越境事件的守边业绩。她风雨无阻，每天巡边最少要走20千米的山路，据保守计算，她在守边路上已行走了8万多千米。
>
> 布茹玛汗·毛勒朵守边壮举被全国人民知道后，获得了极大赞赏。2019年国庆前夕，布茹玛汗·毛勒朵荣获"人民楷模"国家荣誉称号。当她蹒跚着走向领奖台时，远在近万里外的家人围坐在电视机前，喜极而泣……
>
> "把自己该做的事情做好，对得起自己、对得起国家就是最大的好。"布茹玛汗·毛勒朵说。
>
> （资料来源：光明网，有改动）

互动空间

作为当代大学生，你认为自己可以为国防建设做什么？如何参与国防建设，为我国的国防建设贡献自己的力量？

第二节　国防法规*

健全的国防法规是加强国防建设、实现国防现代化目标的客观要求，对于调节和发展国防机制，充分发挥国防威力和活力有着十分重要的意义。同时，健全的国防法规也是一个国家的国防具备现代化水平的重要标志之一。

一、国防法规及其体系

国防法规是由国家立法机关以宪法为依据制定并以国家强制力保证实施的，用于调整国防体制、武装力量建设、国防教育、国防动员等领域各种社会关系的法律规范的总和。

国防法规的内容十分广泛，主要包括国防领导体制、武装力量的体制编制、战争准备和动员、全面防御、国防建设、军费开支、国防教育、国防科研、国防生产、公民兵役义务、武装力量建设、军队人事管理、军事犯罪惩治等方面的法律规定。

根据立法机构的不同，我国现行的国防法规可以分为以下5个层次。

（1）全国人民代表大会制定的《宪法》中的国防条款和基本国防法律。《宪法》是国家的根本大法，具有最高的法律效力。所以，《宪法》中的国防条款是国防法律法规的最高层次，是制定其他国防法律法规的根本性依据。基本国防法律的效力仅低于宪法，在国防法律体系中起着诠释、衔接宪法，统领其他国防法律法规的作用，包括《国防法》《中华人民共和国兵役法》（以下简称《兵役法》）等。

（2）全国人民代表大会常务委员会制定的国防法律。其是以宪法和基本国防法律为依据制定的，是宪法中的国防条款和基本国防法律的具体化，包括《中华人民共和国现役军官法》《中华人民共和国预备役军官法》《中华人民共和国人民防空法》等。

（3）国务院和中央军事委员会（以下简称"中央军委"）单独或联合制定的国防行政法规和军事法规。其是以国防法律为依据制定的，包括《中国人民解放军内务条令》《中华人民共和国军事设施保护法实施办法》《军人抚恤优待条例》《退役士兵安置条例》等。

> **军事百科**
>
> 一般说来，由国务院单独或与中央军委联合制定的国防行政法规在全国范围内都具有法律效力，由中央军委制定的军事法规在全军具有一体遵行的法律效力。

（4）国务院有关部委单独或与中央军委各部委联合制定的军事行政规章，以及中央军委各部委、各军兵种、各战区制定的军事规章。其是以国防行政法规和军事法规为依据制定的，包括《交通战备科研管理工作暂行规定》《军队人员健康体检办法》《中国人民解放军陆军航空兵战斗条令》《空军装备价格管理暂行规定》等。

（5）地方各级权力机关和行政机关制定的地方性法规和规章。其是以国防法律和行政法规为依据制定的，内容主要是本地区国防建设的制度和行为规范，包括兵员征集、军人优抚及退伍安置、国防教育、军事设施保护等方面，如河南省人民代表大会常务委员会制定的《河南省征兵工作条例》。

二、中国主要的国防法规

（一）《中华人民共和国国防法》

为了适应社会主义民主与法制建设迅速发展的新形势，加快国防建设的步伐，保障改革开放和经济建设的顺利进行，保证国家长治久安，第八届全国人民代表大会第五次全体会议于1997年3月14日审议通过了《国防法》，同日由中华人民共和国主席第84号令公布，并自公布之日起施行。

2009年8月27日，根据第十一届全国人民代表大会常务委员会第十次会议通过的《全国人民代表大会常务委员会关于修改部分法律的决定》，《国防法》经过了修正。2020年12月26日，第十三届全国人民代表大会常务委员会第二十四次会议对《国防法》再次进行了修订。现行《国防法》共12章73条，对国防的地位、性质和原则，国家机构的国防职权，武装力量的组成、性质、任务和建设方针、原则及目标、要求，公民、组织的国防义务和权利，军人的义务和权益等内容做出了规定。

《国防法》是我国国防方面的基本法，是指导、规范国防和军队建设的基本依据，在国家法律体系中占有重要位置。

（二）《中华人民共和国兵役法》

为了加强国防和军队建设，依法开展兵役工作，依法保障军人的合法权益，2021年

8月20日，第十三届全国人民代表大会常务委员会第三十次会议对《兵役法》进行了修订。修订后的《兵役法》共11章65条，主要对国家的兵役制度，公民服兵役的条件、形式和期限，兵役登记，兵员的平时征集，战时的兵员动员，服役待遇和抚恤优待，退役军人的安置等内容做出了规定。

《兵役法》明确规定，国家实行兵役登记制度。每年12月31日以前年满18周岁的男性公民，都应当按照兵役机关的安排在当年进行初次兵役登记。初次兵役登记时间是1月1日至9月30日。进行兵役登记是法律赋予每个适龄男性公民应尽的光荣义务和神圣责任，每个适龄青年都应自觉按时进行登记。此外，各机关、团体、企事业单位，应依法组织和督促适龄男性公民及时履行兵役登记义务，确保本辖区、本单位或本学校所有适龄男性公民全部完成兵役登记。

> **军事百科**
>
> 《兵役法》第三条规定，中华人民共和国实行以志愿兵役为主体的志愿兵役与义务兵役相结合的兵役制度。这是我国现行兵役制度最突出、最鲜明的特点。

（三）《中华人民共和国国防教育法》

《中华人民共和国国防教育法》（以下简称《国防教育法》）于2001年4月28日正式颁布实施，这标志着我国国防教育事业走上了法治化轨道。2018年4月27日，第十三届全国人民代表大会常务委员会第二次会议对《国防教育法》进行了修正；2024年9月13日，第十四届全国人民代表大会常务委员会第十一次会议对《国防教育法》进行了修订。现行《国防教育法》共6章42条，主要对国防教育的目的、方针与原则，国防教育的对象和执行机构，学校国防教育，社会国防教育，国防教育的保障和法律责任等内容做出了规定。

（四）《中华人民共和国军事设施保护法》

2021年6月10日，第十三届全国人民代表大会常务委员会第二十九次会议对《中华人民共和国军事设施保护法》（以下简称《军事设施保护法》）进行了修订。修订后的《军事设施保护法》共8章72条，其内容主要包括军事设施的保护范围，军事设施保护主管机关及其保护方针，军事设施保护区域的划定等级及其保护措施，军事禁区、军事管理区范围的划定或调整原则，对违反本法的处置，破坏、危害军事设施的各类违法犯罪行为的法律责任等。

> **军事百科**
>
> 《军事设施保护法》第二条规定，本法所称军事设施，是指国家直接用于军事目的的下列建筑、场地和设备：
>
> （一）指挥机关，地上和地下的指挥工程、作战工程；

(二)军用机场、港口、码头;

(三)营区、训练场、试验场;

(四)军用洞库、仓库;

(五)军用信息基础设施,军用侦察、导航、观测台站,军用测量、导航、助航标志;

(六)军用公路、铁路专用线,军用输电线路,军用输油、输水、输气管道;

(七)边防、海防管控设施;

(八)国务院和中央军事委员会规定的其他军事设施。

三、中国公民的国防义务和权利

《宪法》第五十五条第一款规定:"保卫祖国、抵抗侵略是中华人民共和国每一个公民的神圣职责。"

(一)公民的国防义务

公民的国防义务是指由宪法和法律规定的公民在国防活动中必须履行的责任。国家运用法律强制力来保证这种责任的落实。根据《国防法》的规定,公民有以下5个方面的国防义务。

1. 服兵役义务

兵役是指国家关于公民参加武装组织或在武装组织之外承担军事任务、接受军事训练的制度。兵役义务是公民最重要的一项国防义务。《国防法》第五十三条第一款规定:"依照法律服兵役和参加民兵组织是中华人民共和国公民的光荣义务。"《兵役法》第五条第一款规定:"中华人民共和国公民,不分民族、种族、职业、家庭出身、宗教信仰和教育程度,都有义务依照本法的规定服兵役。"

公民主要可以通过两种形式履行兵役义务,即服现役和服预备役。

(1)服现役。现役是公民在军队中所服的兵役,参加中国人民解放军和武装警察部队都是服现役。按照《兵役法》的规定,年满18周岁的男性公民,应当被征集服现役;当年未被征集的,在22周岁以前仍可以被征集服现役。普通高等学校毕业生的征集年龄可以放宽至24周岁,研究生的征集年龄可以放宽至26周岁。根据军队需要,可以按照前款规定征集女性公民服现役。

扫一扫

我国的征兵工作条例

(2)服预备役。预备役是公民在军队以外所服的兵役,是国家储备后备兵员的形式。公民服预备役有3种形式:一是登记服预备役;二是参加民兵组织;三是编入预备役部队。

此外,接受军事训练是学生应履行的义务,如图1-4所示。高校学生军事训练依据教育部、中央军委国防动员部联合制定的《普通高等学校军事课教学大纲》组织实施。

图 1-4　大学生军训

2. 接受国防教育的义务

《国防法》第五十五条第一款规定:"公民应当接受国防教育。"也就是说,接受国防教育是公民的一项义务,每一个公民都要按照国家的规定,通过一定的形式接受国防教育,增强国防观念,并把这项义务当作自己的光荣职责。

3. 保护国防设施的义务

国防设施是国家直接用于国防目的的建筑、场地和设备。战时,它是打击敌人、抵抗侵略的重要依托;平时,它具有制约敌对力量的威慑作用。因此,保护国防设施,确保国防设施效能的实现,是巩固国防、维护国家安全利益的具体体现,也是我国《国防法》的要求所在。中国公民和组织不履行国防设施保护义务的,将被追究法律责任。

4. 保守国防秘密的义务

国防秘密是指关系到国家防卫安全和利益,依照法定程序确定,在一定时间内或只限一定范围的人员知悉的军事或与军事有关的政治、经济、外交、科技、文化等方面的事项。《国防法》第五十五条第三款规定:"公民和组织应当遵守保密规定,不得泄露国防方面的国家秘密,不得非法持有国防方面的秘密文件、资料和其他秘密物品。"《中华人民共和国保守国家秘密法》第五条规定:"一切国家机关和武装力量、各政党和各人民团体、企业事业组织和其他社会组织以及公民都有保密的义务。"泄露国防秘密、危害国防安全与利益者,应当承担相应的法律后果。

5. 协助国防活动的义务

《国防法》第五十六条第一款规定:"公民和组织应当支持国防建设,为武装力量的军事训练、战备勤务、防卫作战、非战争军事行动等活动提供便利条件或者其他协助。"根据这一规定,中国公民和组织协助国防活动的主要义务如下。

(1) 开展经常性的拥军优属工作,特别是对现役军人及其家属的优待。

(2) 为武装力量活动提供便利条件。例如,为武装力量执行任务的人提供必需的饮食、住宿、医疗、卫生等保健;为民兵、预备役人员、高等学校和高级中学学生的军事训练,提供必需的时间、场地和物资的保证等。

(3) 支前参战。

人物视窗

一根小竹竿，无悔支前路

淮海战役纪念馆陈列着一件国家一级文物：一根长约1米的竹竿，上面刻满了密密麻麻的小字，如图1-5所示。这支竹竿的主人，名叫唐和恩。

图1-5　唐和恩支前时随身携带的小竹竿

在淮海战役中，山东、江苏、安徽、河南、河北5省共出动民工543万人。共产党员、山东农民唐和恩就是其中一员。当时，唐和恩听说村里要组织民工队到前线去，便主动报名，带领本村小车队启程。

临行前，唐和恩携带了一支竹竿。累了，用它当挂棍；过河，用它来探路；遇到野狗，能用来防身。每到一地，他还用针尖把地名刻到竹竿上。竹竿顶端，刻着从家乡出发的地点：山东省胶东地区莱东县陶障区，后面是支前的路线：水沟头—平度—临淄—蒙阴—临沂—徐州—萧县—宿县—濉溪口……这条支前路线横跨山东、江苏、安徽3省，行程长达2500余千米。

唐和恩带领的小车队翻山涉水，日夜奔走。在支前运输粮草过程中，队员们吃红高粱，省下小米、白面给解放军吃；把身上穿的蓑衣、棉衣脱下来，盖在粮车上，避免淋湿军粮。在5个多月的支前战斗中，唐和恩和他的小车队留下了许多英雄事迹，为人民立下了不朽的功勋。

淮海战役结束后，唐和恩立特等功，被授予"华东支前英雄"荣誉称号，他带领的小队被评为"华东支前模范队"。

（资料来源：《人民日报》，有改动）

（二）公民的国防权利

公民的国防权利是指宪法、法律规定的公民在国防活动中享有的权利或利益。根据《国防法》的规定，公民享有以下3个方面的国防权利。

1. 对国防建设提出建议的权利

根据《国防法》第五十七条的规定，"公民和组织有对国防建设提出建议的权利"。这一规定是公民依照宪法享有对国家事务的建议权在国防建设方面的体现。

2. 制止、检举危害国防利益行为的权利

根据《国防法》第五十七条的规定，公民和组织"有对危害国防利益的行为进行制止或者检举的权利"。这是《宪法》关于公民有维护国家安全、荣誉和利益的义务和公民检举权的规定在国防方面的体现。

3. 在国防活动中因经济损失得到补偿的权利

《国防法》第五十八条第二款规定："公民和组织因国防建设和军事活动在经济上受到直接损失的，可以依照国家有关规定获得补偿。"这一规定体现了我国一切为了人民利益的社会主义本质，既保护了公民和组织经济权利，又有利于调动公民和组织依法积极参加国防建设和军事活动。

> **互动空间**
>
> 作为当代大学生，你认为应当如何自觉履行国防义务，合理行使国防权利？

> **军事百科**
>
> 军人是中国共产党领导的国家武装力量基本成员，是人民子弟兵，是捍卫国家主权、统一、领土完整的坚强力量，是中国特色社会主义现代化建设的重要力量。《国防法》《兵役法》《中华人民共和国军人地位和权益保障法》（以下简称《军人地位和权益保障法》）等对军人的抚恤优待、安置等权益作了相关规定。
>
> 《国防法》规定："国家和社会优待军人。""国家建立退役军人保障制度，妥善安置退役军人，维护退役军人的合法权益。"
>
> 《兵役法》规定："军人按照国家有关规定，在医疗、金融、交通、参观游览、法律服务、文化体育设施服务、邮政服务等方面享受优待政策。"在退役军人的安置方面，《兵役法》规定，对退出现役的义务兵、军士、军官，采取自主就业、安排工作、供养、领取退役金、退休、转业、复员等方式妥善安置。
>
> 《军人地位和权益保障法》规定："国家和社会尊重军人、军人家庭为国防和军队建设做出的奉献和牺牲，优待军人、军人家属，抚恤优待烈士、因公牺牲军人、病故军人的遗属，保障残疾军人的生活。"
>
> 这些规定一方面体现了党和国家对人民子弟兵的关怀与厚爱，另一方面也有利于强化全社会对军人职业的价值认同，推动形成尊崇优待军人军属的浓厚社会氛围，凝聚起富国强军的强大正能量。

第三节　国防建设 *

国防建设是国家为提高国防能力而进行的各方面的建设，主要包括武装力量建设，边防、海防、空防、人防建设，国防科技与国防工业建设，国防法规与动员体制建设，国防教育，以及与国防相关的交通运输、邮电、能源、水利、气象、航天等方面的建设。

中华人民共和国的成立，标志着我国从此开始了由人民当家作主的新纪元，同时也使我国的国防性质发生了根本的变化。70多年来，在中国共产党的领导下，我国国防建设取得了举世瞩目的巨大成就。

一、国防领导体制

国防领导体制是国家领导国防活动的组织体系及相应制度。其主要内容包括国防领导机构特别是武装力量领导和指挥机构的设置、职权划分、相互关系等。国防领导体制是国防体制中的"龙头"，同时也是国家政权组织形式和机构的重要组成部分。

根据《宪法》和《国防法》的规定，中华人民共和国的国防职权由中共中央、全国人民代表大会及其常务委员会、国家主席、国务院和中央军委行使。

（一）中共中央的国防领导职权

根据《国防法》第二十一条的规定，"中华人民共和国的武装力量受中国共产党领导"。有关国防建设、武装力量建设和国防动员的重大问题，都由中共中央、中央军事委员会、中央政治局及其常务委员会做出决策，并通过法定程序，作为党和国家的统一决策贯彻执行。

（二）全国人民代表大会及其常务委员会的国防职权

中华人民共和国全国人民代表大会是国家最高的权力机关，其国防职权如下：① 选举中央军委主席，根据中央军委主席的提名，决定中央军委其他组成人员的人选；② 决定战争与和平的问题；③ 宪法规定的国防方面的其他职权。

全国人民代表大会常务委员会的国防职权如下：① 监督中央军委的工作；② 在全国人民代表大会闭会期间，根据中央军委主席的提名，决定中央军委其他组成人员；③ 任免军事法院院长和军事检察院检察长；④ 规定军人的衔级制度和其他专门衔级制度；⑤ 在全国人民代表大会闭会期间，如果遇到国家遭受武装侵犯或者必须履行国际间共同防止侵略的条约的情况，决定战争状态的宣布；⑥ 决定全国总动员或者局部动员；⑦ 全国人民代表大会授予的国防方面的其他职权。

（三）国家主席的国防职权

国家主席的国防职权如下：① 根据全国人民代表大会的决定和全国人民代表大会常务委员会的决定，宣布进入紧急状态，宣布战争状态，发布动员令；② 行使宪法规定的国防方面的其他职权。

（四）国务院的国防职权

国务院的国防职权如下：① 编制国防建设的有关发展规划和计划；② 制定国防建设方面的有关政策和行政法规；③ 领导和管理国防科研生产；④ 管理国防经费和国防资产；⑤ 领导和管理国民经济动员工作和人民防空、国防交通等方面的建设和组织实施工作；⑥ 领导和管理拥军优属工作和退役军人保障工作；⑦ 与中央军委共同领导民兵的建设，征兵工作，边防、海防、空防和其他重大安全领域防卫的管理工作；⑧ 法律规定的国防建设事业方面的其他职权。

（五）中央军事委员会的国防职权

中央军委是国家军事最高领导机关，负责领导全国武装力量。其国防职权主要如下：① 统一指挥全国武装力量；② 决定军事战略和武装力量的作战方针；③ 领导和管理中国人民解放军、中国人民武装警察部队的建设，制定规划、计划并组织实施；④ 向全国人民代表大会或者全国人民代表大会常务委员会提出议案；⑤ 根据宪法和法律，制定军事法规，发布决定和命令；⑥ 决定中国人民解放军、中国人民武装警察部队的体制和编制，规定中央军事委员会机关部门、战区、军兵种和中国人民武装警察部队等单位的任务和职责；⑦ 依照法律、军事法规的规定，任免、培训、考核和奖惩武装力量成员；⑧ 决定武装力量的武器装备体制，制定武器装备发展规划、计划，协同国务院领导和管理国防科研生产；⑨ 会同国务院管理国防经费和国防资产；⑩ 领导和管理人民武装动员、预备役工作；⑪ 组织开展国际军事交流与合作；⑫ 法律规定的其他职权。

> **军事百科**
>
> 中央军委由军委主席一人、副主席若干人、委员若干人组成，实行主席负责制。中央军委下设7个部（厅）、3个委员会、5个直属机构，这些部门在军队领导指挥体制中居于承上启下、协调左右的重要位置，如图1-6所示。
>
> 经过2015年年底的国防和军队改革，我军形成了军委管总、战区主战、军种主建的格局。优化军委机关职能配置和机构设置，突出核心职能，整合相近职能，加强监督职能，充实协调职能，使军委机关成为军委的参谋机关、执行机关、服务机关。这样有利于坚持党对军队绝对领导和军委集中统一领导，有利于军委机关履行战略谋划和宏观管理职能，有利于加强权力运行制约和监督。

```
                        中央军事委员会

        7个部（厅）         3个委员会        5个直属机构
    办 联 政 后 装 训 国    纪 政 科        战 改 国 审 机
    公 合 治 勤 备 练 防    律 法 学        略 革 际 计 关
    厅 参 工 保 发 管 动    检 委 技        规 和 军 署 事
      谋 作 障 展 理 员    查 员 术        划 编 事              务
      部 部 部 部 部 部    委 会 委        办 制 合              管
                          员    员        公 办 作              理
                          会    会        室 公 办              总
                                             室 公              局
                                                 室
```

图1-6 中央军委的职能部门

（六）地方各级人民政府的国防职权

地方各级人民代表大会和县级以上地方各级人民代表大会常务委员会在本行政区域内，保证有关国防事务的法律、法规的遵守和执行。地方各级人民政府的国防职权主要如下：依照法律规定的权限，管理本行政区域内的征兵、民兵、国防教育、国民经济动员、人民防空、国防交通、国防设施保护、退出现役的军人的安置和拥军优属等工作。

二、国防建设成就

自中华人民共和国成立以来，特别是党的十八大以来，在党中央、中央军委的领导下，我国国防建设取得了巨大成就，具体体现在以下几个方面。

（一）不断创新军事理论

我们党在领导和建设人民军队长期实践中，始终坚持与时俱进创新军事指导理论，形成了毛泽东军事思想、邓小平新时期军队建设思想、江泽民国防和军队建设思想、胡锦涛国防和军队建设思想及习近平强军思想，引领我军不断发展壮大。

习近平强军思想是党的军事指导理论的最新成果，是人民军队的强军胜战之道，为走中国特色强军之路提供了科学指南和行动纲领。习近平主席鲜明提出党在新时代的强军目标，确立新时代军事战略方针，制定到2027年实现建军一百年奋斗目标、到2035年基本实现国防和军队现代化、到本世纪中叶全面建成世界一流军队的国防和军队现代化新"三步走"战略，推进政治建军、改革强军、科技强军、人才强军、依法治军，引领人民军队在中国特色强军之路上阔步前行。

（二）深化国防和军队改革，重塑领导体制

深化国防和军队改革是强军兴军的必由之路，也是决定军队未来的关键一招。党的十八大以来，在党中央、中央军委和习近平主席坚强领导下，人民军队全面实施改革强军

战略，开展中华人民共和国成立以来最为广泛、最为深刻的国防和军队改革，重构我军领导指挥体制、现代军事力量体系、军事政策制度，形成军委管总、战区主战、军种主建新格局，迈出构建中国特色军事力量体系的历史性步伐，取得重塑中国特色社会主义军事政策制度体系的突破性进展，打破长期实行的总部体制、大军区体制、大陆军体制，构建起中央军委—战区—部队的作战指挥体系、中央军委—军种—部队的领导管理体系，使军队最高领导权和指挥权集中于党中央、中央军委，实现了领导掌握部队和高效指挥部队有机统一。

（三）建立了一支正规化的、诸军兵种合成的人民军队

军队是国防力量的主体，我国根据国防的实际需要和国家的基本承受能力，建设了一支诸军兵种相结合的具有现代化作战能力的革命化、现代化、正规化的军队。我国先后建立了陆军、海军、空军、火箭军、联勤保障部队和信息支援部队等，并不断优化诸军兵种比例结构，按照中央军委提出的"听党指挥、能打胜仗、作风优良"的总要求，持续优化编制体制，更新教育训练内容和手段，改善武器装备，加强军队质量建设。

（四）形成综合的国防工业和国防科研体系

国防科技是衡量一个国家综合国防实力的重要标志之一，也是国防现代化建设的一个重要方面。中华人民共和国成立以来，在党中央、国务院、中央军委的领导下，经过70多年的建设和发展，我国的国防科技工业从无到有，从小到大，从落后到先进，逐步建立起了包括电子、船舶、兵器、航空、航天和核能等门类齐全、综合配套的科研实验生产体系，取得了一大批具有国内或国际先进水平的科研成果，为加强我军的现代化建设、增强我国的综合国防实力做出了重要贡献。

例如，在船舶工业方面，先后自行研制建造了航空母舰、核动力潜艇、导弹驱逐舰等作战舰艇，以及各种新型鱼雷、水雷等新装备。在航空工业方面，已能够生产歼击机、轰炸机、直升机、运输机和教练机等，基本满足了海军、空军作战和飞行训练的需要。

人物视窗

"两弹一星"元勋：精神历久弥新

"两弹一星"，最初是指原子弹、导弹和人造卫星。后来，其中一弹由代指原子弹演变为原子弹和氢弹的合称。作为中华人民共和国最初几十年科技实力发展的标志性事件，"两弹一星"也时常被用来泛指中国近代在科技、军事等领域独立自主、团结协作、创业发展的成果。"两弹一星"年代中国在导弹、人造卫星、遥感与制控等方面的成就，也为以后中国航天的进一步发展打下了基础。

"两弹一星"元勋是指为中国"两弹一星"事业做出突出贡献的23位科学家。1999年9月18日，在中华人民共和国成立五十周年之际，党中央、国务院、中央军委隆重表彰为中国"两弹一星"事业做出突出贡献的23位科技专家，并授予他们"两弹

一星功勋奖章"。

他们是历史选择的一代人。20世纪50年代中期,以毛泽东同志为核心的党的第一代中央领导集体,根据当时的国际形势,为了保卫国家安全、维护世界和平,果断地做出了研制"两弹一星"的战略决策。大批优秀的科技工作者,包括许多在国外已经有杰出成就的科学家,怀着对新中国的满腔热爱,义无反顾地投身于这一神圣而伟大的事业。

他们是创造历史的一代人。1964年10月16日,大漠深处一声巨响,我国第一颗原子弹爆炸成功;1966年10月27日,我国第一颗装有核弹头的地地导弹飞行爆炸成功;1967年6月17日,我国第一颗氢弹空爆试验成功;1970年4月24日,我国第一颗人造卫星发射成功,如图1-7所示。"两弹一星"的宏伟事业,是新中国建设成就的重要象征,

图1-7 我国第一颗人造卫星"东方红一号"

是中华民族的荣耀与骄傲。邓小平同志说:"如果60年代以来中国没有原子弹、氢弹,没有发射卫星,中国就不能叫有重要影响的大国,就没有现在这样的国际地位。这些东西反映一个民族的能力,也是一个民族、一个国家兴旺发达的标志。"

他们才华卓越。他们中有"无论在哪里都可抵五个师兵力"的空气动力学家,有让老师赞叹"没见过物理像于敏这么好的"的物理奇才。他们无私崇高,为了研制"两弹一星",许多人扎根大漠,甘当无名英雄,隐姓埋名,默默奉献,连家人都不了解他们具体从事的工作,有的甚至献出了宝贵的生命;他们自力更生,从新中国百废待兴、一穷二白的基础上起步,以超常的毅力和投入向世界宣告:"别人已经做到的事,我们要做到;别人没有做到的事,我们也一定要做到。"

历史不会忘记他们。1999年9月18日,党中央、国务院、中央军委决定,对当年为研制"两弹一星"做出突出贡献的23位科技专家予以表彰,并授予于敏、王大珩、王希季、朱光亚、孙家栋、任新民、吴自良、陈芳允、陈能宽、杨嘉墀、周光召、钱学森、屠守锷、黄纬禄、程开甲、彭桓武"两弹一星功勋奖章",追授王淦昌、邓稼先、赵九章、姚桐斌、钱骥、钱三强、郭永怀"两弹一星功勋奖章"。

人民不会忘记他们。他们诠释的"两弹一星"精神跨越时空、历久弥新,已经成为中华民族的宝贵精神财富,激励着一代代科技工作者攻坚克难,勇攀高峰。

(资料来源:人民网,有改动)

(五)进一步完善了国防动员体制

完善国防动员体制的主要目的是要建立一支雄厚的国防后备力量。为了能在战时有效而迅速地展开动员,我国在完善国防动员体制方面做了大量工作。

1. 建立了国防动员机构

依照宪法和有关法律，我国国家和县级以上人民政府均设立了国防动员委员会。国家国防动员委员会在国务院、中央军委的领导下负责组织、指导、协调全国的国防动员工作。县级以上地方各级国防动员委员会负责组织、指导、协调本区域的国防动员工作。2016年，中央军委下设国防动员部，负责组织指导国防动员和后备力量建设。这些动员机构的建立，为战时动员工作的顺利开展奠定了良好的基础。

2. 建立了雄厚的国防后备力量

党的十一届三中全会以来，我国颁布了新的《兵役法》，实行民兵和预备役相结合的制度。这对建立雄厚的国防后备力量，进一步完善国防动员体制，具有重要的战略意义。现在，全国的民兵组织已由单一的步兵发展成为包括高炮、地炮、通信、工兵、防化、侦察及海、空军等专业技术在内的强大的群众武装力量。

三、新时代中国国防政策

国防政策是国家进行国防建设、军事斗争和使用武装力量，以及进行与国防建设有关的活动的准则，是国防建设和国家安全的保证。国防政策具有鲜明的阶级性，不同的国家有不同的国防政策。

《国防法》第六条明确规定："中华人民共和国奉行防御性国防政策，独立自主、自力更生地建设和巩固国防，实行积极防御，坚持全民国防。"这是我国首次以国防基本法律的形式确认防御性国防政策。

总体来说，新时代中国的国防政策主要包括以下内容。

（一）坚决捍卫国家主权、安全、发展利益

坚决捍卫国家主权、安全、发展利益是新时代中国国防的根本目标。

慑止和抵抗侵略，保卫国家政治安全、人民安全和社会稳定，反对和遏制分裂势力，保卫国家主权、统一、领土完整和安全。维护国家海洋权益，维护国家在太空、电磁、网络空间等安全利益，维护国家海外利益，支撑国家可持续发展。

中国坚定维护国家主权和领土完整。南海诸岛、钓鱼岛及其附属岛屿是中国固有领土。中国在南海岛礁进行基础设施建设，部署必要的防御性力量，在东海钓鱼岛海域进行巡航，是依法行使国家主权。中国致力于同直接有关的当事国在尊重历史事实和国际法的基础上，通过谈判协商解决有关争议。中国坚持同地区国家一道维护和平稳定，坚定维护各国依据国际法所享有的航行和飞越自由，维护海上通道安全。

解决台湾问题，实现国家完全统一，是中华民族的根本利益，是实现中华民族伟大复兴的必然要求。中国必须统一，也必然统一。中国有坚定决心和强大能力维护国家主权和领土完整，决不允许任何人、任何组织、任何政党、在任何时候、以任何形式、把任何一块中国领土从中国分裂出去。

（二）坚持永不称霸、永不扩张、永不谋求势力范围

坚持永不称霸、永不扩张、永不谋求势力范围是新时代中国国防的鲜明特征。

国虽大，好战必亡。中华民族历来爱好和平。近代以来，中国人民饱受侵略和战乱之苦，深感和平之珍贵、发展之迫切，决不会把自己经受过的悲惨遭遇强加于人。中华人民共和国成立70多年来，没有主动挑起过任何一场战争和冲突。改革开放以来，中国致力于促进世界和平，主动裁减军队员额。中国由积贫积弱发展成为世界第二大经济体，靠的不是别人的施舍，更不是军事扩张和殖民掠夺，而是人民勤劳、维护和平。中国既通过维护世界和平为自身发展创造有利条件，又通过自身发展促进世界和平，真诚希望所有国家都选择和平发展道路，共同防范冲突和战争。

中国坚持在和平共处五项原则基础上发展同各国的友好合作，尊重各国人民自主选择发展道路的权利，主张通过平等对话和谈判协商解决国际争端，反对干涉别国内政，反对恃强凌弱，反对把自己的意志强加于人。中国坚持结伴不结盟，不参加任何军事集团，反对侵略扩张，反对动辄使用武力或以武力相威胁。中国的国防建设和发展，始终着眼于满足自身安全的正当需要，始终是世界和平力量的增长。历史已经并将继续证明，中国决不走追逐霸权、"国强必霸"的老路。无论将来发展到哪一步，中国都不会威胁谁，都不会谋求建立势力范围。

（三）贯彻落实新时代军事战略方针

贯彻落实新时代军事战略方针是新时代中国国防的战略指导。

新时代军事战略方针，坚持防御、自卫、后发制人原则，实行积极防御，坚持"人不犯我、我不犯人，人若犯我、我必犯人"，强调遏制战争与打赢战争相统一，强调战略上防御与战役战斗上进攻相统一。

贯彻落实新时代军事战略方针，服从服务党和国家战略全局，落实总体国家安全观，强化忧患意识、危机意识、打仗意识，积极适应战略竞争新格局、国家安全新需求、现代战争新形态，有效履行新时代军队使命任务。根据国家面临的安全威胁，扎实做好军事斗争准备，全面提高新时代备战打仗能力，构建立足防御、多域统筹、均衡稳定的新时代军事战略布局。坚持全民国防，创新人民战争的战略战术和内容方法，充分发挥人民战争整体威力。

中国始终奉行在任何时候和任何情况下都不首先使用核武器、无条件不对无核武器国家和无核武器区使用或威胁使用核武器的核政策，主张最终全面禁止和彻底销毁核武器，不会与任何国家进行核军备竞赛，始终把自身核力量维持在国家安全需要的最低水平。中国坚持自卫防御核战略，目的是遏制他国对中国使用或威胁使用核武器，确保国家战略安全。

（四）坚持走中国特色强军之路

坚持走中国特色强军之路是新时代中国国防的发展路径。

建设同国际地位相称、同国家安全和发展利益相适应的巩固国防和强大军队，是中国

社会主义现代化建设的战略任务,是坚持走和平发展道路的安全保障,是总结历史经验的必然选择。

新时代中国国防和军队建设,深入贯彻习近平强军思想,深入贯彻习近平军事战略思想,坚持党对人民军队的绝对领导,坚持政治建军、改革强军、科技强军、人才强军、依法治军,坚持边斗争、边备战、边建设,坚持机械化信息化智能化融合发展,加快军事理论现代化、军队组织形态现代化、军事人员现代化、武器装备现代化,提高捍卫国家主权、安全、发展利益战略能力,有效履行新时代人民军队使命任务。

(五)服务构建人类命运共同体

服务构建人类命运共同体是新时代中国国防的世界意义。

中国人民的梦想与世界人民的梦想息息相通。一个和平稳定繁荣的中国,是世界的机遇和福祉。一支强大的中国军队,是维护世界和平稳定、服务构建人类命运共同体的坚定力量。

中国军队坚持共同、综合、合作、可持续的安全观,秉持正确义利观,积极参与全球安全治理体系改革,深化双边和多边安全合作,促进不同安全机制间协调包容、互补合作,营造平等互信、公平正义、共建共享的安全格局。

中国军队坚持履行国际责任和义务,始终高举合作共赢的旗帜,在力所能及的范围内向国际社会提供更多公共安全产品,积极参加国际维和、海上护航、人道主义救援等行动,加强国际军控和防扩散合作,建设性参与热点问题的政治解决,共同维护国际通道安全,合力应对恐怖主义、网络安全、重大自然灾害等全球性挑战,积极为构建人类命运共同体贡献力量。

视野拓展

中国蓝盔抢修刚果(金)交通"生命线"

2021年5月22日,刚果(金)东北部的北基伍省戈马市以北18千米处的尼拉贡戈火山喷发,造成民众伤亡,超过5000栋房屋损毁,40万民众被迫逃离家园,部分人员向中国维和工兵分队驻地南基武省布卡武市转移。

5月27日,接到联合国刚果(金)稳定特派团(以下简称"联刚稳定团")命令,我国维和工兵分队对刚果(金)交通要道N2公路塌陷路段实施紧急抢修,如图1-8所示。该路段是受灾民众由北向南转移的唯一交通要道,如果不能快速打通,会导致受灾民众不能按时到达安置点,造成二次受困。

图1-8 我国维和官兵操作工程机械对损毁路段进行抢修

险情就是命令！受领任务后，中国维和工兵分队立即成立应急小组，携带工程装备和救援物资，连续机动5个小时赶赴现场。由于长时间受雨水冲刷，该路段形成了长45米、深3米、宽2.5米的冲沟，交通完全中断，作业难度非常大。此时，距离受灾民众预计经过的时间已经不到6个小时！

　　施工期间，地表温度很高，作业地域不时还有地震发生。为了完成任务，我国维和官兵忘记了高温的炙烤和身体的疲惫，连续战斗，按时打通交通"生命线"。当车辆顺利通行时，许多当地民众都向中国维和官兵竖起了大拇指。

　　完成救援任务后，官兵们并没有撤回营区，而是搭设帐篷驻扎在作业区附近，保障联刚稳定团工作人员和灾民陆续撤离。维和官兵还建起爱心取水点，为过往人员分发热食，并对受伤民众进行救治。

　　截至6月6日，中国维和官兵先后保障10波次700余台车辆通行，为过往民众发放饮用水和食物，救治受伤民众10余人。此外，分队还派出人员对N2公路进行全线勘察，采取开挖引流渠、构筑沉沙池、铺设钢质涵管、回填垫高路基等办法，对沿途5处难行路段和3处损毁涵洞进行修复，保证道路畅通。

（资料来源：《解放军报》，有改动）

四、军民融合

　　进入21世纪，中国共产党着眼于解决深层次矛盾，创造性地提出军民融合发展的思想。特别是党的十八大以来，习近平总书记敏锐洞察和深刻把握新形势下经济建设和国防建设协调发展规律，对军民融合发展做出一系列重要论述和重大决策，并将其上升为国家战略，明确了"为什么融""融什么""怎么融"等一系列根本性、全局性、方向性问题。

　　（1）在战略定位上，强调把军民融合发展上升为国家战略，是党中央从国家发展和安全全局出发做出的重大决策，是在全面建成小康社会进程中实现富国和强军相统一的必由之路。

　　（2）在发展阶段上，指出中国军民融合发展刚进入由初步融合向深度融合的过渡阶段，还存在思想观念跟不上、政策法规和运行机制滞后、工作执行力度不够等问题。

　　（3）在奋斗目标上，提出要加快形成全要素、多领域、高效益的军民融合深度发展格局，构建军民一体化的国家战略体系和能力。

　　（4）在总体要求上，强调贯彻落实总体国家安全观和新形势下军事战略方针，坚持党的领导、强化国家主导、注重融合共享、发挥市场作用、深化改革创新，着力在"统"字上下功夫，在"融"字上做文章，在"新"字上求突破，在"深"字上见实效。

　　（5）在实现途径上，指出要向军民融合发展重点领域聚焦用力，以点带面推动整体水平提升，从需求侧、供给侧同步发力，强化大局意识、改革创新、战略规划、法治保障。

第一章　强化国防观念，提升国防素养——中国国防

这些重要论述和决策赋予军民融合发展新的时代内涵，形成完善、系统的中国特色军民融合发展战略思想，是习近平新时代中国特色社会主义思想的重要组成部分，把军民融合发展提升到了新高度、新境界、新水平。

军民融合是国家战略，关乎国家发展和安全全局，既是兴国之举，又是强军之策。深入贯彻军民融合发展战略，更好把国防和军队建设融入国家经济社会发展体系，是统一富国和强军两大目标，统筹发展和安全两件大事，统合经济和国防两种实力，促进国家发展、保障国家安全的可靠支撑。

> **互动空间**
>
> 随着军民融合发展国家战略的深入实施，高校作为科技第一生产力、人才第一资源、创新第一动力的结合点，人才培养方式多元，基础研究能力突出，学科布局全面，参与军民融合的程度不断加深。
>
> 作为新时代大学生，我们可以为军民融合做出哪些努力？

第四节　武装力量 *

武装力量是国家或政治集团所拥有的各种武装组织的统称。武装力量一般以军队为主体，由军队和其他正规的、非正规的武装组织构成。

一、中国武装力量的性质和宗旨

《宪法》规定："中华人民共和国的武装力量属于人民。"这个规定揭示了我军同一切剥削阶级军队和旧式军队的本质区别，阐明了中国人民解放军是人民军队的根本性质，体现了我军全心全意为人民服务的唯一宗旨和同人民群众血肉相连的关系。正如党的二十大报告所指出的，"人民军队始终是党和人民完全可以信赖的英雄军队"。

二、中国武装力量的构成

《国防法》第二十二条第一款规定："中华人民共和国的武装力量，由中国人民解放军、中国人民武装警察部队、民兵组成。"

（一）中国人民解放军

中国人民解放军在新时代的使命任务是为巩固中国共产党领导和社会主义制度，为捍卫国家主权、统一、领土完整，为维护国家海外利益，为促进世界和平与发展，提供战略支撑。

经过多次改革后，当前，中国人民解放军总体形成中央军委领导指挥下的陆军、海军、空军、火箭军等军种，联勤保障部队、信息支援部队、军事航天部队、网络空间部队等兵种的新型军兵种结构布局。

1. 四大军种

（1）陆军。陆军始建于1927年8月1日，是主要在陆地上遂行作战任务的军种。它具有强大的火力、突击力和快速机动能力，既能独立作战，又能与其他军兵种联合作战，是陆地战场上决定胜负的主要力量。陆军是党最早建立和领导的武装力量，敢打善战，战功卓著，为党和人民建立了不朽功勋，对维护国家主权安全和发展利益具有不可替代的作用。

经过多年的建设和发展，陆军的武器装备已经有了质的飞跃。以新一代主战坦克、火炮、反坦克武器（图1-9为红箭-10反坦克导弹）、武装直升机（图1-10为直-10武装直升机）等为代表的一批高新技术武器装备，其技术性能已经接近或达到世界先进水平。基本上形成了立体机动作战的装备体系及比较配套的支援和保障体系，独立作战的能力得到了进一步增强，为今后遂行诸军兵种联合作战任务创造了有利的条件。

图1-9　红箭-10反坦克导弹

图1-10　直-10武装直升机

军事百科

陆军主要由步兵、炮兵、装甲兵、防空兵、航空兵、工程兵等兵种组成。

（1）步兵是徒步或搭乘装甲输送车、步兵战车实施机动和作战的兵种，由摩托化步兵、机械化步兵、山地步兵组成。

（2）炮兵是以各种压制火炮、反坦克火炮、反坦克导弹和战役战术导弹为基本装备，遂行地面火力突击任务的兵种。

> （3）装甲兵是以坦克及其他装甲战车、保障车辆为基本装备，遂行地面突击任务的兵种。
>
> （4）陆军防空兵是以高射炮、地空导弹武器系统为基本装备，遂行对空作战任务的兵种。
>
> （5）陆军航空兵是装备攻击直升机、运输直升机和其他专用直升机及轻型固定翼飞机，遂行空中机动和支援地面作战任务的兵种。
>
> （6）工程兵是担负工程保障任务的兵种，由工兵、舟桥、建筑、伪装、野战给水工程、工程维护等专业部（分）队组成。

（2）海军。海军成立于1949年4月23日，是主要遂行海洋作战任务的军种。海军担负着保卫国家海上安全、领海主权和维护海洋权益等任务，具有在水面、水下、空中及岸上实施攻防作战和战略袭击的能力。海军既能独立在海上作战，又能与其他军兵种联合作战，具有常规作战能力和战略核打击能力，是海上作战行动的主体力量。

经过几十年的发展，我国海军不断发展壮大，尤其是2012年9月第一艘航空母舰辽宁舰（见图1-11）和2019年12月我国第一艘国产航空母舰山东舰的交接入列，大大提高了我国海军的综合作战能力。目前，我国海军已成为一支装备复杂、技术密集、由多兵种合成、具有现代化作战能力的近海防御力量。

图1-11　辽宁舰

军事百科

> 海军主要由潜艇部队、水面舰艇部队、航空兵、陆战队、岸防部队等兵种组成。
>
> （1）潜艇部队是指在水下遂行作战任务的兵种，具有在水下使用鱼雷、水雷、导弹武器对敌方实施攻击的能力。它主要用于消灭敌方大中型运输舰船和作战舰艇，破坏敌方海上交通线，保护己方海上交通线，破坏、摧毁敌方基地、港口和岸上重要目标；还可以遂行侦察、布雷、反潜、巡逻和运送人员、物资等任务。

（2）水面舰艇部队（见图1-12）是指在水面遂行作战任务的兵种，包括战斗舰艇部队和勤务舰船部队，具有在广阔海域进行反舰、反潜、防空、水雷战和对岸攻击等作战能力。它主要用于攻击敌方海上兵力和岸上目标，支援登陆、抗登陆作战，保护或破坏海上交通线，进行海上封锁或反封锁作战，运送作战兵力和物资，参加夺取制海权和海洋制空权的斗争等。平时还用于保卫大陆架、专属经济区，保卫和参加海上科学试验与调查作业、开发海洋资源，维护国家海洋权益。

图1-12　水面舰艇部队

（3）航空兵是指主要在海洋上空遂行作战任务的兵种，通常由轰炸航空兵、歼击轰炸航空兵、歼击航空兵、强击航空兵、侦察航空兵、反潜航空兵部队和执行预警、电子对抗、运输、救护等保障任务的部队编成。它是夺取和保卫海洋战区制空权的重要力量，是海军的主要突击兵力之一，能对海战的进程和结局产生重大影响。

（4）陆战队是指海军中担负渡海登陆作战任务的兵种，是实施两栖作战的快速突击力量，通常由陆战步兵、炮兵、装甲兵、工程兵及侦察、通信等部（分）队组成。其基本任务是独立或协同陆军实施登陆作战、抗登陆作战。

（5）岸防部队是指海军部署于沿海重要地段、岛屿，以火力遂行海岸防御任务的兵种，通常由海岸导弹部队和海岸炮兵部队组成。其基本任务是封锁海峡、航道，消灭敌方舰船，掩护近岸海区的己方交通线和舰船；支援海岸、岛屿守备部队作战，保卫基地、港口和沿海重要地段的安全。

（3）空军。空军成立于1949年11月11日，是主要遂行空中作战任务的军种。空军担负着保卫国家领空安全、保持全国空防稳定等任务，具有快速反应、高速机动、远程作战和猛烈突击的能力。空军是空中作战行动的主体力量，既能独立遂行战役、战略任务，又能与其他军兵种联合作战。

近年来，空军装备建设取得了丰硕的成果。聚焦强军目标，空军武器装备加速升级换代，一批新型国产战机批量装备部队（图1-13为运-20运输机），预警机、加油机等特种飞机陆续列装，一系列新型空空、空地、地空导弹不断出现，空军正在形成完整、先进的作战体系。随着我国空军装备自主创新程度的不断加深，中国空军的整体实力将不断提升。

第一章　强化国防观念，提升国防素养——中国国防

图1-13　运-20运输机

> 📖 **军事百科**
>
> 空军主要由航空兵、地空导弹兵、高射炮兵、空降兵、雷达兵等兵种组成。
>
> （1）航空兵是空军的主要组成部分和作战力量，包括歼击航空兵、强击航空兵、轰炸航空兵、侦察航空兵和运输航空兵等。歼击航空兵是歼灭敌空中飞机和飞航式空袭兵器的兵种；强击航空兵是攻击敌地面部队或其他目标的兵种；轰炸航空兵是对地面、水面目标实施轰炸的进攻兵种；侦察航空兵是以侦察机为基本装备，从空中获取情报的兵种；运输航空兵是装备军用运输机和直升机，遂行空中输送任务的兵种。
>
> （2）地空导弹兵是指装备地空导弹、执行防空任务的兵种，通常与歼击航空兵、高射炮兵共同行动。
>
> （3）高射炮兵是指装备高射炮武器系统、遂行防空作战任务的炮兵。它的主要任务是防空作战，歼灭敌方空中目标，协助歼击航空兵夺取制空权。
>
> （4）空降兵是以降落伞和陆战武器为基本装备、航空器为运输工具，主要遂行伞降和机降作战任务的空军兵种。
>
> （5）雷达兵是以对空情报雷达为基本装备，主要遂行对空目标探测和报知空中情报任务的兵种。

（4）火箭军（图1-14为火箭军某部合成演练现场）。火箭军成立于2015年12月31日，由第二炮兵（成立于1966年7月1日）更名而来，由中央军委直接领导指挥。火箭军主要担负遏制他国对中国使用核武器、遂行核反击和常规导弹精确打击任务，是我国战略威慑的核心力量，是我国大国地位的战略支撑，是维护国家安全的重要基石。

经过50多年的建设和发展，火箭军已经形成核常兼备、固液并存、射程衔接、战斗部种类配套的武器装备体系。近年来，一批不同型号和不同发射方式的现代化导弹阵地，在祖国的崇山峻岭之间竣工；核导弹与常规导弹兼有、近中远和洲际导弹齐备的武器系列（图1-15为东风-41洲际战略核导弹），成为能够实施自卫核反击和纵深常规打击的战略力量；快速机动能力和准确打击能力迅速提高，部队的整体作战能力实现了历史性飞跃。

图1-14 火箭军某部合成演练现场

东风-41洲际战略核导弹

图1-15 东风-41洲际战略核导弹

军事百科

火箭军由地地战略导弹部队、常规战役战术导弹部队和相应保障部队组成。

（1）地地战略导弹部队是指装备地地战略导弹武器系统，遂行战略核反击任务的部队。它的主要任务是遏制敌人对中国使用核武器，在敌人对中国发动核袭击时，遵照统帅部的命令，独立地或联合其他军种的战略核部队对敌人实施有限而有效的自卫反击，打击敌人的重要战略目标。它由中程、远程和洲际导弹部队，工程部队，以及作战保障、装备技术保障和后勤保障部队组成。

（2）常规战役战术导弹部队是指装备常规战役战术导弹武器系统，遂行常规导弹突击任务的部队。它由近程、中近程常规导弹部队，工程部队，以及作战保障、装备技术保障和后勤保障部队组成。

2. 四大兵种

（1）联勤保障部队。联勤保障部队成立于2016年9月13日，是实施联勤保障和战略战役支援保障的主体力量，是中国特色现代军事力量体系的重要组成部分。组建联勤保障基地和联勤保障中心，是党中央和中央军委着眼于全面深化国防和军队改革做出的重大决策，是深化军队领导指挥体制改革、构建具有中国军队特色的现代联勤保障体制的战略举措，对把中国军队建设成为世界一流军队、打赢现代化局部战争具有重大而深远的意义。

（2）信息支援部队。信息支援部队成立于2024年4月19日，由中央军委直接领导指挥。它是全新打造的战略性兵种，是统筹网络信息体系建设运用的关键支撑，在推动我军高质量发展和打赢现代战争中地位重要、责任重大。

（3）军事航天部队。军事航天部队是中国人民解放军战略性兵种之一。推进军事航天部队建设，对提高安全进出和开放利用太空能力、增强太空危机管控和综合治理效能、更好和平利用太空具有重要意义。

（4）网络空间部队。网络空间部队是中国人民解放军战略性兵种之一。推进网络空间部队建设，大力发展网络安全防御手段，对筑牢国家网络边防，及时发现和抵御网络入侵，捍卫国家网络主权和信息安全具有重要意义。

（二）中国人民武装警察部队

中国人民武装警察部队（以下简称"武警部队"），成立于1982年6月19日，前身是中国人民公安中央纵队，始建于1949年8月。根据《国防法》第二十二条第三款的规定，中国人民武装警察部队担负执勤、处置突发社会安全事件、防范和处置恐怖活动、海上维权执法、抢险救援和防卫作战及中央军委赋予的其他任务。

自2018年1月1日零时起，中国人民武装警察部队由党中央、中央军委集中统一领导，实行"中央军委—武警部队—部队"领导指挥体制，武警部队的根本职能属性没有发生变化，不列入解放军序列。调整后，武警部队包括内卫部队、机动总队、海警总队等。

1. 内卫部队

内卫部队受中华人民共和国武警总部的直接领导管理，包括各省、自治区、直辖市武警总队、机动师和总部直属单位。其主要任务包括：① 承担固定目标执勤和城市武装巡逻任务，保障国家重要目标的安全；② 处置各种突发事件，打击恐怖主义，维护国家安全与社会稳定；③ 支援国家经济建设和执行抢险救灾任务；④ 战时参与后方防卫作战。

2. 机动总队

机动总队隶属武警部队战斗序列，目前编制有武警第一机动总队和武警第二机动总队，执行军级建制。各武警机动总队下辖若干武警机动支队、武警特战支队、武警交通支队和武警工程防化支队。机动总队的主要任务是对突然发生的危害国家安全或者社会秩序的违法事件依法实施处置，包括处置叛乱事件、骚乱及暴乱事件、群体性治安、武装暴动、大规模械斗事件等。

3. 海警总队

2018年6月22日，为了贯彻落实党的十九大和十九届三中全会精神，按照党中央的决策部署，海警队伍整体划归武警部队领导指挥，调整组建中国人民武装警察部队海警总队，称中国海警局。中国海警局统一履行海上维权执法职责。其主要职能包括：① 履行海上维权执法职责，包括执行打击海上违法犯罪活动、维护海上治安和安全保卫、海洋资源开发利用、海洋生态环境保护、海洋渔业管理、海上缉私等方面的执法任务，以及协调指导地方海上执法工作；② 执行打击海上违法犯罪活动、维护海上治安和安全保卫等任务，行使法律规定的公安机关相应执法职权；③ 执行海洋资源开发利用、海洋生态环境保护、海洋渔业管理、海上缉私等方面的执法任务，行使法律规定的有关行政机关相应执法职权。中国海警局与公安机关、有关行政机关建立执法协作机制。

军事百科

2018年3月，中共中央印发了《深化党和国家机构改革方案》（简称《方案》），《方案》对武警部队改革做出部署，按照军是军、警是警、民是民原则，将列武警部队序列、国务院部门领导管理的现役力量全部退出武警，将国家海洋局领导管理的海警队伍转隶武警部队，将武警部队担负民事属性任务的黄金、森林、水电部队整体移交国家相关职能部门并改编为非现役专业队伍，同时撤收武警部队海关执勤兵力，彻底理顺武警部队领导管理和指挥使用关系。

（三）民兵

民兵是中国共产党领导下的不脱离生产的群众武装组织，是中华人民共和国武装力量的组成部分，是中国人民解放军的助手和后备力量。

民兵分为基干民兵和普通民兵。基干民兵组织是民兵组织的骨干力量，主要由退出现役的士兵及经过军事训练和选定参加军事训练，或者具有专业技术特长的未服过现役的人员组成。基干民兵组织可以在一定区域内从若干单位抽选人员编组。普通民兵组织由符合服兵役条件未参加基干民兵组织的公民按照地域或者单位编组。

《国防法》规定，民兵在军事机关的指挥下，担负战备勤务、执行非战争军事行动任务和防卫作战任务。

军事前沿

湖北洪湖赤卫队民兵连：接过英雄旗帜，续写传奇与荣光

"洪湖水，浪打浪，洪湖岸边是家乡……"，歌剧《洪湖赤卫队》中的优美旋律，让我们仿佛回到了那段峥嵘岁月。

1927年4月，周逸群自湘西北返回洪湖。1928年1月，他根据湖北省委《工农革命军任务与组织决策》中"除工农革命军外，各县可成立赤卫队，赤卫队受当地苏维埃政府指挥，保卫当地治安"的指示，在群众斗争基础较好的地区建立了若干赤卫队。这些赤卫队，就是"洪湖赤卫队"的前身。

洪湖河湖港汊纵横交错，芦苇荡排密密麻麻，湖中有大大小小的墩台。当时，洪湖赤卫队以芦林为房、船板为床、菱角为粮，利用河湖港汊的地理优势开展水上游击战争，与敌人斗智斗勇，配合红军开展"反围剿"斗争。

斗转星移，时空变换。从战争年代到和平岁月，一代代洪湖民兵传承革命先辈遗志，担当起不一样的历史使命和时代重任，他们把"洪湖赤卫队精神"深深烙印在守护家园、建设家乡的每一次战斗中，渲染在"洪湖赤卫队"的猎猎战旗上——

1995年6月22日，洪湖民兵排长吴让勇在瞿家湾子贝渊，为救2名落水儿童不幸牺牲；

1998年8月20日，燕窝镇周脚村民兵连连长方红平和民兵王少为、胡会林，在长江燕窝段进行溃口抢险时，英勇献身；

2020年，洪湖市人武部组织民兵抗洪救灾，被湖北省委、省人民政府、省军区表彰为"2020年湖北省防汛救灾先进集体"；

2022年清明假期，洪湖新滩镇迎来车流高峰期，车辆数量超过平时的3倍，为了强化高速入口疫情防控工作，新滩镇民兵前往入口值守，守好洪湖东大门；

……

一部歌剧，记录一段历史；一腔热血，筑起一座丰碑。浩浩洪湖水，滋养了一代又一代洪湖人；历经千锤百炼的"洪湖赤卫队精神"，穿越时空的长河，历久弥新。站在革命先辈的肩头，洪湖民兵如今又有了一个英雄的名称——洪湖赤卫队民兵连。

薪火赓续，再启征程。对于一代又一代的洪湖民兵来说，不断适应新的形势和任务，珍惜党和人民给予的荣誉，充分发挥在抗洪抢险、乡村振兴、应急救援和维护社会稳定等方面的重要作用，就是时代赋予他们的光荣使命与任务。

（资料来源：学习强国，有改动）

三、中国人民解放军的发展历程

中国人民解放军自1927年诞生至今，从一支以步兵为主体的农民军队逐渐建设发展成为当前由陆军、海军、空军、火箭军、联勤保障部队、信息支援部队及诸兵种合成的高度集中统一的现代化军队。我军建设的发展历程可以说是一部不断寻求自我超越的历史进程。

（一）革命战争时期

中国共产党从人民军队创建伊始就关心其建设发展。1927年8月1日南昌起义后，同年9月，毛泽东领导湘赣边界秋收起义，随后对起义部队进行"三湾改编"，开始了对革命军队的政治建设，强调党对军队的领导，规定部队民主制度，实行官兵待遇平等，并把支部建在连上。这些原则至今仍是我军坚持的政治传统。1929年12月，古田会议顺利召开，正式规定了人民军队的性质、宗旨和任务，确立了思想建党、政治建军的根本原则，为把我军建设成为新型人民军队初步奠定了基础。

1937年7月7日，中日全面战争爆发。中国共产党从大局出发，毅然同意把主力红军和南方八省游击队分别改编为国民革命军第八路军（以下简称"八路军"）和国民革命军新编第四军（以下简称"新四军"），坚决贯彻统一领导、"精兵简政"、整顿三风，以及发展生产、拥政爱民等各项任务，实行官兵一致、军民一致、瓦解敌军和宽待俘虏等原则，构建起了主力军、地方武装和民兵自卫队三结合的武装力量体制，在抗日斗争中边打边建，力量迅速发展壮大。

抗战胜利后，八路军和新四军改称中国人民解放军，逐步理顺编制，建立了集中统一的指挥机构，初步建立起了一支能在较大范围内实施机动作战的正规兵团与地方部队、民兵游击队相结合的武装力量，并使长期以来一直指导人民军队建设的毛泽东建军思想也得到了进一步的丰富和发展。

（二）和平建设时期

中华人民共和国成立后，人民军队迅速从革命战争转向和平建设，开始向革命化、现代化和正规化迈进，包括整顿军队编制体制，调整各战略区域部署，并以精简整编为主要内容进行了多次改革，奠定了军队领导管理指挥体制的基础和现代化军队的基本框架，初步实现了由单一军种向诸军兵种合成军队的转变，完成了由革命战争时期向和平建设时期的全面转型。

1953年12月，中央召开全国军事系统党的高级干部会议，确定了把人民解放军建设成为一支优良的现代化革命军队的总方针和总任务。1978年12月，党的十一届三中全会召开，会议坚持把军事训练摆到战略地位，贯彻军队建设要面向现代化、面向世界、面向未来的方针，有效地提高了部队在现代条件下诸军兵种合同作战、快速反应、电子对抗、后勤保障及野战生存的能力。

从整体上来看，人民军队在和平建设期间所取得的成果有目共睹，硕果累累，在整体军力建设上缩短了与世界先进国家军队的距离，有效提高了我国的国际地位。

（三）全面转型时期

20世纪80年代末、90年代初，随着冷战的结束和苏联的解体，国际形势发生重大变化，和平与发展成为世界两大主题，科学技术迅猛发展并在军事领域广泛应用。我军开始对军队建设指导思想实施战略性转变，力图通过深化改革、完善体制，从根本上推动人民军队从数量型军队向质量型军队转变，迈开了中国特色精兵之路的坚实步伐。

进入21世纪以来，争夺信息优势成为各国军队建设的焦点，人民军队迎来了迈向信息化的重要机遇期。针对现代战争出现的新特点和新要求，我军坚定不移地把信息化作为发展方向，不断提高武器装备的信息技术含量，积极推进机械化条件下的军事训练向信息化条件下的军事训练转变，坚持国防建设与经济建设协调发展，已经基本构建起了一个以打赢信息化战争为目标的立体化军事体系。

党的二十大报告指出，如期实现建军一百年奋斗目标，加快把人民军队建成世界一流军队，是全面建设社会主义现代化国家的战略要求。必须贯彻新时代党的强军思想，贯彻新时代军事战略方针，坚持党对人民军队的绝对领导，坚持政治建军、改革强军、科技强军、人才强军、依法治军，坚持边斗争、边备战、边建设，坚持机械化信息化智能化融合发展，加快军事理论现代化、军队组织形态现代化、军事人员现代化、武器装备现代化，提高捍卫国家主权、安全、发展利益战略能力，有效履行新时代人民军队使命任务。

军史讲堂

三湾，见证我军新生

1927年9月，湘赣边界秋收起义开始时，是以攻打中心城市长沙为目标的，起义军最初曾占领醴陵、浏阳县城和一些集镇，由于遭到远比自己强大的反革命军队的抵抗，损失严重。这时，毛泽东果断改变原有部署，下令各起义部队停止进攻，退到浏阳文家市集中。19日，毛泽东在文家市主持召开前委会议，否定了"取浏阳直攻长沙"的主张，决定把起义军向南转移到敌人统治力量薄弱的农村山区，寻找落脚点，以保存革命力量，再图发展。

29日，毛泽东率工农革命军翻越大山来到一个万木苍翠、群山环抱的小山村——永新县三湾村。这时，部队剩下不足千人，但仍是起义前的编制，出现官多兵少和枪多人少的现象，不利于作战。当时追敌已被摆脱，也没有地方反动武装袭扰，部队在村里住了5天。这是工农革命军自湘赣边界秋收起义以来第一次得到从容休整的机会。

进驻三湾村的当晚，在一间名叫"泰和祥"的杂货铺内，毛泽东主持召开了中共前敌委员会扩大会议，总结秋收起义以来行军作战的经验教训，讨论部队现状及解决措施，决定对部队进行整顿和整编，并立即付诸实施。这就是著名的"三湾改编"（见图1-16）。

图1-16　三湾改编（油画）

三湾改编的主要内容包括：第一，把不足1000人的部队缩编成一个团，称工农革命军第1军第1师第1团。第二，在部队内部实行民主制度，官兵平等，待遇一样，规定首长不准打骂士兵，士兵有开会说话的自由，连以上建立士兵委员会。士兵委员会参加对部队的行政管理和经济管理，监督官长。第三，全军由党的前敌委员会统一领导。各级部队分别建立党的组织，班排设小组，支部建在连队上，营、团建立党委；连以上设党代表，由同级党组织的书记担任，部队的一切重大问题都必须经党组织集体讨论决定。改编时，根据自愿的原则，愿留的则留，不愿留的发给3至5元的路费。

三湾改编确立了党对军队的领导和在军队中实行民主制度，从政治上和组织上奠定了新型人民军队的基础，是建设新型人民军队的重要开端，在人民军队的建军史上有着重大意义。三湾改编把"支部建在连上"的原则确立后，军队面貌大为改观。仍旧是这支衣衫褴褛的队伍，却列队整齐，目光炯炯。官兵知道了为谁打仗，懂得了为谁扛枪。党的战斗堡垒筑在了最基层，筑在了斗争的最前沿。

（资料来源：《解放军报》，作者褚银，有改动）

第五节 国防动员 *

国防动员是国防活动的重要内容之一，是准备和实施战争的重要措施，在保障、赢得战争胜利等诸多方面，都具有十分重要的地位与作用。无论是古代战争还是现代战争，全面战争还是局部战争，常规战争还是非常规战争，都离不开国防动员。

一、国防动员概述

国防动员是指国家为应对战争或其他安全威胁，使社会诸领域的全部或部分由平时状态转入战时状态或紧急状态的活动。2010年2月，全国人民代表大会常务委员会审议通过《中华人民共和国国防动员法》，规范了国防动员平时准备和战时实施的基本内容，规定了公民和组织在国防动员活动中的义务和权利，完善了国防动员的基本制度。这标志着我国国防动员建设进入了法制化、规范化发展的新阶段。

（一）国防动员的产生与发展

国防动员与战争紧密相连，是战争活动的重要组成部分和前提条件，因此最早被称为"战争动员"。

战争动员产生于奴隶社会，发展于封建社会和资本主义社会。自资本主义工业革命后，战争动员进入全面发展时期。尤其是20世纪规模空前的两次世界大战的发生，为战争动员的进一步发展提供了客观条件。

军事百科

在中国现代革命史上，中国共产党人成功地领导了多次战争动员活动。在历次革命战争中，在毛泽东关于动员和武装群众、进行人民战争的战略思想指导下，中国共产党实行全党动员、全民动员的方针，成功地实施了军事、政治、经济、文化等动员，为壮大人民军队、夺取革命战争的胜利发挥了巨大作用。1937年8月，中国共产党发表了《抗日救国十大纲领》，号召全国各族人民和社会各阶层、各民主党派团结起来，积极参加抗日战争，形成了全国的抗日民族统一战线，出现了全面抗战的总动员局面。各抗日根据地广泛动员人民群众参军参战，开展游击战争，在敌后战场给日寇以沉重打击。

中华人民共和国成立后，在历次局部战争的作战中，都进行了不同规模的战争动员。抗美援朝战争前，我国在全国内深入进行了抗美援朝、保家卫国的宣传教育，激发了广大军民的爱国热情，在全国迅速动员了200多万民兵、青年参加中国人民志愿军，还动员了大批汽车司机、铁路员工和医务、通信人员担负战争勤务。与此同时，在全国开展的捐献运动，共捐献人民币5.56亿元，为保障战争的胜利做出了重要贡献。

（二）国防动员的地位与作用

1. 国防动员是打赢战争的基础环节

遏制战争爆发并为夺取战争的胜利积聚强大的战争力量，是国防动员的基本任务。现代战争的巨大破坏性，使人们不得不把制止战争的爆发作为降服战争这个"恶魔"的重大步骤予以重视，因此，在这种情况下，国防动员所积聚的巨大能量成为战略家们所倚重和借助的力量。实践中，有许多国家通过积聚力量和显示使用力量的决心，有效地制止了战争的爆发。

2. 国防动员是应对紧急突发事件的有效措施

国防动员的最初功能是应对战争的需要。但在现代条件下，随着各种灾难事故和突发事件的频繁发生，人们已把国防动员的功能予以拓展，让它可以在应对各类突发事件中发挥应有的作用。当国家遇到突发事件时，国防动员活动可以凭借自身的准备和特有的机制，使国家或某地区在需要时进入一定的应急状态，动员国家、军队和社会的一定力量，抗御自然灾害、处置各种突发事故，使国家和社会正常运转，维护人民群众的生命和财产安全。

3. 国防动员是支援经济建设和社会发展的重要力量

国防动员坚持"平战结合、军民结合、寓军于民"的方针。在和平时期，国家的中心任务是提高社会生产力，改善人民生活，国防动员建设的成果可以直接为经济建设服务。寓军于民可节约国防开支，有利于国家集中力量发展经济。要用有限的国防经费，获得尽可能强的国防力量，其有效办法是建设精干的常备军，大力加强后备力量建设，健全完善动员体制，做到"平时少养兵，战时多出兵"。这样，不仅可以经常保持较强的国防整体实力，为国家提供可靠的安全保障，而且可以减轻国家负担，促进经济和社会发展。

二、国防动员的内容

（一）武装力量动员

武装力量动员是指国家为应对战争或其他安全威胁，将武装力量由平时状态转为战时状态所进行的活动。武装力量动员在国防动员中处于核心地位，通常包括现役部队动员、预备役部队动员和民兵动员。

1. 现役部队动员

现役部队动员是指将中国人民解放军各军兵种部队和武装警察部队从平时编制转为战时编制，按动员计划进行扩编，达到齐装满员的活动。现役部队动员的主要内容包括以下几个方面。

（1）进入临战状态。接到动员命令后立即召回外出人员，停止转业、复员、退伍、探亲和休假等活动，启封库存的武器装备，做好战斗准备。

（2）实行战时编制。不满编的部队迅速按战时编制补充兵员和装备，达到齐装满员。

（3）扩建现役部队。扩建部队以现役部队为基础，扩建时的兵员空缺，由预备役官兵补充。

（4）组建新的部队。按照动员计划和部队编制方案，从现役部队或军事院校抽调官兵，搭建部队的架子，同时征召预备役官兵，组成新的部队。

2. 预备役部队动员

预备役部队动员是指预备役部队成建制转服现役的活动，是战时快速动员的一种重要方式。根据国家发布的动员令，预备役部队由中央军委下达命令转为现役部队。

3. 民兵动员

民兵动员是指组织发动民兵参军参战、支援前线的活动。民兵是保卫祖国的一支重要力量，战时可配合军队作战和担负支援保障任务，也可独立担负后方防卫作战和维稳任务。

（二）国民经济动员

国民经济动员是指国家根据国防需要，将有关经济部门、经济活动及其经济关系由平时状态转为战时状态或紧急状态的活动，通常包括工业、农业、财政金融、信息通信、交通运输和医疗卫生等方面的动员。国民经济动员是国防动员的基础和重要内容，对于充分发挥国家的经济潜力、提高军用产品生产能力、及时满足战争对各种物资和勤务保障的需求具有重要作用。

（三）人民防空动员

人民防空动员是指国家发动和组织人民群众防备敌人空袭、消除空袭后果所进行的活动，主要包括人防预警动员、群众防护动员、重要经济目标防护动员、人防专业队伍动员等。人民防空动员对于减轻空袭危害、减少人民群众生命财产损失、保持后方稳定和保存战争潜力具有重要作用。

（四）国防交通动员

国防交通动员是指在全国或部分地区调集交通力量，全力保障战争需要的紧急行动。它通常是在国家动员领导机构的统一领导下，由国防交通主管机构组织协同政府、军队有关部门共同实施。国防交通动员准备包括：在平时制定完备的国防交通动员的法规和计划、健全国防交通机构和机制、建立国防交通保障队伍、储备必要的国防交通物资和器材等。

（五）政治动员

政治动员是指国家为实现某项政治目的而进行的政治宣传、鼓动等行动。政治动员是国防动员的一项重要内容，为其他领域的动员活动提供思想和组织保证。政治动员对于充分调动和发挥本国军民的精神力量，尽可能地争取国际社会的同情和支持，瓦解敌方的战斗意志，具有重要作用。

政治动员分为平时政治动员和战时政治动员。平时政治动员主要表现为国防教育，战时政治动员主要包括国内政治动员和外交舆论宣传。

军史讲堂

平型关大捷：一场最好的抗日政治动员

1937年7月7日，日本侵略者制造震惊中外的卢沟桥事变，发动全面侵华战争。华北日军攻占了北平、天津后，投入30万兵力向华北腹地展开进攻，扬言"一个月拿下山西，三个月灭亡全中国"。在此民族危亡之际，中国共产党提出建立抗日民族统一战线，将红军主力改编为八路军。八路军115师、120师、129师东渡黄河，开赴山西抗日前线。

9月中旬，日军第5师团主力企图夺取平型关，突破内长城防线。根据作战计划，八路军115师开赴平型关附近。平型关两侧峰峦耸立，陡峭险峻，关前是一条由西南向东北延伸的狭窄沟道，是伏击歼敌的理想地。9月24日深夜，115师各路部队冒雨向指定伏击地域进发，经过大半夜的艰难行军，115师各路部队于25日清晨进入预定攻击位置。7时许，日军进入伏击圈。115师抓住战机，立即命令全线开火。

115师各团居高临下，一齐向沟底公路上的日军猛烈开火，随后又冲下公路将敌人分割包围，展开肉搏。经过6个多小时的激战，终于将进入埋伏圈的日军全部歼灭。

此战，八路军共击毙日军1000余人，击毁汽车100余辆、马车200余辆，缴获步枪1000余支、机枪20余挺、火炮一门，以及大批的军用物资。

这是八路军打的第一个大胜仗，不仅重创了日军精锐王牌师团，给予侵华日军迎头一击，还打破了日军不可战胜的神话，沉重打击了日本侵略者的猖狂气焰，极大地鼓舞了全国抗战军民的信心。

（资料来源：新华社，作者孙亮全，有改动）

训练营地

一、填空题

（1）国防的目的主要是捍卫国家的_____、统一、领土完整、安全和发展利益。

（2）根据《国防法》的界定，国防的对象一是侵略，二是_____。

（3）_____是国家和民族存在和发展的自然物质前提，是构成国家的基本要素之一。

（4）_____是我国古代各朝各代都十分重视的国防思想。

（5）_____中的国防条款是国防法律规范的最高层次，是制定其他国防法律规范的根本性依据。

（6）中华人民共和国的武装力量受_____领导。

（7）_____是国家军事最高领导机关，负责领导全国武装力量。

（8）经过2015年年底的国防和军队改革，我军形成了_____管总、_____主战、_____主建的格局。

（9）_____是国防力量的主体。

（10）中华人民共和国奉行_____国防政策，独立自主、自力更生地建设和巩固国防，实行积极防御，坚持全民国防。

（11）服务构建_____是新时代中国国防的世界意义。

（12）中华人民共和国的武装力量属于_____。

（13）中华人民共和国的武装力量，由_____、中国人民武装警察部队、_____组成。

（14）自2018年1月1日零时起，中国人民武装警察部队由党中央、中央军委集中统一领导，实行_____领导指挥体制。

（15）_____是中国共产党领导下的不脱离生产的群众武装组织，是中华人民共和国武装力量的组成部分，是中国人民解放军的助手和后备力量。

（16）_____是指国家为应对战争或其他安全威胁，使社会诸领域的全部或部分由平时状态转入战时状态或紧急状态的活动。

二、简答题

（1）什么是国防？
（2）现代国防的基本类型和特征有哪些？
（3）国防法规的含义是什么？我国现行的国防法规的层次是如何划分的？
（4）我国公民的国防义务和权利有哪些？
（5）我国的武装力量由哪几部分组成？其职能分别是什么？
（6）我国的国防建设取得了哪些成就？
（7）我国国防政策的主要内容有哪些？
（8）武装力量动员包括哪些内容？
（9）国防动员的地位和作用是什么？

三、论述题

（1）请联系国防历史发展进程，谈谈国防历史的启示。
（2）作为当代大学生，接受军事训练是我们应履行的义务。请结合自身实际，谈谈参加军事训练的感受。

主题宣传——"心系国防，爱我中华"

实践目的：

通过组织以"心系国防，爱我中华"为主题的宣传活动，向更多的人普及国防知识，使更多的人意识到国防的重要性，号召更多的人参与到国防建设中；同时，进一步强化自身的国防观念，激发自身爱国拥军的热情，提高自身履行国防义务的自觉性。

实践方案：

（1）分组。全班学生以5~8人为一组进行分组，每组设组长1名。
（2）讨论。各组组长组织小组成员就活动开展形式进行讨论，如制作宣传视频、网页、板报，组织国防知识竞赛，放映优秀国防教育影片等。
（3）制作宣传材料。各组成员进行分工合作，根据确定的活动开展形式，搜集相关资料，并制作宣传材料，拟定宣传活动开展方案。
（4）实施。各组根据活动方案在校园、周边社区等地开展宣传活动。
（5）总结。活动结束后，各组组长组织小组成员进行活动总结，分享在活动开展中的感受。

第二章

增强忧患意识，提高战略思维——国家安全

章前导读

国家安全是国家生存发展的前提、人民幸福安康的基础、民族复兴的根基。当前，世界正经历百年未有之大变局，世界主要力量间的关系在不断调整，国际战略格局和国际秩序处于不断变革之中，我国也面临着充满矛盾纷争的周边安全环境。认识和把握我国地缘环境的特征，分析和研究当下我国的国家安全现状及国际战略形势，对于维护我国国家安全有着无比重要的意义。

学习目标

- 了解国家安全的具体内涵和维护国家安全的原则，理解总体国家安全观提出的重要意义。
- 了解我国地缘环境基本概况，懂得一个良好稳定的周边安全环境对国家发展的重要性。
- 了解新形势下的国家安全和新兴领域的国家安全，增强国家安全观念和防间保密意识。
- 理解国际战略形势的现状与发展趋势，了解世界主要国家的战略动向，增强忧患意识，做到居安思危、知危图安。

第一节　国家安全概述

国泰民安是人民群众最基本、最普遍的愿望。要实现人民安居乐业和社会长治久安，国家安全是头等大事。谈到国家安全，很多人想到的是守卫边防、制止犯罪等，觉得这些事情是军人、警察的职责，离自己的生活很遥远。实际上，国家安全关系到我们每一个人，维护国家安全也是我们每个人的责任和义务。

一、国家安全的内涵

2015年7月1日，第十二届全国人民代表大会常务委员会第十五次会议通过的《中华人民共和国国家安全法》（以下简称《国家安全法》），对国家安全从法律层面赋予了统一的定义。《国家安全法》第二条明确指出："国家安全是指国家政权、主权、统一和领土完整、人民福祉、经济社会可持续发展和国家其他重大利益相对处于没有危险和不受内外威胁的状态，以及保障持续安全状态的能力。"

> **互动空间**
>
> "只要不发生战争或者军事冲突，国家就是安全的。"你认为这句话是否正确？请说明的理由。

二、维护国家安全的原则

根据《宪法》《国家安全法》和有关法律法规的规定，维护国家安全应当坚持以下原则。

（一）坚持党的领导

国家安全工作攸关党的执政地位、国家存亡、民族兴衰，必须毫不动摇地坚持党对国家安全工作的绝对领导。这种绝对领导主要体现在国家安全事务大权集中于党中央，实行统一决策部署，统一指挥行动，确保政令畅通；建立健全党委统一领导的国家安全组织体制和运行机制，保证政权安全和捍卫制度安全；充分发挥党统揽大局、协调各方的领导核心作用，加强政策引领、制度建设、人才支撑。同时，要坚持党的领导、人民当家作主、依法治国的有机统一，抵御境内外敌对势力颠覆渗透破坏活动，构筑牢不可破的大国安全堡垒。

（二）坚持社会主义法治

第一，坚持依法维护国家安全。维护国家安全贯彻法治原则，要处理好保障国家安全与保护公民、法人和其他组织合法权益的关系，促进经济社会和谐健康发展。国家安全机关及其工作人员在履行职责时，要严格依法履行职责，不得超越职权、滥用职权，不得侵犯个人和组织的合法权益。当然，国家安全面临重大威胁时，要以维护国家安全利益为主。

第二，健全国家安全法制。有法可依是在维护国家安全工作中贯彻法治原则的前提。目前施行的《国家安全法》，涵盖了国家安全各个领域的内容，很多都是原则性规定，重点解决国家安全各领域带有普遍性的问题和亟待填补立法空白的问题，同时为今后制定相关配套法律法规预留了空间。例如，2016年11月7日，第十二届全国人民代表大会常务委员会第二十四次会议通过的《中华人民共和国网络安全法》就是《国家安全法》的配套法律，是针对具体安全领域——网络安全领域进行的立法。

（三）坚持与经济社会发展相协调

贯彻与经济社会发展相协调的原则，实质是要处理好安全与发展的关系。安全是发展的保障，发展是安全的基础。一方面，要坚持"发展是解决中国所有问题的关键"的战略判断和"发展是硬道理"的战略思想，紧紧围绕发展是最大的国家安全、执政举国第一要务，以改革为根本动力，把维护发展、保障发展、促进发展作为国家安全战略指导的基点，保障国家经济社会发展安全有效运行；另一方面，又要以可持续发展促进可持续安全，在国民经济不断发展的基础上，增强维护国家安全的力量，实现发展与安全相互协调、相互支撑。

（四）坚持预防为主、标本兼治、专群结合

所谓"预防为主、标本兼治"，是指一方面要通过采取得力措施，坚决制止和依法惩治各种危害国家安全的行为；另一方面又要通过完善国家安全制度，健全国家安全体系，加强国家安全教育，增强国民的国家安全意识，有效防范各种危害国家安全的行为。

所谓"专群结合"，是指一方面要充分发挥有关机关维护国家安全的职能作用，另一方面要广泛动员公民和组织，积极履行维护国家安全的义务。为了使全体公民不断增强国家安全观念，积极履行维护国家安全义务，《国家安全法》还规定："每年4月15日为全民国家安全教育日。"作为当代大学生，我们要积极履行维护国家安全义务，遵守国家安全规定，保守国家秘密，尤其是在当今的信息社会中，要特别注意增强防间保密意识。

（五）坚持互信、互利、平等、协作

维护国家安全，首先要坚持自主安全，把国家安全的命运牢牢掌握在自己手中，同时，也要以全球思维谋篇布局，创新安全理念，走"互信、互利、平等、协作"之路，积极塑造外部安全环境。

积极参与全球安全治理，创新大国安全合作方式，拓展地区安全机制功能，打造周边安全战略依托，有力维护国家安全发展利益的远边疆、高边疆、新边疆。增强国家安全布局的平衡性、立体性和外向性，稳定推进军事力量以和平姿态走出去，增加中华文化国际影响力和国际安全规则话语权。坚持公道正义、主动作为、陆海统筹、远近衔接、图强不霸，打造安全与发展的利益、命运、责任共同体，引导和推动国际社会共同维护国际安全、共同塑造更加公正合理的国际新秩序，为实现国家安全战略目标提供可靠的国际安全依托。

军事前沿

中国军队为了和平走向世界

中国军队走出去、走向世界，是时代的呼唤，是历史的必然。舟大者任重，马骏者远驰。中国是和平的力量，中国越发展，世界越安全。

当今世界仍不太平，热点地区战乱冲突不绝，带来了数不清的悲惨故事。联合国难民署公布的数据显示，仅2020年，为逃离战争、暴力和迫害的人数就达到8240万。事实启示世人：世界需要和平，更需要维护和平的力量。自1990年开启参加联合国维和行动的征程以来，中国军队先后参加了25项联合国维和行动。多年来，一批批中国维和军人头戴蓝色贝雷帽、佩戴五星红旗臂章，在硝烟弥漫的战火中勇敢逆行，在任务区为当地人民带来和平与发展的希望，如图2-1所示。

图2-1　中国维和部队

中国军队走向世界，给世界带来的是安全而不是威胁，是机遇而不是挑战。2022年1月，南太平洋岛国汤加海底火山突然喷发，造成了"前所未有的灾难"。中国空军两架运-20飞机满载应急和灾后重建物资星夜兼程，首次跨越赤道、跨越国际日期变更线，将中国人民的深情厚谊送达汤加。随后，中国海军"五指山"舰和"查干湖"舰航行1.2万多海里，顺利完成驰援汤加的任务。

巧合的是，这已不是中国军队首赴汤加。近年来，中国海军"和平方舟"号医院船（见图2-2）曾两赴汤加，开展友好访问并提供人道主义医疗服务。从北半球到南半球，从太平洋到大西洋，从大洋洲到中南美洲……作为我国自行设计建造的万吨级大型海上医疗救护平台，"和平方舟"入列10余年来，到访了世界各地数十个国家，为不同国籍、不同肤色的患者提供诊疗服务。这艘彰显无私大爱的"大白船",满载着中国人民和中国军队对和平发展的渴望、对友好合作的期许,一次次扬帆远航,驶向世界。

图2-2 "和平方舟"号医院船

经黄海、东海、南海,过马六甲海峡,跨越印度洋……2022年9月下旬,中国海军第42批护航编队从青岛某军港解缆起航,奔赴亚丁湾、索马里海域。600多年前,沿着这条航线,郑和的船队曾抵达东非、红海。古老航线集聚中国力量,浩瀚大洋彰显大国担当。"我是中国海军护航编队,如需帮助,请在16频道呼叫我。"10余年间,这条以汉英两种语言播发的通告从未间断,成为航经中外商船的"平安之音"。

(资料来源:《解放军报》,作者刘化迪,有改动)

三、总体国家安全观

2014年4月15日,习近平总书记在中央国家安全委员会第一次全体会议上指出:"当前我国国家安全内涵和外延比历史上任何时候都要丰富,时空领域比历史上任何时候都要宽广,内外因素比历史上任何时候都要复杂,必须坚持总体国家安全观,以人民安全为宗旨,以政治安全为根本,以经济安全为基础,以军事、文化、社会安全为保障,以促进国际安全为依托,走出一条中国特色国家安全道路。"习近平总书记提出的总体国家安全观具有深远的理论价值和鲜明的实践意义,彰显了中国智慧,体现了中国担当。

总体国家安全观是我们党历史上第一个被确立为国家安全工作指导思想的重大战略思想,是中国共产党和中国人民捍卫国家主权、安全、发展利益百年奋斗实践经验和集体智慧的结晶,是马克思主义国家安全理论中国化的最新成果,是习近平新时代中国特色社会主义思想的重要组成部分,是新时代国家安全工作的根本遵循和行动指南。

党的二十大报告指出,必须坚定不移贯彻总体国家安全观,把维护国家安全贯穿党和国家工作各方面全过程,确保国家安全和社会稳定。要坚持以人民安全为宗旨、以政治安全为根本、以经济安全为基础、以军事科技文化社会安全为保障、以促进国际安全为依托,统筹外部安全和内部安全、国土安全和国民安全、传统安全和非传统安全、自身安全和共同安全,统筹维护和塑造国家安全,夯实国家安全和社会稳定基层基础,完善参与全球安全治理机制,建设更高水平的平安中国,以新安全格局保障新发展格局。

第二节 国家安全形势 *

国家安全形势是国家在一定时期内所面临的影响和平稳定的外部及内部条件的总和。国家安全形势对国防具有直接影响,同时,排除对国家安全的威胁,创建良好的国家安全形势,也是国防的基本任务。一个国家要经常进行安全形势判断,即对本国一定时期内面临的各种安全威胁及自身应对能力进行综合分析与评估。

一、中国地缘环境基本概况

(一)中国周边情况

我国位于亚欧大陆的东部、太平洋的西侧,是一个陆海兼备的国家,陆地边界线总长约为2.2万千米,大陆海岸线总长约1.8万千米,岛屿岸线总长约1.4万千米。我国陆地与14个国家相接壤,在海上与8个国家相邻或相向。我国既是一个陆地型大国,也是一个海洋型大国,陆地总面积约960万平方千米,海域总面积约473万平方千米。

广袤的国土、辽阔的海洋,使我国成为一个大国的同时也造就了复杂的周边环境。随着我国的和平崛起,出现了很多新的影响我国周边情况的因素。目前来看,我国的周边安全情况比较复杂,来自海洋方向的威胁逐渐增多,陆地方向也有安全隐患,非传统安全威胁不断增多。

> **军事百科**
>
> 传统安全威胁一般是指国家主权独立、领土完整所面临的外部武力威胁,而非传统安全威胁是指政治安全威胁和军事安全威胁以外的其他对主权国家及人类整体生存与发展构成的威胁,主要包括恐怖主义、跨国犯罪、环境安全、毒品威胁、重大疫情、自然灾害等。

(二)中国海洋情况

我国既有广阔的陆地,又濒临渤海(内海)、黄海、东海、南海及台湾以东的太平洋等辽阔的海域。根据《联合国海洋法公约》,应划归中国管辖的海洋国土,除内海、领海、毗连区外,还包括大陆架和经济专属区。辽阔的海洋国土蕴藏着丰富的渔业资源、油气矿产资源和海洋能源。守护海洋国土,开发利用海洋资源是历史赋予我们的神圣职责和权利。2014年6月,习近平总书记在第五次全国边海防工作会议上指出:"边海防战线的全体同志要强化忧患意识、使命意识、大局意识,勇于作为,敢于担当,努力建设强大稳固的现代边海防。"

如今,海洋经济已经成为新的全球经济增长点,越来越多的国家将目光投向海洋,关于海洋权益的斗争日趋激烈。海洋上的经济争夺、军事斗争也已向我们提出严峻的挑战。我们是社会主义国家,我们不要别人的一寸土地、一滴海水,但也决不容许他人侵占我国的滴水寸土!这就要求我国全体公民强化海洋国土意识,抓住机遇,经略海洋,不断增强我国的综合国力,在捍卫我国领土主权和海洋权益的斗争中,掌握主动权,在公正合理的基础上解决与有关国家的争端。

军史讲堂

中国海军

鸦片战争时期,我国有海无防、被动挨打;洋务运动时期,北洋水师成军仅仅6年便全军覆没于黄海腹地;民国政府时期,我国重建海军初露端倪便在抗战初期沉船江阴……

近代以来,中国遭世界列强从海上入侵达400多次,其中规模较大的有84次,神州大地因此遍遭涂炭。"不能制海,必为海制",这是铁的事实,也是血的教训,海军羸弱、国门洞开的辛酸与屈辱,一时间成为横亘在中华民族面前必须解决的问题。

1949年4月23日,人民海军在江苏泰州白马庙乡正式诞生。这支刚刚成立的海军队伍的全部家当不过是"几艘基本丧失战斗力的铁壳船和木船"。

1950年3月17日,人民海军不到一岁,首任海军司令员萧劲光到刘公岛视察海防,随行人员向当地渔民租了一条小船。途中,当得知这是海军司令员时,渔民不解地问:"海军司令还要租我的渔船?"问者无意,却刺痛了萧劲光的心,他对身旁的随行人员说:"大家都要记住今天这个日子,海军司令员可是租老百姓渔船视察刘公岛的!"

1953年,毛泽东视察人民海军,他挥笔题词"为了反对帝国主义的侵略,我们一定要建立强大的海军",并在五艘军舰上,将这一题词连写了五遍。

1980年,刘华清将军64岁,那时他任中国人民解放军副总参谋长。那是他人生中第一次登上航母,美方以保密为由不让碰仪器,为了能看得更清楚一些,他踮起了脚、前倾着上身,投过去的眼神里是强烈的渴望和期盼。

2019年12月17日,山东舰在海南三亚某军港交付海军,这是我国真正意义上的第一艘国产航空母舰。国产航母的入列,标志着中国正式进入"双航母时代",中国海军已经行驶在一条更加波澜壮阔的航路上。如今,海军护航编队、海军医疗队等也不断展现着新时代中国军队的大国担当。

"潜航大洋,他们是捍卫国家主权的撒手锏;翱翔海天,他们是维护祖国安宁的急先锋;蛟龙突击,他们是攻无不克的夺命刃。"70多年来,中国人民海军从无到有,砺剑深蓝,驰骋万里海疆。

(资料来源:微信公众号"共青团中央",有改动)

二、新形势下的国家安全

党的十八大以来，党中央高度重视国家安全工作，成立了中央国家安全委员会，提出了总体国家安全观，明确了国家安全战略方针和总体部署，推动国家安全工作取得了显著成效。总体国家安全观关键在"总体"，强调"大安全"理念，涵盖政治、国土、军事、经济、文化、社会、科技、网络、生态、资源、核、海外利益、太空、深海、极地、生物、粮食、金融、人工智能和数据等诸多领域。

（一）政治安全

政治安全是指一个国家由政权、政治制度和意识形态为要素组成的政治体系，相对处于没有危险和不受威胁的状态，以及面对风险和挑战时能够及时有效防范、应对，从而确保国家良好政治秩序的能力。政治安全是国家安全的根本，其核心是政权安全和制度安全，在国家安全体系中居于核心地位和最高层次。

当前，经济全球化程度不断加深，各国政权、主权和意识形态的斗争也在不断上演。随着中国的崛起，国际反华敌对势力不断加强对中国的渗透，再加上国内改革开放带来的新变化、新情况，我国政治安全面临着较大的威胁与挑战。

如何消除威胁，把挑战转换为机遇，改善我国政治安全面临的国际国内环境，是新形势下维护国家政治安全的重点。一般来说，这项系统工程可以通过以下途径来完成：① 加强党的建设；② 抵制意识形态渗透；③ 坚决抵御"颜色革命"。

（二）国土安全

国土安全涵盖领土、自然资源、基础设施等要素，核心是指领土完整，国家统一，边疆边境、海洋权益等不受侵犯或免受威胁的状态，以及持续保持这种状态的能力。领土、领海、领空是国土范畴中最为重要的几个概念。国土安全是国家安全的核心内容，是国家利益的最高表现形式之一。国土不受外来侵略和威胁，资源不因战争或预防战争过分消耗，国家才能稳定发展，人民才能安居乐业。

随着我国经济发展和综合国力进一步增强，我国国土安全面临的威胁与挑战也日趋复杂。部分邻国长期在我国国土边境、海洋边界试探我国底线，国内分裂势力始终不放弃分裂主张，国际不实舆论等都极大影响着我国国土安全。

解决我国与邻国在领土、海洋权益上的争议，避免分裂势力对我国内部安全稳定产生消极影响，改善我国所处的国际舆论环境，离不开完善的制度支撑，归根结底是要提升我国的综合国力。

人物视窗

卓嘎、央宗姐妹：扎根雪域边陲的格桑花

玉麦在哪里？在青藏高原的南边，喜马拉雅山脉的另一面。这里是中国最难抵达的地方之一。如果从拉萨出发，开车走13个小时，翻越两座5000多米的雪山，穿越一片沼泽遍地的原始森林，再走过一个陡峭的山谷，才可以看到飘扬在山上的五星红旗。五星红旗之下，就是玉麦乡。这里一年有半年时间大雪封山，与世隔绝。由于生活艰难，玉麦乡居民陆续迁走，最后只剩下了一家人，阿爸桑杰曲巴、姐姐卓嘎和妹妹央宗。玉麦乡成为中国人口最少的行政乡——三人乡。一栋房子，既是乡政府，也是他们的家。阿爸桑杰曲巴、姐姐卓嘎和妹妹央宗让这块广袤的土地以"家"的名义永远留在中国版图上。

在玉麦这片土地上，放牧就是巡山，巡山就是站岗。赶着牦牛巡山，一走就要七八天的时间，路上至少要翻过13座大山。姐姐卓嘎说："玉麦的每一片地方，阿爸都去过，我们也都去过。"为了留在玉麦，卓嘎35岁、央宗27岁才结婚成家，这在当时的边境牧区，几乎是不可思议的晚婚了。后来回忆起那段往事，央宗仍有些激动："家是玉麦，国是中国，这一点，无论面对多大的挫折或者诱惑，我们姐妹俩都从来没有动摇过。"对于国人来说，这一家三口的几十年，为中国守住了上千平方千米的国土。图2-3所示为玉麦巡山路。

图2-3　玉麦巡山路

2001年年底，玉麦乡通往山外的公路修通了，喜事变多了起来，有了5户人家共25人，有了边防派出所，有了小学和卫生院。这年冬天，77岁的桑杰曲巴老人过世了。卓嘎、央宗姐妹清楚地记得，父亲临终嘱咐道："你们不能因为玉麦穷就离开这里。这是祖辈生活的地方，是我们中国的土地，一草一木都要守护好！"

卓嘎带上阿爸留下的糌粑袋子，央宗挎上阿爸的老柴刀，姐妹俩像阿爸当年一样，放牧巡山。出门前，姐妹俩在屋顶，升起了阿爸桑杰曲巴当年一针一线缝制的五星红旗。当五星红旗升起的时候，姐妹俩明白了阿爸说的那句话，"在这里的，只能是我们中国人，不能是其他什么人"。

图2-4　新玉麦乡

如今的玉麦乡道路畅通，生活用品和新鲜蔬菜购买方便，如图2-4所示；接入了国家电网，乡民再也不用发愁突然停电了；4G信号覆盖全乡，家庭旅馆、小卖部都能使用移动支付。"现在的玉麦各个方面都发展得特别好。我们大家都过上了幸福的生活，我们也有决心继续守护好这片土地。"卓嘎说。

卓嘎、央宗姐妹数十年如一日以抵边放牧、巡逻的方式守护着这片神圣国土，谱写了爱国守边的时代赞歌。2021年6月29日上午，习近平总书记向卓嘎颁授"七一勋章"，肯定了她们父女两代接力为国守边的行为，赞扬了他们爱国守边的精神。

（资料来源：人民网，作者徐驭尧，有改动）

（三）军事安全

军事安全是指国家不受外部军事入侵和战争威胁的状态，以及保障这一持续安全状态的能力。军事安全不但关系国家主权和领土完整，关系国家生死存亡和长治久安，而且在整个国家安全体系中发挥着至关重要的支柱和保障作用，在维护国家总体安全中具有不可替代性。军事安全是国家安全诸因素中的首要因素，是维护国家安全的重要托底。

随着国际形势和国际战略格局不断变化，我国军事安全当前面临严重的挑战：① 新军事变革不断加速，武器装备领域呈现出巨大变化，尤其是美国等大国大幅增加军费、扩充军备，不少国家群起效尤，我国面临的调整军事战略、创新作战理论、发展武器装备、优化体制编制、重塑军事力量体系、加快推进军事转型等方面的压力显著增大；② 境外间谍情报机关通过策反我国核心涉密岗位人员，网络攻击我国政府、军队等重点单位和部门等方式，搜集我国国防军事、武器装备等军事核心机密情报，其势头猛烈，威胁巨大，对我国军事安全利益造成严重危害。

维护军事安全，必须贯彻习近平强军思想、加强领导指挥体制与力量建设、加强军事保密教育、拓展军事外交，在总体国家安全观的指导下，更新战略思维、综合统筹，不断提高国家安全保障能力，不断推进国防和军队的现代化建设。

（四）经济安全

经济安全是指国家维护国民经济发展和经济实力处于不受根本威胁的状态和能力。经济安全具体体现为一国保障其经济主权独立、经济发展所需资源有效供给、经济体系独立稳定运行、整体经济福利不受恶意侵害和非可抗力损害的状态和能力。经济安全是国家安全体系的重要组成部分，是国家安全的基础。

进入21世纪，经济全球化已经成为当今世界发展不可逆转的趋势。经济全球化不仅给我国社会主义事业的建设和发展带来了历史性的机遇，也提出了严峻的挑战。当前，我国经济安全面临着以下威胁与挑战：① 国际经济金融动荡；② 国际经济秩序面临变革；③ 金融安全面临风险；④ 粮食安全风险上升；⑤ 产业安全问题日益突出。

维护经济安全，核心是要坚持社会主义基本经济制度不动摇，不断完善社会主义市场经济体制，坚持发展是硬道理，不断提高国家的经济整体实力、竞争力和抵御内外各种冲击与威胁的能力，重点防控好各种重大风险挑战，保护国家根本利益不受伤害。

（五）文化安全

文化安全是指一国文化相对处于没有危险和不受内外威胁的状态，以及保障持续安全状态的能力。在全球化时代，维护国家文化安全，就是保障和捍卫国家文化主权的独立性和自主性。文化安全的内涵丰富、外延广泛，其所面临的威胁与挑战主要包括以下几个方面：① 西方文化和意识形态侵蚀；② 消极娱乐、享乐和消费文化盛行；③ 文化传统与文化符号被恶意解构；④ 文化自信和文化向心力缺失；⑤ 文化民粹主义膨胀；⑥ 不良网络文化流行。

当今时代，随着国际文化交流交融向纵深发展，文化的交锋冲突愈演愈烈，国家文化安全问题日渐凸显。党的十八届三中全会提出，要"提高文化开放水平""切实维护国家文化安全"。要实现这一要求，就必须坚持党对文化事业的领导，创新保持中华文化的先进性，加强对青少年的文化教育，增进国际文化合作，使中华文化在互联网时代拥有话语权。

（六）社会安全

社会安全是指通过防范、消除、控制直接威胁社会公共秩序和人民群众生命财产安全的治安、刑事、暴力恐怖事件及规模较大的群体性事件等，实现人民安居乐业、社会安定有序的状态。社会安全是国家安全的重要组成部分，直接影响人民群众的幸福感和满意度，维护社会安全是国家改革发展的重要保障。

受内外因素的影响，当前我国社会安全仍面临严重的挑战。一方面，暴力恐怖、违法犯罪方面的风险尖锐复杂；另一方面，各种社会风险因素的交织、叠加影响社会安全与稳定。

维护社会安全，必须全面推进依法治国、加强保障和改善民生工作，健全重大决策社会稳定风险评估机制，从源头上预防和减少社会矛盾的产生；建立畅通有序的诉求表达机制，完善和创新诉求表达方式，实行网上受理信访制度，实现维护人民群众合法权益与维护司法权威相统一；完善网格化管理、精细化服务、信息化支撑的基层治理平台，健全城乡社区治理体系，及时把矛盾纠纷化解在基层、化解在萌芽状态；推进安全生产风险专项整治，提高防灾减灾救灾和重大突发公共事件处置保障能力，提高公共安全治理水平。同时，应以促进社会公平正义、增进人民福祉为出发点和落脚点，加大协调各方面利益关系的力度，形成良好的社会环境，推动发展成果更多更公平地惠及全体人民。

（七）科技安全

科技安全是指科技体系完整有效，国家重点领域核心技术安全可控，国家核心利益和安全不受外部科技优势危害，以及保障持续安全状态的能力。科技安全既是支撑国家安全的重要力量和物质技术基础，也是实现其他相关领域安全的关键要素，为国家实施创新发展战略奠定基础。

随着全球化的推进及科学技术在我国国家经济建设、国防建设和社会发展中的作用日益增强，我国科技安全不断面临着各种威胁与挑战，主要包括科技基础薄弱、科技信息泄露、风险防范能力不足及人才流失等，其中核心技术受制于人是最大的隐患。

防范和化解科技重大风险，维护国家科技安全，是一个时代命题。针对当前的科技安全形势，应从国情出发，考虑科技体制、科技环境、科技人才等方面的内容，科学筹划国家科技安全战略，走出一条中国特色维护科技安全之路。

（八）网络安全

网络安全是指网络系统的硬件、软件及系统中的数据受到保护，不因偶然的或者恶意的攻击而遭到破坏、更改、泄露，系统可以连续可靠正常地运行，网络服务不被中断的状态。网络空间是经济社会发展新支柱和国家安全新领域。近年来，网络安全热点频出，已经成为国家、集团甚至一些组织和个人达成政治经济军事目的的重要手段，对国家安全具有十分重要的影响。

网络安全，人人有责

如今，网络空间不仅是世界强国竞相争夺的战略制高点，而且是敌对势力渗透破坏的重要渠道，更是传统空间的延伸拓展，其已成为信息化条件下的全新战场。面对来自网络空间的威胁与挑战，需要以更宽阔的战略眼光审视战争形态的深刻变化，牢固确立加快转变战斗力生成模式的理念，将网络空间对抗能力作为体系作战能力的关键要素来抓；确立网络战略力量是新型战斗力的理念，着力构建侦察、进攻、防御、控制相结合的力量体系，在突破新技术、研发新手段上高敌一筹、先敌一步。同时，应建设网络与信息安全保障体系，提升网络与信息安全保护能力，加强网络和信息技术的创新研究和开发应用；加强网络管理，防范、制止和依法惩治网络攻击、网络入侵、网络窃密、散布违法有害信息等网络违法犯罪行为，维护国家网络空间主权、安全和发展利益。

> **互动空间**
>
> 在1991年爆发的海湾战争中，美国提前在伊拉克的防空系统中植入电脑病毒，然后在空袭伊拉克之前通过遥控手段激活这些病毒，导致伊拉克防空系统在美国空军飞临首都巴格达上空时全部瘫痪。结合这一事件，谈谈你对网络安全重要性的看法。

（九）生态安全

生态安全是指生态环境不受破坏与威胁，处于能够适应国家经济和社会持续发展需要的状态。生态是人类生存和发展的基础，生态安全一旦遭到破坏，不仅影响经济的可持续发展，而且直接威胁人们的基本生存条件，会给经济社会发展带来难以估量的损失。

工业革命以来，人类活动对生态环境的破坏日益加剧。这些破坏的最终结果是人类自身的健康水平和生存环境恶化，进而有可能危及人类的生存。目前，人类面临的突出生态问题有森林破坏加剧、土地资源丧失、淡水资源匮乏和大气质量恶化等。

生态安全问题已受到越来越多国家和国际组织的重视。为了保护生态环境、维护生态安全，我国应以积极的态度，根据《国家安全法》的规定，采取各种有效的环境保护和治理措施：① 加强宣传教育，提高全民的环境保护意识；② 倡导新的生产和生活方式，从源头入手减少或消除人类活动对生态环境的消极影响；③ 完善生态环境保护制度体系，加大生态建设和环境保护力度，划定生态保护红线；④ 强化生态风险的预警和防控，妥善处置突发环境事件；⑤ 加强国际合作，全球共同应对环境挑战。

（十）资源安全

资源安全是指一个国家可以保质保量、及时持续、稳定可靠、经济合理地获取所需自然资源及资源性产品的状态或能力，可分为可再生资源安全和不可再生资源安全两个方面。资源作为战略保障，是国家政治安全、军事安全的基础，是经济社会平稳、持续健康发展的必备条件。

资源维系着我们的生存与发展。然而，在资源弥足珍贵的严峻形势下，还存在着低水平利用、非法占用、破坏资源等现象，这严重影响着我国的资源安全。要维护资源安全，就必须严守底线，坚持绿色发展理念，提高资源开发利用水平，利用好国内国际两个市场、两种资源，健全预防预备体系，从而打好防范和抵御风险的有准备之战，打好化险为夷、转危为机的战略主动战，不断开创新时代资源安全新局面，为经济社会大局稳定筑牢坚实基础，让中国号巍巍巨轮乘风破浪，在全面建设社会主义现代化国家的新征程上行稳致远。

（十一）核安全

核安全是指对核设施、核活动、核材料和放射性物质采取必要和充分的安全措施，防止由任何技术因素、人为因素或自然灾害造成的事故发生，并最大限度地减少事故情况下的放射性污染，从而保护工作人员、公众和环境免受不当的辐射危害。

近70年来，我国核事业从无到有、持续发展，形成完备的核工业体系。如今，我国的核安全事业进入高效发展的新时期，核能与核技术利用事业快速发展使得核安全的任务剧增。同时，核事故风险、核扩散流失及核恐怖主义威胁等综合、复杂、多变的核安全问题，令我国核安全形势不容乐观。

面对错综复杂的国际核安全形势和多元交织的国内核安全风险，必须坚持底线思维，增强忧患意识，居安思危，以万全准备应对万一可能。具体途径与方法包括以下几个方面：① 践行"四个强化"，即强化政治投入、强化国家责任、强化国际合作和强化核安全文化；② 在"预防"和"有效应对"方面采取切实举措，以保持核设施始终处于较高安全水平；③ 全面提升核应急处置能力，有效应对核安全威胁；④ 做好信息公开和舆论引导工作，促使全行业、全社会共同维护核安全；⑤ 推进核安全监管体系现代化；⑥ 加强国际合作，推进全球核安全治理。

（十二）海外利益安全

海外利益是政府、企业、社会组织及公民等行为主体通过国际交往活动而产生于该国主权边界之外的正当合法国家利益，主要包括海外公民、法人的安全，战略物资、能源供应安全，海上战略通道安全，国家形象，国际规则，等等。在我国加快建立开放型经济体制的背景下，海外利益安全的重要性不断提高，对新时代促进国家发展和保卫人民安全有着重要意义。

总体来看,当前国际大环境对我国维护海外利益安全是有利的。但是,这并不代表全球一片祥和稳定,局部地区依然动荡不定,内战、党派斗争、种族冲突等问题时有发生。这也成为威胁我国海外利益安全的主要风险之一。此外,国际恐怖主义活动及重大自然灾害、传染病和疫情等也威胁着我国海外公民的生命健康,影响着我国的海外利益安全。

进入新发展阶段,为解决安全问题,维护海外利益安全,必须以日益提升的综合国力和社会主义制度优势为依托,健全相应工作机制,深化国际安全合作,强化海外非战争军事行动,构建起全面的海外安全保护体系。

军事前沿

也门撤侨

2015年3月26日,沙特阿拉伯等国对也门展开空袭,也门局势突然恶化,战火四起,道路等设施被毁,几百名中国同胞受困也门。

面对不断恶化的局势,中国政府当机立断开始撤侨。3月26日深夜,中国海军舰队接到撤侨命令后,立即展开部署。3月27日,中国海军护航编队护卫舰"临沂"舰、"潍坊"舰、"微山湖"舰奉命急速开往也门。这是我国第一次动用军舰来执行撤侨任务。3月29日,"临沂"舰停靠也门港口亚丁,进行撤侨行动。

在战火纷飞的也门撤侨,格外惊心动魄。在"临沂"舰停靠亚丁湾的时候,就有炮弹在港区落地,随后,在距军舰舰艏20米处,又有吊车被数枚榴弹击中。在紧张的局势下,中方摸索出双方交火的规律,抓住双方停火的宝贵窗口期进行撤侨。同时,为确保人员安全登舰,"临沂"舰进入一级战斗部署,全副武装的特战队队员荷枪实弹在码头进行安全警戒,直升机进入战斗值班,随时准备应对各种突发情况,如图2-5所示。

全副武装的海军特战队队员在撤侨时迅速控制港口附近区域,并树立起英文警告标示:"Chinese Navy Security Area, Keep Clear!"(这里是中国海军所设安全区,闲人勿近!)

图2-5 海军特战队队员布设安全警戒圈

3月29日,"临沂"舰接回第一批122名中国同胞和2名中国公司聘用的外籍专家。撤离时,包括人员甄别、行李检查,只用了39分钟。3月30日,"潍坊"舰载着449名中国公民平安离开也门西部荷台达港。至此,需要撤出也门的中国公民全部安全撤离。

> 4月2日，中国政府帮助巴基斯坦等10个国家在也门的225名侨民撤离。
>
> 时任中国驻也门使馆官员领事司司长黄屏在之后接受采访时说："我们最大的感慨就是，有自己的力量真好。中国护照的含金量不仅在于能让你免签去多少国家，也在于碰到麻烦和危险的时候，祖国能带你回家。"
>
> （资料来源：人民网，有改动）

三、新兴领域的国家安全

从字面上看，新兴领域是指刚刚兴起的、国家可以行使主权的领域。但这仅仅是对新兴领域一般属性的揭示，作为与国家安全密切相关的新兴领域，还应具有三大特征：① 高技术性，即主导乃至形成新兴领域的主体技术代表当今时代最先进的技术水平；② 战略影响性，即该领域对于国家安全具有重要影响；③ 相对独立性，即这一领域与其他领域有比较清晰的界限，不能模糊或相互交融。只有同时满足这三大特征，才能称得上新兴领域。基于上述3个特征，可以认为，太空安全、深海安全、极地安全和生物安全等属于新兴领域的国家安全。

（一）太空安全

太空蕴藏着丰富的轨道、真空、微重力、太阳能和天体等战略资源，正成为世界大国综合国力新的增长点。

进入21世纪以来，我国国家利益呈全方位快速拓展趋势。太空作为世界最大的公共空域，已成为我国国家利益延伸的重要方向和领域。我国政治、经济、军事、科技活动和人民生活都离不开太空系统的支撑和保障。与此同时，我国面临的太空安全威胁日趋严峻。随着太空作战技术的进步，公开或隐蔽地攻击太空设施可能成为少数大国对我国实施干预威胁的手段；一些国家和地区大力发展导弹防御系统，企图在我国周边竖起"导弹屏障"，使我国弹道导弹突防面临严峻威胁；境外敌对势力也可能通过信号干扰和转接等技术，干扰和破坏北斗卫星、通信卫星、电视转播卫星等太空设施，或插播非法宣传信号等，扰乱我国社会秩序。

要维护太空安全，应健全国家太空领导管理体制，为国家太空安全体系建设提供坚强有力的制度保障；加快健全太空军事力量体系，锻造可靠管用的战略利剑与盾牌；全方位培养造就太空安全人才，增强国家太空安全的根本竞争力；高度重视太空安全软实力建设，在全社会普及太空知识、传播太空文化，增强全民太空安全意识，同时加强太空国际合作谋求共赢互利。

（二）深海安全

深海一直是海洋国家努力探索和开发的一个重要领域。由于地球表面的71%是海洋，而且大多是深度超过500米的深海，因而深海空间广大，蕴藏着人类可持续发展所必需的资源，具有较强的军事价值。随着深海开发技术的快速发展，人类利用深海的自由度更大，深海在国家安全和发展中的地位越来越重要，在未来战争中的作用也将越来越显著。

随着深海军事价值的不断提高和海洋开发技术的创新突破，各国的深海军事化步伐正在加快，深海装备的军事化能力不断增强。为了保障国家安全，抢占未来海战的战略主动权，应以建设海洋强国战略目标为依据，科学设定深海的军事发展目标，深入开发关键技术研究，特别是军用技术、前沿技术、共性技术及基础性技术的攻关，尽快形成深海的战略能力。

视野拓展

中国载人深潜创造新纪录

1986年，中国第一艘载人潜水器"7103"救生艇研制成功。自此，我国自主研发载人潜水器的脚步就未曾停歇，"蛟龙"号、"深海勇士"号和"奋斗者"号载人潜水器接连诞生，它们的国产化程度越来越高，实用性越来越强，性能越来越优越，助力中国深潜人的"深蓝梦"变为现实。

外观酷似一条绿色大头鱼的"奋斗者"号，是由我国自主研制的全海深载人潜水器，它具备覆盖全球海洋100%海域的作业能力，是国际上首次可以同时搭载3人下潜的万米载人潜水器，如图2-6所示。

2020年10月27日，在马里亚纳海沟，"奋斗者"号成功下潜并突破1万米，达到10058米。2020年11月10日，"奋斗者"号

图2-6 "奋斗者"号万米载人潜水器

完成了万米级海试，首次探底全球最深处——马里亚纳海沟"挑战者深渊"，成功坐底10909米，在海底停留了6个小时，并进行了一系列的深海探测科考活动，带回了矿物、沉积层、深海生物及深海水样等珍贵样本。新纪录迅速被打破的背后，是我国自主研发深海装备技术的不断突破和进步。

（资料来源：人民网，作者吴月辉，有改动）

（三）极地安全

极地是冰雪覆盖的高纬度地区，这一"无主权"地区蕴藏着丰富的石油、天然气、矿物和渔业资源。随着全球变暖、冰区技术的进步和交通工具的改善，极地与经济、政治、文化、军事的联系变得日益广泛，直接关乎各国利益和人类未来。许多国家都把极地研究与开发作为国家的一项重要战略，极地争夺已经日趋"白热化"。

随着经济全球化的发展和科学技术的不断进步，极地公域海洋地理的连通性、战略威慑的有效性、大国博弈的集聚性、卫星通道的枢纽性及气候变化的全球性等特点日益突出，使得极地公域面临着诸多错综复杂的安全威胁。要维护极地安全，必须做到从国家战略高度加强极地事务的整体规划，稳步推进极地综合能力建设，大力开展北极国际军事合作，妥善处理好外交和法律保障，等等。

（四）生物安全

生物安全是指国家有效防范和应对危险生物因子及相关因素威胁，生物技术能够稳定健康发展，人民生命健康和生态系统相对处于没有危险和不受威胁的状态，生物领域具备维护国家安全和持续发展的能力。在经济全球化深入发展的时代背景下，生物安全在全球安全治理中的地位愈加凸显。例如，新发突发传染病会给人体健康与生命安全造成巨大威胁，并给经济社会发展造成难以估量的损失；生物遗传资源的严重流失会给国家带来巨大损失；随着生物技术的飞速发展和广泛应用，人们在享受生物技术所带来的发展红利的同时，也面临着生物技术误用和滥用、生物技术武器化、生物恐怖主义等严峻挑战。

生物安全是国家安全的重要组成部分。维护生物安全应当贯彻总体国家安全观，统筹发展和安全，坚持以人为本、风险预防、分类管理、协同配合的原则。具体而言，包括防控重大新发突发传染病、动植物疫情；研究、开发、应用生物技术，保障实验室生物安全；防范生物恐怖袭击、防御生物武器威胁；保障人类遗传资源和其他生物资源安全；等等。

第三节　国际战略形势 *

居安思危，未雨绸缪

国际战略形势，专指一定时期内世界各主要国家、政治集团在矛盾、斗争、合作或共处中的全局状况和总体趋势。它也是影响国际战略格局的客观情况和条件的统称，是各国在一定时期或阶段军事、政治、经济、外交等形势的综合体现，包括武装力量的对比、经济实力的强弱、地缘条件的利弊、战略空间的广狭、战略地域的盈缩、国内人心的向背、国际援助的多寡等。

一、国际战略形势的现状与发展趋势

当今世界正经历百年未有之大变局，世界多极化、经济全球化、社会信息化、文化多样化深入发展，和平、发展、合作、共赢的时代潮流不可逆转。国际力量加快分化组合，新兴市场国家和发展中国家力量持续上升，战略力量对比此消彼长、更趋均衡，促和平、

求稳定、谋发展已成为国际社会的普遍诉求，和平力量的上升远超过战争因素的增长。但是，国际安全面临的不稳定性不确定性更加突出，世界并不太平。霸权主义、强权政治、单边主义时有抬头，地区冲突和局部战争持续不断，国际安全体系和秩序受到冲击。从国家安全的角度考虑，国际战略形势的以下变化尤为值得关注。

（一）多极化趋势持续发展，"多强制衡"的战略格局正在形成

随着国际秩序重建重构加速，"多强制衡"将成为未来几年国际战略格局的主要特点。中国综合国力上升但并未全面超过美国，美国总体实力下降但未全面衰落。中美两国正在竞争与合作中共同对国际事务发挥主导性影响；俄罗斯、印度、日本、英国、法国、德国将成为多极化格局中的主要制衡力量。从经济上看，中美在世界经济比重中占有绝对优势，美国、中国、日本、印度经济规模位居世界前列，西方发达国家整体经济优势将被发展中国家取代，世界经济秩序将得到重塑。从政治上看，美国独自操纵世界事务的格局将被打破，中国在国际事务中的作用上升，但中美冲突的风险加大，俄、日、印、英、法、德等国在国际事务中发挥重要制衡作用，国际政治权力分散化走向明显。从军事上看，美、中、俄处于世界军事领域领先地位，美国仍然保持世界最强大军事实力，美、俄核大国地位难以撼动，中美总体军事实力差距不断缩小，印度、日本军事实力明显上升。从科技上看，美国仍将在科学技术领域保持领先，德国、法国、日本等发达国家拥有相对优势，但世界科技中心由西方向东方转移加速，中国科技竞争力有望进入世界前列，俄罗斯、印度科技实力明显提高。

综合各种因素分析，未来几年世界仍处于多极化、民主化进程之中，世界由单一中心向多中心发展的趋势不会改变，但世界权力结构仍然具有层次性。

（二）国际局势面临"总体稳定、局部动荡"的局面

一方面，国际社会"你中有我、我中有你"的命运共同体演进加速，各国一荣俱荣、一损俱损，任何大国乃至整个国际社会都难以经受世界大战的毁灭性恶果，也难以承担当年美苏冷战那样的大量资源消耗，从而有力地约束了大国间的恶性竞争，制约了大规模战争爆发的可能。

另一方面，大国争夺全球主导权的斗争依然激烈。竞争方式正在由以战争为主要手段的毁灭式竞争发展转变为以武力为后盾，融合政治、外交、经济、文化、法律等各种手段在内的综合竞争，竞争目的是由消灭和摧毁对手转变为遏制、削弱和颠覆对手；守成大国通过各种手段对新兴大国进行全领域、全方位的遏制，其采用的巩固战略同盟和地缘战略优势、争夺新兴领域制高点、发动代理人战争、引入颜色革命等手段，外溢效应将导致地区矛盾、恐怖主义及社会动乱明显增多；同时，宗教、文化、社会和意识形态领域冲突激化，增加了国际社会动荡因素。

总之，在多种因素影响下，世界面临"稳中有乱"的复杂局面。今后一段时期的国际战略形势很可能呈现出"大战不起、冲突不止，总体稳定、局部动荡"的特点。

（三）国际社会面临的共同威胁加剧

今后几年，人类社会面临的环境、社会、粮食、疾病及恐怖主义等多元威胁进一步加剧。根据国际组织报告，2050年世界人口预计超过90亿，资源需求大大增加，而粮食增产速度远低于全球需求增长；气候变暖导致海平面加速上升，地震、火山、海啸、飓风等自然灾害频发，对人类构成严重威胁；环境恶化导致地球资源紧张、全球物种灭绝速度不断加快，资源紧张可能导致利益相关方之间出现紧张关系和冲突，生物多样性丧失和生态系统退化则会对人类生存和发展构成重大风险。恐怖主义威胁更加多元化，除了极端宗教主义、种族主义、分裂主义带来的恐怖威胁外，非国家行为体、具有反社会倾向的个人也可能成为恐怖主义重要组成部分；核技术、黑客技术、生物技术通过网络扩散更加便利，可能使恐怖主义分子掌握毁灭性破坏手段，对国际社会构成更大威胁。

（四）全球经济发展持续"西降东升"趋势

世界地缘战略重心长期在欧洲，但自冷战结束以来，欧洲经济持续低迷，特别是2007年以后连续爆发金融危机和主权债务危机，经济两次陷于衰退，实力地位显著下降。而同时期的亚洲经济快速增长，近20年来，亚洲经济平均增速超过7%，约为欧洲经济平均增速的3倍。特别是亚洲发展中国家和新兴经济体，维持着较高的发展速度和较大的发展后劲，是全球经济增长的主引擎。其中，中国经济一直是世界经济发展的亮点，对世界经济增长的拉动作用明显。从长远看，全球经济发展将持续"西降东升、西慢东快"趋势，全球经济中心向亚太转移，西方发达国家越来越认识到亚太在世界战略格局中地位的提升，认识到亚太地区正在取代欧洲等地区成为影响和决定其发展与安全的战略重心。

二、世界主要国家的战略动向

（一）美国的战略动向

（1）美国正在将海军力量的60%调整到太平洋地区，从而历史性地把军力部署的重心转向亚太。同时，通过把伊拉克和阿富汗战场撤出的大量高效能武器转移到亚太盟国，使其驻亚太军力的质量水平得到进一步提升。

（2）美军提出"空海一体战"作战构想，以之为牵引，为未来可能在西太平洋地区爆发的大规模冲突进行预防性作战准备。虽然美国参联会联合参谋部主任于2015年1月签发备忘录，将"空海一体战"概念更名为"全球公域进入与机动联合"概念，但新旧概念本质上一脉相承，"空海一体战"的核心内容仍得以延续。

（3）美军以"空海一体战"构想为指导，在提升与盟国军事一体化程度的同时，进一步扩大战略纵深，优化军事部署，构建以关岛为枢纽，以日本、澳大利亚为南北支点，重心后置、两翼前张、大纵深、宽正面、多层次的布势，提升防范远程打击能力，增强由海向陆的联合作战能力。

（4）美军通过同有关国家加强军事关系，租借或取得其基地或设施的使用权，大举重返东南亚。目前，美军已获得菲律宾的苏比克湾与克拉克基地、新加坡的樟宜基地及泰国的乌塔堡基地的使用权，其军舰还可以在越南金兰湾停靠维修和补给，从而形成一个以樟宜基地为中心的东南亚基地群，与南面的澳新基地群及北面的日韩基地群遥相呼应，构成其太平洋舰队纵横整个西太平洋的基地网。

（二）俄罗斯的战略动向

俄罗斯突出其地域属性中的亚太一面，明确将自己界定为"欧洲/大西洋—亚洲/太平洋国家"，积极推进东进战略，力图在亚太地区经济发展及格局调整转换中扮演重要角色。

经济上，俄罗斯提出"新亚洲"观，强调"新亚洲"整体性快速持续发展，对俄罗斯亚洲领土乃至全局的发展至关重要，俄罗斯需要克服欧洲中心论，积极扩大在西太平洋地区的战略影响，加快融入亚太经济圈。

军事上，俄罗斯奉行积极、主动、外向的防御性军事战略，坚持以美国和北约为主要战略对手，同时着眼应对亚太局势变化和配合实施"东进"国家战略，积极调整战略布势，着力加强在远东和太平洋地区的军事存在，常规力量逐步形成东西并重态势，海基核力量逐步改变以北方舰队为主的传统，部分向太平洋舰队转移。同时，为争夺军事战略优势，俄罗斯一面强力实施"武装力量新面貌"改革，推进军队从大战动员型向常备机动型的转型，一面加快武器装备升级换代，在确保核武器继续发挥战略遏制功能的同时，优先发展海、空军和空天防御武器，积极探索发展激光、等离子、电磁脉冲、高功率微波、次声波、超高频、非相干光源、网络新概念武器。

（三）印度的战略动向

印度以"大国崛起"为目标，加大实施东向政策步伐，范围从东南亚逐渐扩大到整个东亚和澳大利亚，政策重点向军事、安全等"高级政治"领域拓展。特别是军事中安全色彩有所增加。其一，印度一方面超越原有的经济层面，与越南、缅甸、马来西亚、新加坡、印度尼西亚、柬埔寨等东盟国家签订双边国防合作协议，在人员培训、联合军演和海上安全等方面加强合作；另一方面积极发展与日本、韩国、蒙古的战略关系。其二，印度近年来把"立足南亚，控制印度洋，争当世界一等强国"作为军事战略调整的基本依据，将战略关注重点由陆地为主向陆海并重转变——在印中、印巴边境强化兵力部署和战场建设，着力加强在印度洋的军事存在，发展一支既能控制印度洋又能远征太平洋的"蓝水海军"，企图在巩固印度洋战略优势的同时将影响力辐射至太平洋。

在陆上方向，大力推动弹道导弹现代化；加速推进73条边境公路修建计划，以解决洞朗事件中暴露的陆军机动能力不足的问题；加强山地打击军建设，紧急采购大量火炮、火箭炮、导弹等装备，以保障部队至少能进行15天的"高强度作战"。

在海上方向，提出了一个"控制"和两个"确保"的海军作战理论，即在控制整个印度洋地区、在该地区建立绝对海上军事优势的同时，确保海军具备"第二次核报复"打击能力和"远程力量投送"能力。

（四）日本的战略动向

在国家战略与政策层面，日本谋求突破"战后体制"，以强化日美同盟为战略主轴，以防华制华为战略基调，修改《日美防卫合作指针》，通过新安保法案，架空和平宪法，解禁"集体自卫权"，彻底抛弃了战后长期坚持的"专守防卫"安保政策。

在军事战略指导层面，日本以实现政治军事大国的"迷梦"为目标，以提升在亚太乃至全球的军事影响力为抓手，加速推进军事战略由"静态威慑"向"动态威慑"转变，强调以"日美安全保障体制"为核心，以朝中为主要对手，以机动防卫为基本取向，要求自卫队"根据各种事态的发展做到迅速严密应对"，将海上自卫队的任务由重点保护"海上生命线"扩大到保卫海洋国土和维护海洋权益。

在战略布局与建设层面，日本一方面加快推进军事改革，重点发展攻防兼备、大型化、远洋化、信息化海上力量；另一方面调整主要战略方向，兵力配置重心不断向西南方向转移，加强该方向的警戒监视、防空、反导、运输、指挥通信建设，并与菲律宾、澳大利亚等国加强双边军事合作。

训练营地

一、填空题

（1）国家安全是指国家政权、_____、_____、人民福祉、_____和国家其他重大利益相对处于没有危险和不受内外威胁的状态，以及保障持续安全状态的能力。

（2）安全是发展的_____，发展是安全的_____。

（3）全民国家安全教育日为每年的_____。

（4）我国陆地总面积约_____万平方千米，海域总面积约_____万平方千米。陆地与_____个国家相接壤，在海上与_____个国家相邻或相向。

（5）政治安全是国家安全的根本，其核心是_____和_____，在国家安全体系中居于核心地位和最高层次。

（6）_____是国家安全诸因素中的首要因素，是维护国家安全的重要托底。

（7）随着国际秩序重建重构加速，"_____"将成为未来几年国际战略格局的主要特点。

（8）_____作为世界最大的公共空域，已经成为我国国家利益延伸的重要方向和领域。

二、简答题

（1）维护国家安全的原则有哪些？

（2）面对错综复杂的国际核安全形势和多元交织的国内核安全风险，我们应该怎么做？

(3) 简述与国家安全密切相关的新兴领域所具有的特征。
(4) 简述国际战略形势的现状与发展趋势。

三、论述题

请联系生活实际，谈谈你对军事安全的认识。

主题班会——"新领域，新设备，新高度"

实践目的：

曾几何时，太空、深海和极地只是少数国家的专属竞技领域。如今，全球参与新兴领域探索的国家越来越多，中国在新兴领域的科学技术也越来越成熟。通过开展以"新领域，新设备，新高度"为主题的班会，加深对我国新兴领域相关设施设备的了解，以及这些设施设备对国家安全的重要性，增强民族自豪感。

实践方案：

（1）分组。全班学生以4~5人为一组进行分组，每组设组长1名。

（2）查找资料。各组组长组织小组成员查找相关资料，了解我国在太空和深海等领域研发并实际应用的科学设施设备，如我国的月球探测器、火星探测器、无人潜航器和破冰船等。

（3）搜集信息。各组成员进行分工合作，选择一个最感兴趣的科技成果（如"嫦娥五号"），搜集其具体信息，包括功能特点、相关人物、发展过程、达成成就等。

（4）分享。由各小组代表采用文字、图像或视频等形式，在班会上对本组的信息收集成果进行展示和解说。

第三章

强化理论武装,感悟思想伟力——军事思想

章前导读

军事思想是军事科学体系的重要组成部分,是国防与军队建设、作战准备与实施的指导理论和基本原则。不同的国家或政治集团有着不同的军事思想;同一国家或政治集团的军事思想,在不同的历史时期(发展阶段)也有所区别。学习和研究军事思想,不仅可以了解和掌握战争的一般规律,同时还可以开阔视野,熟练运用谋略,帮助人们从战略高度去观察和处理问题,提高驾驭全局的能力。

学习目标

- ✦ 了解军事思想的内涵及其产生与发展过程。
- ✦ 熟悉我国古代和当代军事思想,树立科学的战争观和方法论。
- ✦ 学习军事思想,深入了解、研究现代战争规律,提高军事思想对现代战争指导意义的认识。

第一节 军事思想概述

军事思想来源于军事实践,又给军事实践以指导,并伴随着战争和军事实践的发展而发展。

一、军事思想的内涵

军事思想是关于战争、军队和国防等基本问题的理性认识,是人们长期从事军事实践的经验总结和理论概括。它揭示的是战争的本质和基本规律,以及指导作战和军队建设的基本理论和原则,从总体上反映了研究战争和军事问题的成果。

军事思想的内容大体可以分为两个层次:一是军事哲学,主要包括战争观、军事问题的认识论和方法论;二是军事实践的基本方针和原则,主要包括指导战争的基本方针和原则、军队建设的基本方针和原则、国防建设的基本方针和原则等。

二、军事思想的产生与发展

随着社会生产力的发展、社会关系的变革、战争规模的扩大与激烈程度的加剧,以及科学文化水平的不断提高,人类对军事问题的认识经历了由浅入深的逐步演进过程。从社会历史发展的角度讲,军事思想可划分为古代、近代和现代3个发展阶段。

(一)古代军事思想

古代军事思想的产生、发展主要集中在两个相对独立的区域,即中国和地中海一带沿海国家。中国古代军事思想产生于公元前21世纪至公元前5世纪这一时期,此时中国为奴隶社会时期,建立了军队,出现了真正意义上的战争,军事思想开始萌芽。

与中国古代军事思想相比,外国古代军事思想起步较晚,认识不够全面、深刻,其成果散见于当时的一些历史和文学著作中,缺乏系统论述。公元前8世纪至公元5世纪,是西方的奴隶社会时期。在这个时期,古希腊、古罗马等奴隶制国家为了扩张领土、建立霸权、掠夺奴隶和财物,频繁发动战争。在长期的战争实践中,古希腊和古罗马涌现出许多著名的将领,产生了丰富的军事思想。

(二)近代军事思想

1640年至1917年为世界近代史时期。这一时期,西方走向资本主义,并向帝国主义发展。在这一时期,各种不同性质的战争频繁发生,包括封建与反封建的战争、资本主义与反资本主义之间的战争、帝国主义国家之间的战争、殖民与反殖民的战争，为人们研究军事思想提供了实践依据；工业文明和科学技术的进步，使军队装备发生了较大变化，热兵器（火药为主）被广泛使用，产生了与之相适应的军事思想。

（三）现代军事思想

1917年，俄国十月革命成功。从此，无产阶级的军事思想在世界范围内蓬勃发展起来。列宁在领导俄国十月革命和反对帝国主义武装干涉及国内战争中，创立了关于战争与革命、武装起义和建设工农红军、实行全民战争等无产阶级的军事理论和军事思想。斯大林在反对法西斯侵略、捍卫无产阶级政权和国家现代化建设中，继承和发展了马克思列宁主义军事理论，全面完善了苏联军事思想体系。

无产阶级军事思想在世界范围内的发展，使得世界其他一些国家的无产阶级政党在领导本国人民进行的革命武装斗争中，相继创立了各具特色的军事思想。在这个过程中，毛泽东把马克思列宁主义军事理论与中国革命实践相结合，创立了毛泽东军事思想，成为指导中国革命战争、军队建设、国防建设不断走向胜利的理论武器和行动指南。毛泽东军事思想体系中的人民战争思想、人民军队思想、人民战争的战略战术思想、国防建设思想及关于战争观、方法论的学说，不但深刻地揭示了中国革命的特殊规律，而且反映了军事领域的一般规律，是无产阶级军事思想发展史上的里程碑。

三、军事思想的特征

（一）鲜明的阶级性

在阶级社会中，人们为了各自阶级的利益所奉行和推崇的军事思想，必然要反映各个阶级对战争和军队建设的认识和立场。因此，不同国家或政治集团必然有不同的军事思想。

（二）强烈的时代性

不同历史时期的战争有着不同的形态和战略战术，有着不同的军队组织原则和编制。军事思想所反映的这些特征往往代表着这一时代的生产力水平。

（三）明显的继承性

中国古代军事家孙武曾说："先知者，不可取于鬼神，不可象于事，不可验于度，必取于人，知敌之情者也。"这是因为，只有这样才能做到"知彼知己，胜乃不殆，知天知地，胜乃不穷"。所以，历史上形成的具有规律性的军事原则、概念和范畴被流传下来为后人所用，并不断地加以丰富和发展。

四、军事思想的地位与作用

军事思想是各种军事理论、军事原则的理论基础,对军队建设、作战行动和国防建设起根本性的指导作用。

(一)军事思想是军事实践的行动指南

军事思想是军事实践的能动反映和理论概括,揭示了军事领域的一般规律,所以能对军事实践起指导作用。军事思想对军事领域的规律反映得愈深刻、愈正确,它对军事实践的指导作用也就愈大,军队就可以在战争中掌握主动权,少犯错误,多打胜仗。在战争史上,每一次取得伟大胜利的战争,都有正确的军事思想作为指导。例如,毛泽东的军事思想,在中国半殖民地半封建社会性质的条件下,指导中国人民逐步壮大,以弱胜强,取得了革命战争的伟大胜利。没有正确的军事思想作为指导,即使具备取得战争胜利的物质条件,也难以赢得战争的胜利。战争实践证明,在客观物质条件许可的范围内,军事思想正确与否决定着战争的胜败。

(二)军事思想是研究各门具体军事学科的理论基础和根本方法

军事思想研究的是战争和军事领域的一般规律,而各门具体的军事学科所研究的是各自领域的特殊规律。如果不懂得战争和军事领域的一般规律,脱离一般规律的指导,就不能从总体上把握战争,也就不能真正认识和把握各门具体学科所研究的各自领域的特殊规律。军事思想为各门具体军事学科的研究提供方法论。例如,毛泽东军事思想关于"保存自己、消灭敌人"的论述,深刻地揭示了两军相争的战争目的和战争本质,它是一切战争行动的根据,一切技术的、战术的、战役的、战略的原理、原则,从技术行动到战略行动都要贯彻这个战争的军事目的和军事本质。它普及于战争的全体,贯彻于战争的始终。它对军队和国防建设、战争指导及其战略战术都具有普遍的指导作用,因而对军事科学的各门具体学科的研究也具有普遍的指导作用。

(三)军事思想对其他社会实践有着重要的借鉴意义

先进的、科学的军事思想蕴含着唯物论和辩证法的哲学思想。学习和研究军事思想,不仅可以正确地看待问题,而且可以把军事的基本原理同现实情况相结合,正确地运用这些原理来解决实际问题,增强我们在工作中的原则性、系统性、预见性和创造性。例如,军事斗争最注重效益,要以最小的代价获取最大的胜利,这一原则同样适用于经济工作。孙武提出的"知彼知己,百战不殆"的战争指导规律,已成为政治、外交斗争和进行经济建设的座右铭。战略和战役、战术的关系,要求人们也必须正确处理全局和局部的关系。"战略"概念的运用,早已超出军事的范围,出现了政治战略、外交战略、经济发展战略、农业发展战略、城市发展战略等。体育比赛中重视对进攻和防御战术的研究和运用,市场竞争中借鉴军事思想提出许多巧妙的策略和艺术等，都说明了军事思想对其他领域具有广泛的借鉴意义。

> **互动空间**
>
> 作为当代大学生，请你结合实际生活，和同学们分享一下学习军事思想的意义和作用。

第二节 外国军事思想

外国军事思想的发展大致经历了古代、近代和现代3个时期。

外国古代军事思想以古希腊军事思想和古罗马军事思想为代表。古希腊军事思想强调战争是由根本利害矛盾引起的、战争是为了征服、作战要分析对比双方实力等，古罗马军事思想强调战争的政治目的、联盟外交、进攻为主等。

外国近代军事思想以资产阶级军事思想为代表。资产阶级军事思想形成于17世纪中叶至19世纪中叶，其内容主要包括提出军事科学的概念、主张探讨战争的本质与规律、重视对战争史的研究、重视民众武装作用、重视建立反映资产阶级利益的部队、重视和平时期军队建设和战争准备、重视作战中新发明和士气的作用等。这一时期的军事思想代表人物及其著作主要包括普鲁士克劳塞维茨的《战争论》、瑞士若米尼的《战争艺术概论》《战略学原理》、美国马汉的《海权对历史的影响》等。

外国现代军事思想以无产阶级军事思想为代表。无产阶级军事思想的主要代表是马克思、恩格斯和列宁。他们坚持唯物论，以唯物辩证法研究军事，吸收资产阶级军事思想的有益成分，因而能对战争一系列重大问题有深刻认识。无产阶级军事思想的内容主要包括强调战争是政治手段、反对非正义战争、暴力推翻资产阶级统治、建立新型军队、实行人民战争、变革战略战术等。

外国军事思想

外国军事思想影响至今的理论包括：意大利杜黑的"空中战争"理论、英国富勒的"机械化战争"理论、德国鲁登道夫的"总体战"理论及美苏的"核武器制胜"论等。

"外国军事思想"为普通高等学校军事课的选讲内容，感兴趣的同学可以扫描左侧二维码学习外国军事思想的详细知识：外国军事思想主要内容及外国军事思想主要理论。

第三节　中国古代军事思想 *

在世界古代军事历史上，中国最早创立了较为系统的军事思想，从先秦到清代前期，先后有2300多部兵书问世，为研究古代军事思想提供了丰富的文献资料。

一、中国古代不同时期的军事思想

（一）奴隶社会时期的军事思想

大约从公元前21世纪至公元前5世纪初，中国经历了夏、商、西周及春秋4个时期。这是中国的奴隶社会时期，也是中国古代军事思想的产生时期。从夏王朝开始，私有制已经确立，阶级已经形成，国家已经产生，军队已经出现。这个时期的战争类型大体分为3种：一是旧的氏族部落势力反对新生的奴隶制的战争；二是扩大巩固奴隶制国家的战争；三是新兴奴隶主推翻腐朽奴隶主统治的战争。此外，还有少数是平民反抗奴隶主的起义。

通过战争实践，这个时期产生了"攻""守""战术""统帅"等军事概念，人们开始探讨军队的多寡、武器的数量和质量与战争胜负的关系，并初步认识到审势而动、量力而行、众可胜寡、强可胜弱的规律，反映了这时产生的军事思想已具有朴素的唯物主义的性质。但在奴隶社会时期，人们对于战争的认识还处于低级阶段，靠天命指导战争的迷信观念在军事思想中占据重要地位，加之战争规模较小，作战形式单纯，因而军事思想也比较简单。

（二）由奴隶社会向封建社会过渡时期的军事思想

公元前8世纪至公元前3世纪末（春秋战国时期），是中国由奴隶社会向封建社会逐渐过渡的时期，也是中国古代军事思想蓬勃发展的时期。这个时期的战争分为两种：一是奴隶制国家分封的诸侯国之间的兼并与争霸的战争；二是新兴的封建势力推翻奴隶主统治的战争。另外，当时的奴隶起义也促使了奴隶社会的瓦解，为新兴地主阶级夺权创造了条件。

在社会大动荡、大变革的历史条件下，战争的胜败关系着各阶级、各国家、各政治集团的生死存亡，因此对军事问题的研究得到了整个社会的重视，军事思想和军事学术异常活跃。不但军事家谈兵，政治家、外交家及各种流派的思想家也都研究军事，大量的军事理论著作应运而生，新兴地主阶级军事思想的奠基作《孙子兵法》就是其中杰出的代表。它是现存最早的一部战争理论著作，对中国历代军事思想的发展起到重大作用，在世界军事史上享有盛名，并在当代战争和军事问题上显示出强大的生命力。

除了《孙子兵法》，战国时期具有代表性的兵书还有《吴子》《司马法》《孙膑兵法》

《尉缭子》《六韬》等。它们在继承《孙子兵法》军事思想的同时，又有所发展和创新，大致涉及战争观、谋略、战法、阵法、将帅修养，以及军队组织、训练、纪律、奖惩制度、指挥、侦察及通信等许多方面。

（三）封建社会时期的军事思想

从公元前3世纪末至10世纪中叶，中国主要经历了秦、汉、晋、隋、唐等几个大的封建王朝。这是封建社会发展的上升时期，也是中国古代军事思想进一步丰富和发展的时期。这个时期的战争类型主要有4种：一是农民战争；二是封建王朝更迭的战争；三是封建割据与封建统一的战争；四是国内各民族之间的战争。在这一时期，出现了许多著名的军事家和将领，如韩信、霍去病、诸葛亮等。

总的来说，先秦的军事思想对这个时期的军事斗争仍然起着重要的指导作用，同时由于社会经济、政治、文化的发展，军事思想也得到了进一步的丰富和发展，出现了许多总结军事斗争经验的兵书，流传下来的主要有《三略》《将苑》《淮南子·兵略训》《李靖兵法》《李卫公问对》《太白阴经》等。其中的《三略》和《李卫公问对》被后世列入将领必读的兵书，选入《武经七书》之中。

这个时期，兵书经全面整理后分为兵权谋、兵形势、兵阴阳和兵技巧四大门类（大体相当于现代的战略学、战役战术学、军事气象学和兵器学），这对军事学术的研究颇有益处。曹操注《孙子兵法》，开注先秦兵书的先河，用注释兵书的方法来表述自己的观点，逐渐成为古代军事著作的一种形式。

从公元960年到1840年，中国经历了宋、元、明、清4个朝代。这是封建社会的后期，也是中国古代军事思想发展的重要时期。这个时期，由于武器装备的发展，军队和作战指挥等方面发生了相应变化。频繁且规模巨大的战争，迫使统治阶级改变了一贯禁锢兵书的状态，从北宋中叶以后转而开始重视武学，撰写、汇编和著录的军事理论著作层出不穷，军事思想得到较大发展。

这个时期的著名兵书有《武经总要》《何博士备论》《守城录》《历代兵制》《百战奇略》《武备志》《阵纪》《纪效新书》《练兵实纪》《海国图志》《读史方舆纪要》《三十六计》等。

总之，中国古代军事思想是中华民族灿烂文化遗产的一个重要组成部分，它对中国近代至现代及外国军事思想的发展都产生过重要的影响。

二、中国古代军事著作

（一）《孙子兵法》

《孙子兵法》又称《孙武兵法》《吴孙子兵法》《孙子兵书》《孙武兵书》等，共有6000字左右，是中国现存最早的兵书，也是世界上最早的军事著作，被誉为"兵学圣典"，其作者为春秋时齐国乐安的吴国将军孙武。

1.《孙子兵法》的主要内容

《孙子兵法》共13篇，分别是《计》《作战》《谋攻》《形》《势》《虚实》《军争》

《九变》《行军》《地形》《九地》《火攻》《用间》。这13篇主题不同，但都是紧紧围绕着战争的准备和战争的实施这两大问题来论述的。

视野拓展

《孙子兵法》各篇的主要内容

《计》篇主要讲战前的战略谋划和决策。《作战》篇主要讲如何结合实际情况进行战争的准备工作，提出了"兵贵胜不贵久"的速战速决指导思想与"因粮于敌"的原则。《谋攻》篇主要讲谋划攻战的策略及全胜、知彼知己等思想。在孙武看来，了解敌人情况比了解自己的情况更困难、更重要，所以他更重视对敌人的了解。《形》篇主要讲敌我力量对比决定战争胜负等问题。《势》篇主要讲如何能动地创造和运用有利态势的问题。以上5篇是讲战前的准备工作，可以把它们称为"先胜论"。

接下来的8篇主要讲战争开始之后怎样行军、怎样选驻址、怎样作战等问题。《虚实》篇阐述了如何争取战争的主动权。《军争》篇讲如何争取先机之利而掌握战场主动权。《九变》篇讲随机应变、灵活机动的作战指导思想。《行军》篇讲根据不同地形条件处理行军、作战、宿营等的问题。《地形》篇讲作战与军事地理的关系。《九地》篇讲不同地理情况及对军队士气的影响。《火攻》篇讲火攻实施的方法。《用间》篇讲间谍的重要性及其使用的方式、原则和条件。

《孙子兵法》从战略的高度论述了军事领域若干重大问题，揭示了一系列具有普遍性的军事规律，构建了博大精深的军事理论。

（资料来源：孙武著，曹操注，郭化若译注，《孙子兵法》，上海古籍出版社，2023年，有改动）

2.《孙子兵法》的战争观

《孙子兵法》重在战争谋略，求得取胜之道，但它又不是孤立地就战争论战争，而是从国家的大势、政治经济的大局出发，阐述战争和用兵面临的种种情况和问题。也就是说，它有比较正确的战争观。

春秋时期是一个穷兵黩武、战祸连连的年代，作为军事战略家，孙武并不赞成无休止的战争，他对战争的核心思想就是"安国全军"，即通过军事上的胜利保持国家的安定，也使军队获得生存和发展。

孙武的战争观的要义可以总结为两个字——"慎战"。《孙子兵法》开宗明义地指出："兵者，国之大事，死生之地，存亡之道，不可不察也。"把战争提升到国家和百姓生死存亡的高度，要求人们必须慎重对待战争。

同这种"慎战"思想相联系，孙武还提出了"备战"的原则。从《孙子兵法》来看，这种备战原则主要表现在两个方面：一是着眼于战争的政治经济目的，要求做到"非利不动，非得不用，非危不战""合于利而动，不合于利而止"，也就是说，要合乎自己的政治目的要求，要遵从胜利的原则。二是凡是战争都必须有严格的准备，指挥要合乎战争法则，要掌握战争制胜规律。孙武明确把"道"（政治）、"天"（天时）、"地"（地利）、"将"（将帅）、"法"（法制）5个要素作为制胜的条件。

他还通过对战争的研究，揭示了战争制胜的基本规律，如兵不厌诈，因敌制胜；先发制人，速战速决；避实击虚，攻其不备；兵贵胜不贵久；以正合，以奇胜；集中兵力，以镒成铢；避其锐气，击其惰归；等等，成为古今用兵制胜的法则。

《孙子兵法》的杰出之处在于，它善于从全局出发，从事物的联系中把握事物的规律性，具备全局性的战略思维。

（二）《六韬》

《六韬》又称《太公六韬》《太公兵法》，通过周文王、武王与吕望（姜子牙）对话的形式，论述治国、治军和指导战争的理论、原则，其内容博大精深，思想精邃富赡，逻辑缜密严谨，是中国古代军事思想精华的集中体现，对后代的军事思想有很大的影响，被誉为"兵家权谋类的始祖"。全书有6卷，共60篇，2万多字。《六韬》的内容十分广泛，涉及战争各个方面的问题，如战争谋略、作战类型、排兵布阵、兵器制造、军事人才培养等。其中，最精彩的部分是它的战略论和战术论。

（三）《李卫公问对》

《李卫公问对》又称《唐太宗李卫公问对》《唐李问对》，以唐太宗李世民和卫国公李靖关于军事问题的问答形式编成。该书主要从"奇正""虚实""主客""攻守"等方面着重探讨争取作战主动权问题。

"奇"与"正"是中国古代军事思想的一对重要范畴。《李卫公问对》进一步充实了奇、正的内容，认为奇、正有着丰富的内涵。例如，书中认为，对敌进行政治声讨是正，进行军事打击是奇；公开出兵是正，奇袭是奇；主攻方向或主要防御方向是正，助攻方向或次要防御方向是奇；前进为正，后退为奇；等等。此外，《孙子兵法》曾提出了"凡战者，以正合，以奇胜"的思想，而《李卫公问对》则认为"善用兵者，无不正，无不奇，使敌莫测。故正亦胜，奇亦胜"，即善于用兵的人，无处不是正，无处不是奇。

在作战方法上，《李卫公问对》辩证地论证了进攻和防御的转化关系，即"攻是守之机，守是攻之策，同归乎胜而已"（进攻是防御的转化，防御是为进攻创造条件的，两者都是为了战胜敌人），绝不能"攻不知守，守不知攻"，要攻中有防，防中有攻，才能取胜。同时强调以进攻为主，指出用兵作战最重要的是以进攻消灭敌人，而不仅仅是为了抗击敌人。

为了战胜敌人，书中强调集中兵力"合击"歼敌；强调夺取和掌握战争、战场上的主动权，以左右敌人、消灭敌人。

第四节 当代中国军事思想 *

一、毛泽东军事思想

毛泽东是伟大的马克思主义者，是伟大的无产阶级革命家、政治家、军事家、战略家和理论家，是中国共产党、中国人民解放军和中华人民共和国的主要缔造者和领导者。在长期的革命战争和国防建设中，毛泽东运用他的聪明和才智，凝聚了全党和全军的集体智慧，创造性地形成了毛泽东军事思想。

（一）毛泽东军事思想的科学含义及本质特征

毛泽东军事思想是毛泽东关于中国革命战争、人民军队和国防建设，以及军事领域一般规律问题的科学理论体系，是毛泽东思想的重要组成部分。它是马克思主义基本原理与中国革命战争具体实践相结合的产物，是中国革命战争和国防建设历史经验的升华，是中国共产党对长期军事实践经验的科学总结和集体智慧的结晶，同时也多方面汲取了古今中外军事思想的精华，是中国共产党领导中国人民进行革命战争、军队建设、国防建设和反侵略战争的指导思想。这一定义不仅科学揭示了毛泽东军事思想的基本内涵，而且充分反映了毛泽东军事思想的本质特征。

（二）毛泽东军事思想的主要内容

毛泽东军事思想是一个内容极为丰富的科学体系，基本内容主要包括战争观和军事问题方法论、人民军队思想、人民战争思想、人民战争的战略战术思想及国防建设思想5个方面。

1. **战争观和军事问题方法论**

毛泽东运用辩证唯物主义和历史唯物主义，研究并指导中国革命斗争问题而形成的战争观和军事问题方法论，是毛泽东军事思想的理论基础。毛泽东军事思想对战争起源、战争性质、战争目的、现代战争根源，以及对战争的态度、作战指导、国防与军队建设等问题做了唯物辩证的论述。

（1）在阶级社会中，战争是用以解决阶级和阶级、民族和民族、国家和国家、政治集团和政治集团之间在一定发展阶段的矛盾的一种最高的斗争形式。战争是政治性质的行动，却又不等同于一般的政治行动。政治发展到一定的阶段，再也不能前进了，于是利用战争以扫清政治道路上的障碍。历史上的战争分为正义的和非正义的两大类：一切进步的、符合人民利益、推动社会向前发展的战争是正义战争；一切违背人民根本利益、阻碍社会向前发展的战争是非正义战争。共产党人反对一切阻碍进步的非正义战争，支持进步的正义战争，进行战争的根本目的是消灭一切战争，最终实现人类永久和平。

（2）战争同其他客观事物一样，存在着内部矛盾运动发展的规律。战争规律分为一般规律和特殊规律：存在于一切战争之中的诸如敌我、攻防、进退、胜败等相互联结又相互斗争的矛盾运动发展的本质性规律，是战争的一般规律；不同时间、地域和性质的战争各有其特殊性，存在着不同于其他战争的特殊规律。一般战争规律寓于特殊战争规律之中。战争规律不是一成不变的，随着客观物质条件的发展，战争规律也不断发展变化。

（3）认识和掌握战争规律是为了解决指导战争的问题，使主观指导和客观实际相符合是正确指导战争的前提和基础。熟识敌我双方各方面的情况，找出其行动的规律，并且运用这些规律于自己的行动，是正确进行作战指导的基本方法。

此外，毛泽东的战争观和军事问题方法论，还运用于正确处理国防建设和军队建设中的各种矛盾关系。经济建设是国防建设的物质基础。在相对稳定的和平时期，国防建设必须服从经济建设，国防建设与经济建设之间也需要正确解决需要与可能、战时与平时、军用与民用等方面的矛盾关系。这是搞好国防建设，促进国民经济协调发展的重要前提。

2．人民军队思想

人民军队思想是以毛泽东为代表的老一辈无产阶级军事家，作为进行武装革命的首要问题提出来的。毛泽东从中国革命战争的实际需要出发，提出必须把建立一支人民的军队作为武装斗争的首要问题。要建设一支无产阶级性质的新型人民军队，必须确立和坚持一系列基本的建军原则。

（1）紧紧地和人民站在一起，全心全意为人民服务是人民军队的唯一宗旨。在建立全国政权之后，人民军队既是保卫社会主义制度的钢铁长城，又是建设社会主义物质文明和精神文明的重要力量。

军史讲堂

"为人民服务"的提出

1939年2月20日，毛泽东在致张闻天同志的信中，首次把"为人民服务"作为无产阶级的道德观。1942年5月，毛泽东在延安文艺座谈会上完整地提出为人民服务的命题。1944年9月8日，毛泽东在张思德同志的追悼会上，发表了《为人民服务》的著名演讲，第一次从理论上深刻阐明了为人民服务的思想。

延安时期，中国共产党从思想层面、理论层面和实践层面解决了"为了谁""依靠谁"这一根本问题。党的七大通过的《中国共产党党章》，第一次把为人民服务的精神写入党章：中国共产党人必须具有全心全意为人民服务的精神。从此以后，历届党代会都坚持把"全心全意为人民服务"写入党章，使之成为中国共产党一直坚持的唯一宗旨，成为中国共产党始终高扬的一面旗帜。

在新的历史条件下，全心全意为人民服务，体现了社会主义道德的根本要求，是社会主义经济基础的客观需要，是建立和发展社会主义市场经济的必然要求，是履行职业职责的精神动力和衡量职业行为是非善恶的最高标准，已成为全党、全军、全国人民的共同行为准则。

（资料来源：《光明日报》，作者应雄，有改动）

（2）党对军队的绝对领导是人民军队建军的根本原则。中国人民解放军是中国共产党缔造和领导的执行革命政治任务的武装集团，在党与军队的关系上只能是党指挥枪，而绝不允许枪指挥党。

（3）强有力的革命政治工作是人民军队的生命线。政治工作应坚持以马克思列宁主义为指导，根据中国共产党在不同历史时期的总任务，以及由此规定的军队的具体任务而展开。政治工作应服务于军队的革命化、现代化、正规化建设，从思想上、政治上、组织上保证党对军队的绝对领导，保证军队内部的团结和军政、军民团结，保证军队战斗力的提高和各项任务的完成。

（4）加强军事建设是人民军队履行自身职责的重要保证。毛泽东强调，人民军队要由低级阶段不断向高级阶段发展。革新军制离不开现代化，要贯彻精兵的原则，以精简、统一、效能、节约和反对官僚主义为目的，使体制编制从带游击性的旧阶段逐步发展到更带正规性的新阶段；要高度重视武器装备的发展，适时进行整训，努力提高军队的文化素质及指挥员的军事理论和作战指挥水平，不断提高战斗力。

3. 人民战争思想

毛泽东把马克思主义的历史唯物主义原理，创造性地运用于中国革命战争实践，创立了一整套具有中国特色的人民战争理论。

（1）依靠人民群众进行战争。毛泽东指出，革命战争是群众的战争，只有动员群众才能进行战争，只有依靠群众才能进行战争。

（2）建立农村革命根据地。毛泽东认为，在半殖民地半封建的中国，帝国主义、封建地主阶级和官僚资产阶级在很长一个时期内势力非常强大，并且控制着中心城市，实行法西斯统治，因此，中国革命的武装斗争首先从城市开始不能取得胜利。中国革命应当走先占领农村，以农村包围城市，最终夺取城市的道路。

（3）建立三结合的武装力量体制。人民军队是实行人民战争的骨干力量，必须按照无产阶级的建军原则，建立一支强大的人民军队。同时，根据不同的任务特点和要求，将人民军队划分为野战军和地方军，并同游击队与民兵有机地结合起来，形成三结合的武装力量体制。

（4）把武装斗争同其他斗争形式结合起来。只有武装斗争，而无其他斗争形式相配合，还不是全面的、彻底的人民战争，因此要在进行武装斗争的同时，在政治、经济、思想、文化、外交等多条战线上，以各种形式广泛、全面地展开对敌斗争。

4. 人民战争的战略战术思想

毛泽东根据中国革命战争的规律和特点，领导人民军队和人民群众，在同强大敌人进行长期革命战争的实践中，为达到以弱胜强、克敌制胜的目的，创建了极具中国特色的、从实际出发、以机动灵活为主要特点的战略战术理论，其内容极为丰富精彩。

（1）战争的目的是保存自己，消灭敌人。毛泽东认为，保存自己，消灭敌人是战争的最高目的，古今中外，概莫能外。在二者的关系中，消灭敌人是主要的，保存自己是第二位的，只有大量地消灭敌人，才能有效地保存自己；保存自己的目的在于消灭敌人，而消灭敌人又是保存自己的最有效手段。

（2）战略上藐视敌人，战术上重视敌人。毛泽东指出，在战争中，要认识到反动势力是反人民的、落后的、腐朽的力量，是纸老虎，终究要走向灭亡，因而在战略上、在全局上藐视它，树立斗争的勇气和胜利的信心；但同时也要看到反动势力又是活生生的真老虎，暂时是强大的，并且不会自行灭亡，因而在战术上又要重视它，对每一个局部、每一场作战都要采取谨慎的态度，讲究斗争艺术，运用适当战法，集中全力战胜它。

（3）实行积极防御，反对消极防御。毛泽东指出，积极防御又叫攻势防御、决战防御，消极防御又叫专守防御、单纯防御。消极防御实际上是假防御，只有积极防御才是真防御，才是为了反攻和进攻的防御。中国革命战争应当采取积极防御的战略方针，在战略上把防御和进攻辩证地统一起来。

（4）集中优势兵力，各个歼灭敌人。毛泽东强调，在战略上敌强我弱、敌优我劣的条件下，为了改变敌我进退、攻防和内外线的形势，将被动转为主动，要贯彻在战略上"以一当十"，在战术上"以十当一"的思想，实行集中优势兵力，各个歼灭敌人的作战原则。

（5）适时进行战略转变，灵活运用各种作战形式。毛泽东指出，适时进行军事战略的转变，对于战争的坚持、发展和胜利具有重要意义。战略转变通常反映在运动战、阵地战和游击战3种作战形式的转换上。他强调，运用作战形式必须适时得体、巧妙结合，根据战争各时期、各阶段、各地区敌我力量的不同情况，灵活地选择主要作战形式，并且把3种作战形式有机地结合起来。

（6）不打无准备之仗，不打无把握之仗。毛泽东从中国革命战争敌强我弱的客观条件出发，把不打无准备之仗、不打无把握之仗作为一条重要的军事原则，强调每仗均应力求充分准备，力求在敌我条件对比上确有胜利的把握。

（7）执行有利决战，避免不利决战。毛泽东指出，决战是解决两军之间胜负问题的根本方式，也是战争或战役中最激烈、复杂、多变的时节，要选准决战的时机，一切有把握的战役和战斗应坚决地进行决战，一切无把握的战役和战斗则应避免决战。

5. 国防建设思想

中华人民共和国成立以后，在社会主义革命和社会主义建设的过程中，毛泽东在正确分析国际战略形势和国家安全环境的基础上，提出了一系列关于加强国防建设和保卫国家安全的原则、目标、计划和措施等，逐步形成关于建设现代化国防和保卫国家安全的理论，有力地指导了国防现代化建设和多次自卫反击作战。

（1）必须建立巩固的国防。为了有效地抵御外来反动势力的侵略，保卫人民的胜利果实，保证社会主义革命和社会主义建设事业的顺利进行，获得了胜利的中国人民不能不建立巩固的国防，在英勇的、经过考验的人民解放军的基础上，人民武装力量必须保存和发展起来，不仅要有强大的陆军，而且要有强大的海军和空军。

（2）实行积极防御的战略方针。中国是社会主义性质的国家，不会侵略别国。中国奉行和平外交政策，主张与不同社会制度的国家和平共处，以和平共处五项原则来建立国与国之间的关系，以谈判的方式而不是战争的方式来解决国际争端。据此，我们的国防执行的是积极防御的战略方针。

（3）建设强大的国防军。建设一支强大的国防军以保卫中国社会主义建设、抵御外来侵略，是和平时期人民军队建设的总方针和总任务。在相对稳定、和平时期，军队建设必须继承和发扬我军的优良传统，全面加强军队的现代化建设，建立正规化制度，发展现代军事理论，培养适应现代战争的合格人才。

（4）建立独立、完整的国防科技和国防工业体系。为了给军队现代化建设提供强大的技术和物质基础，必须建立独立、完整的国防科技和国防工业体系。

（5）建设强大的国防后备力量。从总体上加强国防后备力量建设，以适应未来战争的需要；民兵是巩固国家政权的重要力量之一，将民兵同预备役结合起来；大力开展国防教育，抓好对青少年的军训工作。

（三）毛泽东军事思想的历史地位

毛泽东军事思想深刻地揭示了战争的本质和基本规律，全面回答和解决了当代面临的一系列重大军事问题，创造性地丰富和发展了马克思列宁主义军事理论，指导中国革命战争取得了伟大的胜利。毛泽东军事思想在中国乃至世界军事史上独树一帜，占有极其重要的历史地位。

1. 创造性地丰富和发展了马克思列宁主义军事理论

中国革命战争是中外历史上最宏伟的一场人民革命战争。以毛泽东为代表的中国共产党人，为了正确指导这场战争，一方面完全忠实于马克思列宁主义的基本原理，用它的立场、观点、方法认识和解决革命战争中的实际问题；另一方面又完全从中国的实际情况出发，独立地、创造性地解决革命战争中的实际问题。因而，毛泽东军事思想是对马克思列宁主义军事理论创造性的运用和发展，极大地丰富和发展了马克思列宁主义军事理论。

2. 是中国革命战争胜利的理论指南

先进的军事思想一旦被群众所掌握，就会产生巨大的物质力量。毛泽东军事思想是中国革命战争的光辉记录，中国革命战争的胜利正是在它的指引下取得的。发生在20世纪前叶的中国革命战争是中国历史上的一个伟大事件，要在这一场史无前例的革命战争中取得胜利，如果没有先进的军事理论作为指导，那是不可能的。

3. 仍是我党我军今后建军和作战的指导思想

《关于建国以来党的若干历史问题的决议》指出："毛泽东同志的重要著作，有许多是在新民主主义革命时期和社会主义改造时期写的，但仍然是我们必须经常学习的。这不但因为历史不能割断，如果不了解过去，就会妨碍我们对当前问题的了解；而且因为这些著作中包含的许多基本原理、原则和科学方法，是有普遍意义的，现在和今后对我们都具有重要的指导作用。因此，我们必须继续坚持毛泽东思想，认真学习和运用它的立场、观点和方法来研究实践中出现的新情况，解决新问题。"

同样，对于毛泽东军事思想的坚持和发展，必须在坚持中发展，在发展中坚持。坚持是发展的基础，发展是坚持的必然趋势。毛泽东军事思想是科学的、先进的军事理论，如果离开坚持毛泽东军事思想谈论发展，必然偏离正确的方向。

二、邓小平新时期军队建设思想

邓小平新时期军队建设思想，是毛泽东军事思想发展的一个新阶段，反映了新时期军事斗争的客观规律，抓住了新时期军队建设的关键，指明了新时期军事工作的方向，回答了新形势下军事实践迫切需要解决的理论问题，对于新时期军队建设和军事斗争准备，具有极其重要的现实意义和深远的历史意义。

（一）邓小平新时期军队建设思想的主要内容

邓小平新时期军队建设思想是建立在毛泽东军事思想科学体系基础之上的，几乎涵盖了毛泽东军事思想体系的各个组成部分和基本内容，并有所创新，有所发展。

1. 关于战争与和平思想

如何看待战争与和平问题，是马克思主义军事理论的一个重大问题。关于战争与和平的思想是邓小平新时期军队建设思想的理论基础，只有对战争与和平的形势作出科学判断，才能正确确立中国国防和军队建设的指导思想，制定我军的军事战略。因此，战争与和平思想在邓小平新时期军队建设思想中起到根本依据的作用。

邓小平根据国际形势的发展，运用毛泽东研究和指导战争的认识论和方法论，正确指出战争的威胁依然存在，但推迟或制止世界战争的爆发已成为可能。对于采取什么手段才能赢得和平的问题，邓小平作出了富有创新性的论述，提出了稳定世界局势的新途径和新办法，即以"和平方式"和"共同开发"的办法解决国际争端。

2. 国防建设思想

正确处理现代化建设各方面的关系，把国防建设摆在一个恰当位置上，有计划、有步骤地实现国防现代化的宏伟目标，这是邓小平新时期军队建设思想体系中的一个极为重要的内容。党的十一届三中全会以后，随着全党工作重点的转移，邓小平全面分析了当时的国际环境和中国建设所面临的矛盾及关系，逐步形成了建设中国特色社会主义现代化国防的思想。这一思想的主要内容包括：国防建设指导思想从长期以来立足于"早打，大打，打核战争"的临战状态，转变到和平时期现代化建设的轨道上来；正确处理国防建设和经济建设的关系；国防建设要与经济建设协调发展。

3. 军队建设思想

军队建设思想是邓小平新时期军队建设思想的核心和重点内容。它总结了党的十一届三中全会以来军队建设的新经验，创造性地回答了新形势下军队建设亟待解决的重大问题，成为和平时期我军现代化建设的纲领。邓小平新时期军队建设思想的内容十分丰富，主要包括：关于革命化为前提、现代化为中心、正规化为重点，全面建设军队的思想；关于把教育训练摆到战略地位，努力提高部队战斗力的思想；关于搞好体制改革和精简整编，建立科学的体制编制的思想；关于实现军队正规化，以法治军，科学化管理的思想；关于实现干部队伍革命化、年轻化、知识化、专业化的思想；关于加强和改进新时期政治工作，保证党对军队的绝对领导，保证军队的高度稳定和集中统一的思想。

4. 现代条件下的人民战争思想

在新的历史时期，邓小平根据现代战争的特点，结合中国的实际情况，在继承毛泽东人民战争思想的基础上，提出了"现代条件下人民战争"的思想。围绕这一思想，邓小平特别强调了人民战争的形式要与现代战争的特点相吻合；强调现代条件下从事人民战争的人必须具有很高的素质；强调在军队精简整编的情况下，尤其要搞好民兵和预备役的建设。邓小平关于现代条件下的人民战争思想，不仅符合中国的国情和军情，而且符合社会主义国防现代化建设的基本规律。正因为如此，现代条件下的人民战争思想是邓小平新时期军事思想体系的重要组成部分。

5. 军事战略思想

军事战略是军事斗争实践的客观反映，是基于对战略环境的科学分析而作出的判断和指导。战略环境发生变化，必然导致战略指导的改变。20世纪80年代以后，国际战略形势发生了历史性变化，邓小平依据马克思主义和毛泽东军事思想的基本原理，对国际战略格局和世界战略形势的发展趋势作出了正确判断，提出了一整套适应当今世界发展的战略思想，主要包括：实行积极防御战略方针，把立足点放在遏制战争的爆发上；注重研究现代战争，把着眼点放在打赢现代条件下的局部战争上；军事战略要从维护国家安全利益出发，创造和平方式解决对抗性争端和矛盾；注重发展综合国力，从根本上增强军事实力，提高威慑能力。

在新的历史时期，邓小平根据国际形势和敌我双方政治、经济、军事、地理多方面的情况分析，科学预见现代战争的发生、发展，并深刻揭示了其特点和规律，提出了中国在和平时期和战争条件下的许多新的军事战略指导，赋予军事战略新的内涵，充实和完善了军事战略理论体系。这一理论体系为我军建设指导思想、实行战略性转变和国防建设指明了正确的发展方向，起着纲举目张的作用。

（二）邓小平新时期军队建设思想的地位

邓小平新时期军队建设思想，指引我们党正确解决了在和平与发展成为时代主题、中国进行改革开放的历史条件下走中国特色精兵之路，建设强大的现代化、正规化革命军队的重大课题。

1. 新时期继承和发展毛泽东军事思想的典范

在新的历史条件下，邓小平新时期军队建设思想为毛泽东军事思想的继承和发展作出了历史性贡献。邓小平作为我党第二代领导集体的核心和我军统帅，不仅是毛泽东军事思想的创建者之一，也是毛泽东军事思想在新的历史条件下的主要坚持者和发展者。首先，强调要坚持和发展毛泽东军事思想，必须采取正确的态度，反对错误的态度。其次，强调要坚持和发展毛泽东军事思想，必须完整准确地理解毛泽东军事思想的科学体系。最后，强调要坚持和发展毛泽东军事思想，必须运用毛泽东军事思想的立场、观点和方法。因此，邓小平新时期军队建设思想，是新时期继承和发展毛泽东军事思想的典范，也是新时期发展了的毛泽东军事思想。

2. 新时期我军军事理论的集中体现

邓小平对新时期军队建设和军事斗争中许多重大问题的研究与探讨，都是以新的认识、新的理论深度，在总结我军历史经验的基础上来探索新的建军经验。邓小平继承和发展了毛泽东军事思想，比较系统地回答了在当代中国如何建设一支现代化革命军队的重大问题，提出了新时期我军建设一系列重大方针和原则，形成了新时期我军军事理论的主体。

3. 新时期我军建设的强大思想武器

伟大的实践需要科学理论的指导，科学的理论只有在指导实践中才能发挥巨大的作用。坚持运用科学的军事理论去指导新时期的军事实践，不仅关系到军队建设和国防建设的前途与命运，而且关系到整个国家的盛衰和兴亡。如今，我军与过去相比，有了令人瞩目的变化，然而现代化、正规化革命军队目标的实现，还需要我们不断地实践和探索。邓小平新时期军队建设思想为我们完成这个伟大的实践和探索提供了世界观和方法论的指导，它将有效地保证我军建设沿着正确的轨道前进。

三、江泽民国防和军队建设思想

江泽民创造性地坚持和运用毛泽东军事思想和邓小平新时期军队建设思想，研究新情况，解决新问题，科学地揭示了新的历史条件下战争与和平的特点和规律、国防与军队建设的特点和规律，形成了具有鲜明时代特色的国防和军队建设思想。

（一）江泽民国防和军队建设思想的主要内容

江泽民国防和军队建设思想，着眼于时代的发展变化，立足于中国的国情、军情，科学地阐明了国防和军队建设的地位作用、目标任务、指导方针、总体思路、根本途径、战略步骤、发展动力和政治保证等，提出了一系列新思想、新观点、新论断，形成了一个完整的军事理论体系。

江泽民国防和军队建设思想内容丰富，涵盖了对国际形势和中国安全环境的战略判断、国防和军队建设与改革、高技术局部战争及其战略战术等方方面面：既提出了未来打什么样的仗的问题，又回答了怎样打仗的问题；既提出了新形势下建设一支什么样的军队的问题，又回答了怎样建设这支军队的根本性问题。

（1）在国防与军队建设的地位和作用问题上，强调虽然世界大战打不起来，但世界并不太平，国内外还面临许多不安全、不稳定因素，因此加强国防和军队建设、履行其根本职能，还任重道远；强调我军是人民民主专政的坚强柱石，是保卫社会主义祖国的钢铁长城，是建设社会主义物质文明和精神文明的重要力量；要为国家改革开放和现代化建设提供坚强有力的安全保障，要为实现祖国统一大业而努力奋斗，国防和军队建设只能加强，不能削弱。

（2）在国防和军队建设的领导力量和政治保证问题上，强调始终不渝地坚持党对军队的绝对领导，坚持以毛泽东军事思想和邓小平新时期军队建设思想为根本指导，把思想政治建设摆在全军各项建设的首位，坚持和发扬优良传统，高度重视建设高素质的干部队伍，加强廉政建设，拒腐蚀、永不沾，从组织上、思想上、政治上确保人民军队的性质和本色不变。

（3）在国防和军队建设的根本任务问题上，强调围绕"打得赢""不变质"和履行维护社会稳定、推进祖国统一、保卫国家安全的神圣使命，以新时期军事战略方针指导和统揽全局，提出"政治合格、军事过硬、作风优良、纪律严明、保障有力"的总要求，全面推进军队革命化、现代化、正规化建设;强调坚持精干的常备军与强大的后备力量相结合的方针,在加强常备军建设的同时,加强人民武装警察部队建设和民兵、预备役部队建设,加强国防教育,提高国防观念,搞好军政军民团结;强调居安思危,加强战争准备,研究打赢现代技术特别是高技术局部战争条件下的人民战争的战略战术。

(4)在国防和军队建设发展道路问题上,强调从中国的国情军情和时代形势的战略要求出发,走有中国特色的精兵之路;鉴于中国尚处于社会主义初级阶段、国防投入不足的情况,强调走出一条投入较少、效益较高的路子;强调要在坚持全面发展的同时,突出应急机动作战部队建设,海军、空军、第二炮兵等军兵种建设,高素质的复合型军事人才建设和"撒手锏"武器的科技装备建设。

(5)在国防和军队建设的动力问题上,强调认真研究时代和世界战略格局的发展变化及其对中国国防和军队建设带来的机遇与挑战,切实把握世界军事变革发展的特点和趋势,增强责任感和使命感;强调国防和军队建设要服从经济建设大局,随着经济建设的不断发展而发展,使国防建设与经济建设协调发展;强调加强军事科学研究,积极探索新形势下国防与军队建设的特点和规律,以先进的军事理论引导国防与军队建设;强调深化改革,扩大开放,在坚持自力更生的基础上,注重引进先进技术和有益经验,以军事斗争准备为龙头,加紧研究和制定克敌制胜的方针和对策,并落实各种举措。

(6)在国防和军队建设的发展战略步骤问题上,强调与国家三步走的发展战略相适应,坚持科技强军、勤俭建军、依法从严治军的方针,逐步实现国防和军队建设三步走的发展目标。鉴于中国国防和军队建设尚处于机械化和信息化两大历史任务并举的阶段,为了加速国防和军队建设的前进步伐,要贯彻科技强军战略,实行跨越式发展:在指导思想上,"由应付一般条件下的局部战争,向打赢高技术条件下的局部战争转变";在军队建设上,实现"由数量规模型向质量效能型、由人力密集型向科技密集型的转变"。这"两个转变"的实质,就是把提高战斗力的重点转到依靠科技进步的轨道上来。

(7)在国防和军队建设的基本经验规律问题上,强调认真总结改革开放以来中国国防和军队建设的基本经验,对于实现国防和军队现代化跨世纪发展的宏伟目标具有重要意义;指出这些历史经验主要体现在正确认识和处理7个方面的基本关系上,即战争与和平的关系,国防建设与经济建设的关系,革命化、现代化、正规化建设之间的关系,军队数量与质量的关系,常备军与后备力量的关系,继承优良传统与改革创新的关系,学习外军有益经验与保持我军特色的关系;强调要在新的实践中进一步丰富和发展这些经验,使之充分发挥继往开来的作用。

(二)江泽民国防和军队建设思想的地位

江泽民国防和军队建设思想,深刻揭示了新的历史条件下国防和军队建设的特点和规律,为认识和把握军事运动发展提供了强大的思想武器。其科学价值就在于它在空前的深度和广度上展现了现实军事运动的本质联系,揭示了当代中国国防建设的特点和规律,揭示了中国特色军事变革的特点和规律,揭示了未来战争与军事斗争准备的特点和规律,揭示了改革开放和发展社会主义市场经济条件下建军治军的特点和规律。

江泽民国防和军队建设思想,科学地回答了新的历史条件下国防和军队建设的一系列重大现实问题,为作好各项工作提供了根本依据。江泽民主持军委工作,国防和军队建设经历了许多从未遇到过的复杂情况和考验。他审时度势,理乱驭繁,总揽全局,协调各方,作出了一系列重大战略决策,解决了一系列带根本性、全局性、方向性的问题,从而保证了我军建设始终沿着正确航向前进。

江泽民把创新作为引导我军走在世界军事发展前列的不竭动力,坚持用发展的办法解决国防和军队建设遇到的问题,从变革中寻找我军跨越式发展的道路。他注重运用系统思维、综合集成的方法解决军事问题,坚持把国防和军队建设作为一个复杂的系统工程来谋划,放在国际战略全局和国家发展大局中来运筹。他把政治与科学有机结合起来,既注重从政治高度观察和思考军事问题,又注重把现代科学方法应用于军事领域。这些具有唯物辩证法的思维方式和思想方法,坚持了与时俱进与实事求是的统一、世界眼光与中国特色的统一、创新品格与科学态度的统一、把握全局与善抓关键的统一,是贯穿江泽民国防和军队建设思想的精髓,对面向未来思考谋划国防和军队建设具有重要的世界观和方法论意义。

四、胡锦涛国防和军队建设思想

胡锦涛坚持把毛泽东军事思想、邓小平新时期军队建设思想、江泽民国防和军队建设思想与新的实际相结合,对国防和军队建设作出了一系列重要论述,提出了关于军事问题的诸多新论断、新思想、新观点、新结论,初步形成了具有鲜明时代特征的军事思想,丰富和发展了党的军事指导理论,为新世纪新阶段国防和军队建设及军事斗争准备提供了强大思想武器,也为推进马克思主义军事理论中国化时代化的历史进程作出了杰出贡献。

(一)胡锦涛国防和军队建设思想的主要内容

1. 把科学发展观作为国防和军队建设的重要指导方针

科学发展观是国防和军队建设的重要指导方针。这是胡锦涛对我党关于国防和军队建设指导理论作出的新概括,是对马克思主义军事理论中国化时代化的重大创新,也是对马克思主义发展观的成功运用和发展。以胡锦涛为总书记的中央领导集体,从新世纪新阶段党和国家事业发展全局出发,创造性地提出了坚持"以人为本、全面、协调、可持续"的科学发展观。新世纪新阶段,国家安全和发展形势的新变化、新特点,要求我们必须坚持以科学发展观为指导,自觉从国际国内大局出发统筹国家安全与发展,以科学的思路、模式和方法推动军队建设全面协调可持续发展,不断提高应对危机、维护和平与遏制战争、打赢战争的能力,确保我军在日益激烈的世界军事竞争中赢得主动,在复杂多样的军事斗争中立于不败之地。

胡锦涛强调,国防和军队建设要以科学发展观为指导,自觉把科学发展观贯彻落实到国防和军队建设的各个领域和全过程,实现国防和军队建设全面协调可持续发展;适应新的形势,积极探索军民结合、寓军于民的新途径、新方法,全面推进经济、科技、教育、人才等方面的军民结合；按照革命化、现代化、正规化相统一的原则加强全面建设，协调推进军事、政治、后勤、装备等各领域的工作；始终把革命化建设放在第一位，更加有力、更加扎实、更加富有成效地推进思想政治建设；坚持以现代化建设为中心，科学统筹军队建设和改革的全局，努力发展应对多种安全威胁、完成多样化军事任务的能力；深入研究信息化条件下和社会主义市场经济环境中建军治军的特点规律，贯彻依法治军、从严治军的方针，推动正规化建设向更高水平发展。

2. 有效履行新世纪新阶段我军的历史使命

新世纪新阶段，胡锦涛着眼于维护国家和民族的根本利益，提出了"三个提供、一个发挥"的历史使命：为党巩固执政地位提供重要的力量保证，为维护国家发展的重要战略机遇期提供坚强的安全保障，为维护国家利益提供有力的战略支撑，为维护世界和平与促进共同发展发挥重要作用。这一新的科学概括，开阔了国防和军队建设的战略视野，拓展了我军历史使命的科学内涵，是具有鲜明时代特征和中国特色的新的军队使命观。全军把捍卫国家主权、安全、领土完整，保障国家发展利益和保护人民利益放在高于一切的位置，全面加强部队建设，抓紧作好军事斗争准备，确保能够有效应对危机、维护和平、遏制战争、打赢战争，努力完成好维护国家主权和领土完整的反对民族分裂、捍卫国家边防安全、保护国家海洋权益等传统作战任务；努力适应国家利益拓展，在国际军事合作及开放性的复杂的社会环境中，完成好保护中国外贸陆海战略通道安全、处置重大突发事件、参与维护世界和平等多样化的作战任务。

胡锦涛关于新世纪新阶段我军历史使命的重要论述，深刻揭示了新的历史条件下国防和军队建设的本质规律，体现了党的历史任务对我军的新要求，反映了国家发展战略的新需要，抓住了军队建设的全局性、根本性的重大问题，进一步拓展了我军的职能任务、明确了国防和军队建设的发展目标、提高了军事斗争准备的标准、充实了军事力量运用的指导原则。

3. 努力建设一支听党指挥、服务人民、英勇善战的革命军队

胡锦涛指出："建设一支听党指挥、服务人民、英勇善战的革命军队，是革命的依托、民族的希望。""人民解放军的优良革命传统，集中起来就是听党指挥、服务人民、英勇善战。"这是对我军发展壮大历史经验的精辟概括，是对马克思主义建军学说的创新发展。

（1）听党指挥，是党和人民对人民军队的最高政治要求，要求我军必须坚持党对军队的绝对领导，必须在思想上、政治上和行动上同党中央保持高度一致，一切行动坚决听从党中央、中央军委的指挥，这集中体现了我军建设的根本原则和制度，是我军过去、现在和未来永远不变的军魂。

（2）服务人民，是人民军队一切奋斗发展的出发点和归宿，是人民军队必须永远坚持的根本宗旨，要求我军必须始终把人民群众作为最高的价值主体，坚持全心全意为人民服务的宗旨，坚决同一切破坏国家和人民利益的行为作斗争。

（3）英勇善战，是人民军队的鲜明特征，是人民军队履行职能使命的根本要求，是我军作为"威武之师""胜利之师"的重要标志，要求我军必须具有勇往直前、压倒一切敌人而绝不被敌人所屈服的英雄气概；具有敢打硬仗、恶仗，一不怕苦、二不怕死，勇于牺牲奉献的革命精神；具有以劣势装备打败优势装备之敌的战略战术。

4. 坚持国防建设和经济建设协调发展的方针

胡锦涛指出，坚持国防建设与经济建设协调发展的方针，是保证国家经济建设大局，为国家发展提供可靠安全保障的正确选择。我们必须始终不渝地坚持国防建设与经济建设协调发展的方针，在全面建设小康社会的历史进程中实现富国与强军的统一。

坚持国防建设与经济建设协调发展，要按照科学发展观的要求，坚定不移地走投入较少、效益较高的国防和军队现代化建设路子；要使国防和军队发展战略与国家发展战略相适应，站在国家发展战略的高度，考虑和设计国防和军队发展战略，合理确定国防和军队建设布局，把国防和军队现代化建设融入国家现代化建设的战略全局之中，使国防和军队现代化进程与国家现代化进程相一致；要进一步完善国防动员体制和机制，大力加强民兵预备役部队建设，充分发挥我们的政治优势，巩固军政军民团结，切实增强信息化条件下人民战争的整体实力；要积极探索军民结合、寓军于民的发展路子，统筹国防资源与经济资源，注重国防经济和社会经济、军用技术和民用技术、军队人才和地方人才的兼容发展。

5. 以军事斗争准备为龙头带动军队现代化建设整体发展

胡锦涛指出，把军事斗争准备作为军队现代化建设的龙头，抓住发展重点，统筹发展全局，通过局部跃升促进整体提高，既是积极适应国家安全形势发展变化的需要，也是加快推进我军现代化建设的需要。一方面，要深刻认识军事斗争准备在我国安全、统一和发展全局中的重要地位，作为当前我军最重要、最现实、最紧迫的战略任务，集中资源和力量，紧抓不放、扎实推进，形成并保持强大的信息化条件下防卫作战能力。特别是要加强海军、空军、第二炮兵参战部队及其他参战力量建设，提高诸军兵种联合作战的能力。

另一方面，在加紧作好现实军事斗争准备的同时，统筹军队现代化建设全局，着眼维护国家安全统一的长远需要，瞄准世界军事发展前沿，科学合理地确定军队现代化建设资源的投向和投量，长期经营，突出核心军事能力建设，以局部跃升带动国防和军队建设的长远发展，稳步推进中国特色军事变革，实现建设信息化军队、打赢信息化战争的战略目标。

6. 积极推动军事训练向信息化条件下军事训练转变

胡锦涛指出，要积极适应我军军事训练面临的新形势、新任务、新环境，从战略全局和时代发展的高度深刻认识加强新世纪新阶段军事训练的重要意义，把军事训练切实摆到战略地位。军事训练是和平时期部队最基本的实践活动和经常性的中心工作，是战斗力生成的基本途径。加强新世纪新阶段军事训练，要着眼于有效履行新世纪新阶段我军历史使命，以新时期军事战略方针为统揽，围绕推进机械化条件下军事训练向信息化条件下军事训练转变的主题，坚持从实战需要出发从难从严训练，坚持全面提高官兵素质，坚持走科技兴训之路，坚持以改革创新推动训练发展，为确保我军打得赢、不变质服务。

要把联合训练作为有机融合诸军兵种作战能力的高级训练形式，作为战斗力生长链条中的关键环节，贯穿于战略战役战术训练的各个层次；要坚持把军事训练的根本着眼点放在提高官兵综合素质上，促进官兵知识和能力结构的转变，努力把他们培养成适应信息化条件下局部战争要求的军人；要通过学科技、用科技，不断增大军事训练的科技含量，努力提高军事训练的质量和效益，特别要推进网络化建设；要围绕构建信息化条件下军事训练的科学体系深化改革创新；要正确认识和把握军事训练与军队各项建设的辩证关系，通过大抓军事训练培养官兵的革命精神和优良作风，推动部队建设又好又快发展。

7. 走中国特色军民融合式发展路子

胡锦涛敏锐把握世界军事发展的新趋势和中国发展的新要求，提出必须坚持军民结合、寓军于民，把国防和军队现代化建设深深融入经济社会发展体系之中；积极探索新形势下实现军民结合、寓军于民的新途径新方法，全面推进经济、科技、教育、人才等各个领域的军民融合，建立和完善军民结合、寓军于民的武器装备科研生产体系、军队人才培养体系和军队保障体系，在更广范围、更高层次、更深程度上把国防和军队现代化建设与经济社会发展结合起来。国防动员是实现军民结合、寓军于民的重要组织形式和桥梁，要进一步完善国防动员的体制和机制，大力加强民兵预备役部队的建设。

8. 大力培育当代革命军人核心价值观

胡锦涛指出，要围绕强化官兵精神支柱，大力培育"忠诚于党、热爱人民、报效国家、献身使命、崇尚荣誉"的当代革命军人核心价值观。这一重要指示为我军提高应对多种安全威胁，完成多样化军事任务能力提供了强大的精神动力。

（1）忠诚于党，就是要自觉坚持党对军队的绝对领导，高举中国特色社会主义伟大旗帜，坚定中国特色社会主义理想信念，任何时候任何情况下都坚决听党指挥。

（2）热爱人民，就是要忠实践行全心全意为人民服务的根本宗旨，视人民利益高于一切，永葆子弟兵政治本色。

（3）报效国家，就是要大力弘扬爱国主义精神，坚决捍卫国家主权、安全、领土完整和人民民主专政的国家政权，为建设富强、民主、文明、和谐的社会主义现代化国家贡献力量。

（4）献身使命，就是要履行军人神圣职责，爱军精武，爱岗敬业，不怕牺牲，英勇善战，坚决履行好新世纪新阶段军队历史使命。

（5）崇尚荣誉，就是要自觉珍惜和维护国家、军队、军人的荣誉，视荣誉重于生命，自觉践行社会主义荣辱观。

（二）胡锦涛国防和军队建设思想的地位

胡锦涛国防和军队建设思想，深刻揭示了新世纪新阶段国防和军队建设的特点和规律，把科学发展观作为加强国防和军队建设重要指导方针的论述，指明了国防和军队建设贯彻落实科学发展观的大方向、大思路，为谋划和指导军队建设提供了新的起点、新的思路、新的标准。

21世纪以来，随着中国改革开放和社会主义市场经济的深入发展，军队建设面临着许多新情况、新问题和新要求。胡锦涛根据国际战略格局和世界军事形势的发展变化，立足于中国国情和军情，运用马克思主义的世界观和方法论，深刻总结新时期国防和军队建设的基本经验，明确提出用科学发展观指导国防和军队建设，科学统筹国防建设与经济建设，统筹中国特色军事变革与军事建设，统筹国防和军队建设与军事斗争准备，统筹机械化建设与信息化建设，统筹各种武装力量建设，统筹军事力量与民众力量，统筹当前建设与长远发展，统筹各战略方向建设。

胡锦涛国防和军队建设思想，丰富和发展了马克思主义的军事认识论和方法论，为不断开创国防和军队建设新局面提供了科学的思维方法。坚持用发展着的马克思主义指导军事实践，是我们党领导军事工作的优良传统和根本经验。从毛泽东思想、邓小平理论到"三个代表"重要思想，党的每一次重大理论创新，都为军事斗争和军队建设提供了新的理论指导。胡锦涛根据时代发展和军事实践的新要求，创造性地提出了在国防和军队建设中贯彻落实科学发展观、履行新世纪新阶段我军历史使命、贯彻以人为本建军治军理念、科学统筹军队建设和改革全局等一系列新思想、新观点、新论断，明确了新世纪新阶段国防和军队建设的发展目标、发展模式、发展动力、发展道路和发展保证，进一步回答了建设什么样的军队、怎样建设军队的根本问题。

胡锦涛运用唯物辩证法的基本理论和方法，科学揭示了我军目前建设和军事斗争准备的基本矛盾，即我军的现代化水平与打赢信息化条件下局部战争的要求还不相适应、军事能力与有效履行新世纪新阶段我军历史使命的要求还不相适应。他号召全军大抓军事训练，大力推进新世纪新阶段军事训练创新发展，努力开拓军事训练的新局面，以加速解决我军现代化水平与打赢信息化条件下局部战争的要求不相适应的问题，解决军事能力与有效履行新世纪新阶段我军历史使命的要求不相适应的问题。胡锦涛关于国防和军队建设的重要论述，使我军对新形势下军事训练的特点和规律、军事斗争准备的特点和规律、国防建设的特点和规律的认识提升到了一个新的水平。

五、习近平强军思想

《习近平强军思想学习问答》简介

党的十九大报告指出，习近平新时代中国特色社会主义思想是全党全国人民的行动指南和思想武器，全军官兵必须牢固确立习近平新时代中国特色社会主义思想的根本指导地位，全面贯彻习近平强军思想，为实现新时代强军目标、建设世界一流军队努力奋斗。习近平强军思想是以习近平同志为核心的党中央，在指导建设强军事业伟大实践中孕育的科学思想体系，揭示了强军制胜的根本规律，闪耀着马克思主义思想方法的光辉，是指引强军事业发展进步的科学指南。用习近平强军思想武装头脑，根本的是要把蕴含其中的立场、观点、方法学到手，学会以正确思想方法观察分析处理重大问题，真正掌握实现新时代的强军目标、建设世界一流军队的思想武器。

（一）习近平强军思想的主要内容

习近平强军思想内涵丰富、思想深邃，是一个系统完整、逻辑严密、相互贯通的科学军事理论体系。习近平强军思想构建起气势宏伟的理论大厦，提出"十一个明确"。这"十一个明确"紧紧围绕国防和军队建设的重大时代课题展开，涵盖新时代军队建设、改革和军事斗争准备各领域各方面。

（1）明确党对人民军队的绝对领导是人民军队建军之本、强军之魂，必须全面加强军队党的领导和党的建设，贯彻党领导军队的一系列根本原则和制度，确保部队绝对忠诚、绝对纯洁、绝对可靠。坚持党指挥枪、建设自己的人民军队，是党在血与火的斗争中得出的颠扑不破的真理，关系我军性质和宗旨、关系社会主义前途命运、关系党和国家长治久安。坚持党对人民军队的绝对领导，首先全军对党要绝对忠诚。必须从思想上、政治上建设和掌握部队，全面深入贯彻军委主席负责制，深化党的创新理论武装，锻造坚强有力的党组织，推进政治整训常态化、制度化，充分发挥政治工作对强军兴军的生命线作用，培养有灵魂、有本事、有血性、有品德的"四有"新时代革命军人，锻造具有铁一般信仰、铁一般信念、铁一般纪律、铁一般担当的"四铁"过硬部队，确保枪杆子永远听党指挥。

（2）明确强国必须强军，巩固国防和强大人民军队是新时代坚持和发展中国特色社会主义、实现中华民族伟大复兴的战略支撑，人民军队必须有效履行新时代使命任务。没有一支强大的人民军队，就不可能有强大的祖国。捍卫和平、维护安全、慑止战争的手段多种多样，但军事手段始终是保底手段，必须对战争危险保持清醒头脑。在全面建成社会主义现代化强国、实现第二个百年奋斗目标的历史进程中，必须把国防和军队建设摆在更加重要的位置，加快国防和军队现代化，为巩固中国共产党领导和我国社会主义制度提供战略支撑，为捍卫国家主权、统一、领土完整提供战略支撑，为维护我国海外利益提供战略支撑，为促进世界和平与发展提供战略支撑。

（3）明确党在新时代的强军目标是建设一支听党指挥、能打胜仗、作风优良的人民军队，到2027年实现建军一百年奋斗目标，到2035年基本实现国防和军队现代化，到21世纪中叶把人民军队建成世界一流军队。实现强军目标，必须同国家现代化进程相一致，贯彻国防和军队现代化新"三步走"战略，全面推进军事理论、军队组织形态、军事人员、武器装备现代化。到2027年实现建军一百年奋斗目标，全面提高捍卫国家主权、安全、发展利益战略能力，是未来5年我军建设的中心任务，必须全力以赴、务期必成；到2035年基本实现国防和军队现代化，机械化高度发达，信息化基本实现，智能化取得重大进展，基于网络信息体系的联合作战能力、全域作战能力全面提高；到21世纪中叶把人民军队全面建成同我国强国地位相称、能够全面有效维护国家安全、具备强大国际影响力的世界一流军队。

（4）明确军队是要准备打仗的，必须聚焦能打仗、打胜仗，扭住强敌对手，创新军事战略指导，发展人民战争战略战术，全面加强练兵备战，坚定灵活开展军事斗争，有效塑造态势、管控危机、遏制战争、打赢战争。能打胜仗是党和人民对人民军队的根本要求。必须深入贯彻新时代军事战略方针，坚持战斗力这个唯一的根本的标准，全部精力向打仗聚焦，全部工作向打仗用劲。深化战争和作战筹划，研究掌握信息化、智能化战争特点规律，打造强大战略威慑力量体系，增加新域新质作战力量比重，优化联合作战指挥体系。深入推进实战化军事训练，大力培育战斗精神，扎实做好军事斗争准备，加强军事力量常态化、多样化运用，确保召之即来、来之能战、战之必胜。

（5）明确推进强军事业必须坚持政治建军、改革强军、科技强军、人才强军、依法治军，坚持边斗争、边备战、边建设，更加注重聚焦实战、创新驱动、体系建设、集约高效、军民融合，加强军事治理，推动高质量发展，全面提高革命化、现代化、正规化水平。国防和军队现代化建设是一项系统工程，必须坚持用全面的观点抓建设。边斗争、边备战、边建设是今后一个时期的突出特点,要坚持以战领建、抓建为战,形成战建备一体推进的良好局面。我军建设已进入提质增效的关键阶段,必须牢牢把握军队建设发展战略指导,转变发展理念、创新发展模式、增强发展动能,实现更高质量、更高效益、更可持续的发展;必须全面加强军事治理,着力构建现代军事治理体系,以高水平治理推动我军高质量发展,改进战略管理,提高军事系统运行效能和国防资源使用效益。

(6)明确改革是强军的必由之路,必须推进军队组织形态现代化,构建中国特色现代军事力量体系,完善中国特色社会主义军事制度。深化国防和军队改革是为了设计和塑造军队未来。要坚持改革正确方向这个根本、能打仗打胜仗这个聚焦点、军队组织形态现代化这个指向、积极稳妥这个总要求,着力解决制约国防和军队建设的体制性障碍、结构性矛盾、政策性问题,进一步解放和发展战斗力,进一步解放和增强军队活力。这一轮国防和军队改革任务基本完成,要巩固拓展改革成果,推进改革既定任务落实,搞好后续改革筹划论证,完善军事力量结构编成,优化军事政策制度,奋力开创改革强军新局面,为实现建军一百年奋斗目标提供强大动力。

(7)明确科技是核心战斗力,必须坚持自主创新战略基点,推进高水平科技自立自强,统筹推进军事理论、技术、组织、管理、文化等各方面创新,建设创新型人民军队。科技是军事发展中最活跃、最具革命性的因素。要赢得军事竞争主动,必须充分发挥科技创新对我军建设的战略支撑作用,加快关键核心技术攻关,加强科技创新管理机制和运行模式探索,增强科技认知力、创新力、运用力,加速科技向战斗力转化。全面实施创新驱动发展战略,加强军事理论创新,大力弘扬创新文化,推动我军建设发展质量变革、效能变革、动力变革。

(8)明确强军之道,要在得人,必须贯彻新时代军事教育方针,推动军事人员能力素质、结构布局、开发管理全面转型升级,锻造德才兼备的高素质、专业化新型军事人才。人才是第一资源,是推动我军高质量发展、赢得军事竞争和未来战争主动的关键因素。要坚持党管干部、党管人才、组织选人,坚持从政治上培养、考察、使用人才。坚持为战争准备人才,把能打仗、打胜仗作为人才工作的出发点和落脚点,提高备战打仗人才供给能力和水平。坚持走好人才自主培养之路,落实院校优先发展战略,建强新型军事人才培养体系。创新军事人力资源管理,形成激励担当作为的工作导向、政策导向、舆论导向,充分调动广大官兵积极性、主动性、创造性,把优秀人才集聚到强军事业中来。

(9)明确依法治军是我们党建军治军基本方式,必须构建中国特色军事法治体系,推动治军方式根本性转变,提高国防和军队建设法治化水平。军队越是现代化,越是信息化,越要法治化。要把依法治军着力点放在服务备战打仗上,形成系统完备、严密高效的军事法规制度体系、军事法治实施体系、军事法治监督体系、军事法治保障体系,实现从单纯依靠行政命令的做法向依法行政的根本性转变,从单纯靠习惯和经验开展工作的方式向依靠法规和制度开展工作的根本性转变,从突击式、运动式抓工作的方式向按条令条例办事的根本性转变。强化全军法治信仰和法治思维,突出依法治官、依法治权,依靠官兵共同建设法治、厉行法治、维护法治。

(10)明确军民融合发展是兴国之举、强军之策,必须巩固提高一体化国家战略体系和能力。随着科学技术快速发展,国家战略竞争力、社会生产力、军队战斗力的耦合关联越来越紧,国防和军队现代化必须融入国家现代化。要加强军地战略规划统筹、政策制度衔接、资源要素共享,促进国防实力和经济实力同步提升。我国的国防是全民的国防,要深化全民国防教育,加强国防动员和后备力量建设,推进现代边海空防建设。大力弘扬军爱民、民拥军的光荣传统,深入做好双拥工作,巩固发展军政军民团结。

(11)明确作风优良是我军鲜明特色和政治优势,必须全面从严治党、全面从严治军,全面锻造过硬基层,坚定不移正风肃纪反腐,大力弘扬我党我军光荣传统和优良作风,永葆人民军队性质、宗旨、本色。作风优良才能塑造英雄部队,作风松散可以搞垮常胜之师。要自觉弘扬伟大建党精神,牢记初心使命,加强党史军史和光荣传统教育,推进红色基因代代传工程。勇于自我革命,持续深化纠治"四风"特别是形式主义、官僚主义,一体推进不敢腐、不能腐、不想腐,坚决打赢反腐败斗争攻坚战、持久战。坚持严的基调不动摇,严字当头、全面从严、一严到底,用铁的纪律凝聚铁的意志、锤炼铁的作风、锻造铁的队伍,全面锻造听党话、跟党走,能打仗、打胜仗,法纪严、风气正的过硬基层。

(二)习近平强军思想的重大意义

习近平强军思想,植根强国复兴新时代,指引强军兴军新征程,在马克思主义军事理论中国化时代化进程中,在党的军事指导理论创新发展中,在我们党治国理政实践中,具有重大政治意义、理论意义、实践意义。

1. 习近平强军思想立起了新时代维护核心、听党指挥的看齐基准

维护核心、听党指挥,最内在最根本的是自觉向党中央看齐,向习近平主席看齐,向党的基本理论、基本路线、基本方略看齐。习近平强军思想,作为习近平新时代中国特色社会主义思想的"军事篇",集中体现了党的意志主张,反映了党和人民对我军的时代要求,指明了军队建设坚定正确的政治方向;从新时代坚持和发展中国特色社会主义基本方略的高度,突出强调坚持党对人民军队的绝对领导,要求我军坚决维护党中央权威和集中统一领导,坚决维护和贯彻军委主席负责制,揭示了人民军队从胜利走向胜利的根本力量所在;始终坚持从政治上建设和把握军队,以党的政治建设为统领全面加强军队党的建设,确立了新时代政治建军的大方略,为我们提升政治站位、增强政治能力提供了根本遵循。

新时代,军队以党的旗帜为旗帜、以党的方向为方向、以党的意志为意志,必须坚持用习近平强军思想统一思想、统一步调,坚定维护习近平主席在党中央和全党的核心地位,更加自觉地对党忠诚、听党指挥。

2. 习近平强军思想实现了马克思主义军事理论中国化时代化新飞跃

坚持用鲜活的马克思主义军事理论指导实践,是我们党建军治军的一条根本经验。面对世情国情军情的深刻变化,面对强国强军的时代要求,习近平强军思想作出一系列新的重大判断、新的理论概括、新的战略安排,指出世界正发生前所未有之大变局、我国正处于由大向强发展的关键阶段、我军正经历着一场革命性变革,强调国防和军队建设进入了新时代;阐明新时代军队使命任务和强军的奋斗目标、建设布局、战略指导、必由之路、强大动力、治军方式、发展路径等重大问题,把我们党对军事力量建设和运用规律的认识提高到新水平。

习近平强军思想把全面推进国防和军队现代化纳入强国复兴大战略、大布局，擘画了未来几十年我军建设发展的蓝图，为我们走好新的长征路确立了行动纲领。这些理论上的重大突破、重大创新、重大发展，为丰富和发展马克思主义军事理论作出原创性贡献，开拓了当代中国马克思主义军事理论和军事实践发展新境界。

3. 习近平强军思想提供了大踏步走中国特色强军之路的根本遵循

过去一个时期，我军一度存在许多突出矛盾和问题，这种状态任其发展下去，军队不但打不了仗，甚至有变质变色的危险。习近平主席以巨大政治勇气和强烈责任担当，带领全军重振政治纲纪，坚定不移推进政治整训，有效解决了弱化党对军队绝对领导的突出问题；重塑组织形态，大刀阔斧全面深化改革，有效解决了制约我军建设的体制结构突出问题；重整斗争格局，坚定捍卫国家核心利益，有效解决了军事力量运用方面的突出问题；重构建设布局，创新发展理念和方式，有效解决了我军建设聚焦实战不够、质量效益不高的突出问题；重树作风形象，强力推进正风肃纪反腐，有效解决了不正之风和腐败现象滋生蔓延的突出问题。党的十八大以来强军事业取得历史性成就、发生历史性变革，根本就在于习近平强军思想的科学指引。

全面贯彻习近平强军思想，我军才能跟上全面建设社会主义现代化强国进程，在世界新军事革命浪潮中勇立潮头、赢得战略主动，朝着世界一流军队扎实迈进。

4. 习近平强军思想是新时代全面推进国防和军队现代化的根本保证

习近平强军思想源于实践又指导实践，彰显出巨大的真理价值和实践威力，是强军新征程上立起的理论航标，闪耀着马克思主义军事理论的真理光芒，引领着新时代人民军队的前行方向。党的十九大把坚持党对人民军队的绝对领导上升为新时代坚持和发展中国特色社会主义的基本方略；新党章把坚持党对人民解放军和其他人民武装力量的绝对领导、中央军委实行主席负责制、中央军委负责军队中党的工作和政治工作等写入其中，这些充分体现了我们党对治国理政和建军治军规律的认识深化，标志着中国特色基本军事制度更加成熟定型。

党对军队的绝对领导是中国特色社会主义的本质特征，是党和国家的重要政治优势，是人民军队的建军之本、强军之魂。坚持党对人民军队的绝对领导，必须以党的旗帜为旗帜、以党的方向为方向、以党的意志为意志，全面贯彻党领导人民军队的一系列根本原则和制度，增强政治意识、大局意识、核心意识、看齐意识，做到绝对忠诚、绝对纯洁、绝对可靠，坚决维护权威、维护核心，坚决维护和贯彻军委主席负责制，始终在思想上、政治上、行动上与党中央、中央军委和习近平保持高度一致，一切行动听从党中央、中央军委和习近平指挥。唯有如此，强军事业才能始终沿着正确的方向前进，驶向光辉未来。

训练营地

一、填空题

（1）_____来源于军事实践，又给军事实践以指导，并伴随着战争和军事实践的发展而发展。

（2）从社会历史发展的角度讲，军事思想可划分为_____、_____和_____3个发展阶段。

（3）从先秦到清代前期，中国先后有_____多部兵书问世。

（4）_____是中国现存最早的兵书，也是世界上最早的军事著作。

（5）_____通过周文王、武王与吕望对话的形式，论述治国、治军和指导战争的理论、原则。

（6）_____以唐太宗李世民和卫国公李靖关于军事问题的问答形式编成。

（7）人民军队思想是以_____为代表的老一辈无产阶级军事家，作为进行武装革命的首要问题提出来的。

（8）_____新时期军队建设思想是建立在毛泽东军事思想科学体系基础之上的，几乎涵盖了毛泽东军事思想体系的各个组成部分和基本内容，并有所创新，有所发展。

（9）_____是以习近平同志为核心的党中央，在指导建设强军事业伟大实践中孕育的科学思想体系，揭示了强军制胜的根本规律，闪耀着马克思主义思想方法的光辉，是指引强军事业发展进步的科学指南。

（10）习近平强军思想是新时代全面推进国防和军队现代化的_____。

二、简答题

（1）什么是军事思想？
（2）军事思想是如何产生的？
（3）军事思想有哪些特征？
（4）军事思想的地位与作用有哪些？
（5）我国封建社会时期的军事思想有哪些特点？
（6）《孙子兵法》的主要内容有哪些？
（7）毛泽东军事思想的主要内容有哪些？
（8）邓小平新时期军事思想的主要内容有哪些？
（9）习近平强军思想的主要内容有哪些？

三、论述题

（1）请结合历史史实，谈谈对中国古代军事思想产生和发展的理解。
（2）作为当代大学生，请结合自身实际，谈一谈学习军事思想的意义和作用。

读书会——"读《孙子兵法》,领悟古人智慧"

实践目的:

通过组织以"读《孙子兵法》,领悟古人智慧"为主题的读书会活动,向更多的人介绍中国古人的伟大智慧,影响更多的人了解中国传统文化,树立文化自信;同时,进一步开阔自身的视野,熟练运用各种谋略,提高自身观察和处理问题的能力,进而提升掌控全局的能力。

实践方案:

(1)分组。全班学生以5~8人为一组进行分组,每组设组长1名。

(2)讨论。各组组长组织小组成员就读书会活动进行讨论,如阅读的时间、每人阅读的范围,以及总结的形式等。

(3)实施。在读书会上,小组成员逐一分享自己的阅读心得。

(4)总结。阅读活动结束后,各组组长组织小组成员进行活动总结,分享自己的收获。

第四章

拨开战争迷雾，理清制胜之道——现代战争

章前导读

和平始终是人类社会的普遍期待与殷切向往。当今世界，和平与发展已成为时代主题，但各国面临的安全威胁日益复杂，战争威胁始终挥之不去。

党的二十大报告强调，要"研究掌握信息化智能化战争特点规律，创新军事战略指导，发展人民战争战略战术"。中华民族热爱和平，中国人民深知和平之可贵。和平来之不易，和平必须捍卫。我们只有充分认识战争、把握现代战争的特点和规律，才能更好地建设强大的武装力量，增强国防实力，才能实现以战止战，为实现中华民族伟大复兴的中国梦，提供一个安全和平的发展环境。

学习目标

- ✦ 了解战争的内涵、特点和战争形态的发展演变。
- ✦ 理解新军事革命的内涵、特点、发展演变和主要内容。
- ✦ 了解机械化战争的内涵、主要形态、主要特点及其代表性战例。
- ✦ 掌握信息化战争的内涵、主要形态和基本特征。
- ✦ 熟悉信息化战争的代表性战例。
- ✦ 认清信息化战争与机械化战争的主要区别及其对战争观和军队建设的影响，树立打赢信息化战争的信心。

第一节 战争概述

战争是人类历史发展到一定阶段的产物,当社会矛盾激化到一定程度,和平手段难以调和解决的时候,就会发生战争。战争与和平问题是人类社会最大的问题,如何认识战争、遏制战争,实现人类的永久和平,是全人类共同奋斗的目标。

一、战争的内涵

战争是国家或政治集团之间为了一定的政治、经济等目的,使用武装力量进行的大规模激烈交战的军事斗争。它是解决国家、政治集团、阶级、民族、宗教之间矛盾冲突的最高形式,是达成政治目的的一种特殊手段。

人类社会出现过多种类型的战争,战争将长期存在于人类社会,并影响人类社会的发展。战争的消亡是有条件的,要经历一个久远的、逐步的过程。只有随着生产力的高度发展和社会的极大进步,随着私有制和阶级的消亡,随着国家或政治集团间根本利害冲突的消失,战争才会失去存在的土壤和条件,退出人类历史的舞台。图4-1所示为战争的分类。

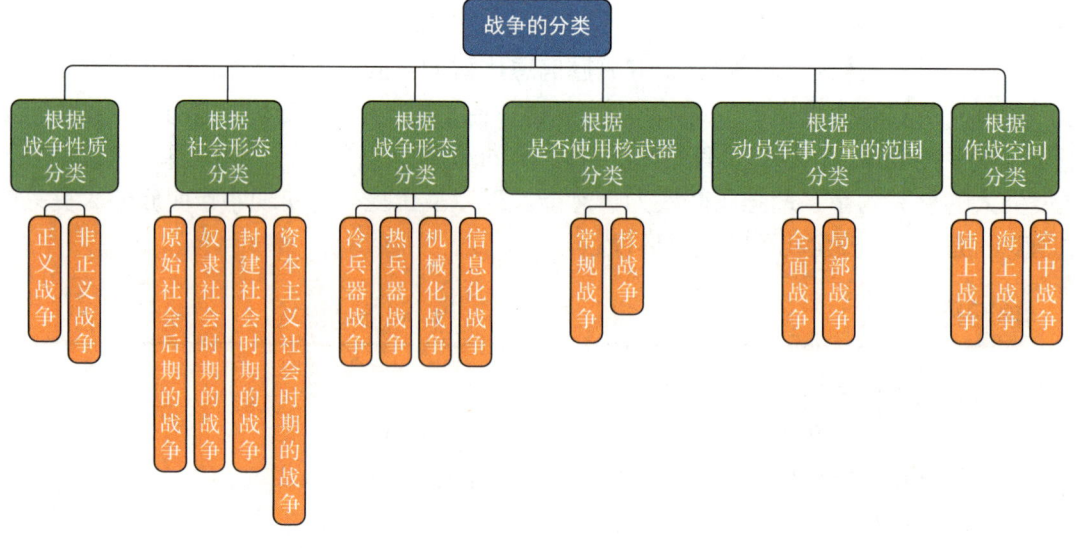

图4-1 战争的分类

二、战争的特点

古往今来，任何时代的战争都具有政治性、暴力性和对抗性。战争之所以是战争，之所以具有特殊的历史功能，正是基于这3个基本特性。

（1）政治性。自古以来，任何阶级进行的战争，都是为达成一定的政治任务与目的而进行的有组织的武装斗争。战争是政治斗争的工具和手段，是直接为政治服务并受政治支配的，而政治总是阶级的政治，是一定阶级的阶级利益的集中体现。纵观20世纪以来人类社会的军事斗争实践，无论是高技术战争，抑或当代反恐战争，战争的主体依然是阶级、政党、民族或国家，战争的主体没有改变，因而战争的政治属性也没有改变。

（2）暴力性。战争的基本标志是武装斗争，暴力性是战争区别于其他社会斗争形式的本质特征。军事理论家克劳塞维茨认为，战争是"迫使敌人服从我们意志的一种暴力行为"。毛泽东亦指出，战争是"政治通过暴力手段的继续"，是"流血的政治"。战争是解决阶级矛盾、社会政治矛盾和集团利害冲突的最残酷、最野蛮的斗争形式。战争的暴力性表现为建立暴力组织、运用暴力手段，并将暴力贯穿于活动的全过程。随着战争形态的发展演变，战争造成的伤亡呈现出递减趋势，但现代战争依然会造成大量物力、财力的损失，并对人们的精神产生巨大的摧残，战争的暴力性没有改变。

（3）对抗性。战争是一种对抗性行为，它通常涉及两个或多个对立势力之间的冲突，其参与者通常持有敌对态度，追求对立的目标，采取对抗性策略进行斗争。战争本身所具有的政治性质，是其对抗性产生和依存的基础。对抗性是战争的基本属性，任何战争都具有鲜明的对抗性。

三、战争形态的发展演变

战争形态是由武器装备、军队编制、作战思想、作战方法等战争要素构成的战争总体形态和状态，是人类战争发展客观规律的具体表现。武器装备通常被认为是战争形态最显著和最重要的标志。随着人类社会的不断发展，人类战争的形态不断发展演变，在经历了冷兵器战争、热兵器战争和机械化战争之后，正在加速向信息化、智能化战争发展演变，如图4-2所示。

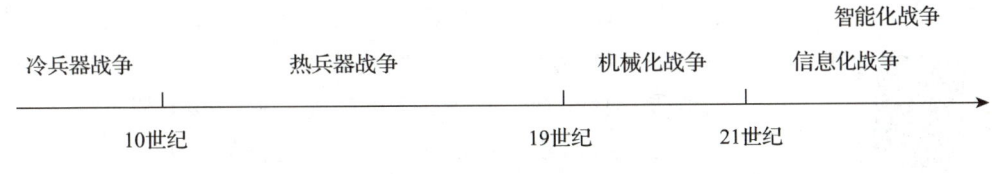

图4-2　战争形态的发展演变

（一）冷兵器战争

冷兵器战争是指以刀、剑等冷兵器为主战兵器的战争。冷兵器战争能量释放的主要形式是体能，冷兵器杀伤作用的发挥主要依赖于人的体能。在冷兵器战争中，参战人数往往是最重要的制胜因素。冷兵器战争的基本战术是集团冲杀、方阵队形，作战讲究的是阵型，如古代中国的"鸳鸯阵""长蛇阵"，古代西方的"马其顿方阵"等。冷兵器战争的前后方界限分明，交战双方人员死伤巨大，军队的攻坚能力普遍不足，战争节奏缓慢，持续时间长。

军事百科

冷兵器种类繁多，一般分为用于进攻的武器和用于防护的防具两大类。

（1）用于进攻的武器可分为近战武器与远射武器两类。① 近战武器又分为短兵器与长兵器两类，短兵器主要为刀和剑，长兵器主要包括戈、矛、戟、钺、长柄刀等；② 远射武器主要包括弓、弩和抛石机，其中弓是冷兵器时代最重要、人类使用时间最长的远射武器，抛石机比较笨重，难以命中移动目标，一般用于城池攻防。图4-3、图4-4、图4-5所示分别为"吴王夫差"青铜剑、兽面纹铜钺和青铜弩机。

图4-3　"吴王夫差"青铜剑　　图4-4　兽面纹铜钺　　图4-5　青铜弩机

（2）用于防护的防具主要有甲、胄、盾3种。甲主要用于防护人或马的躯干，胄主要用于防护人的头部，甲和胄通常合称为盔甲，多为铜制、铁制或革制；盾为手持的防护兵器，多为木制、竹制、革制或金属制。

（二）热兵器战争

火药的发明和热兵器的发展

热兵器战争是指以枪、炮等热兵器为主战兵器的战争。热兵器战争能量释放的主要形式是热能，热兵器杀伤作用的发挥依赖于士兵控制、操作武器的技能。在热兵器战争中，火力打击能力是敌对双方较量的重心，火力优势、火力射程和火力打击的效能成为战争制胜的关键。

热兵器战争的战略目标为制陆权和制海权，主要作战方式为集团火力攻防。热兵器时代，战争规模扩大，战场从陆地扩展到海上，从近战转为远战，实现了从兵力搏杀向火力突击的转变。军队在进攻或防御时，通常会充分利用地形地貌，计算进攻或防御的正面火力密度，注重士兵与武器装备的最佳结合，战斗队形常采用散兵线和疏散队形。

（三）机械化战争

机械化战争是指以坦克、飞机、大炮等机械化武器装备为主战兵器的战争。机械化战争能量释放的主要形式是机械能和化学能，机械化武器装备杀伤作用的发挥依赖于武器装备的性能、士兵的操作技能、作战环境和后勤支持等诸多因素。武器装备的性能、数量和军队组织结构的优劣是机械化战争制胜的关键。

机械化战争的主要战略目标是制陆权、制海权和制空权，战场范围扩大到陆、海、空三维立体空间，立体作战、纵深作战成为重要作战样式。随着军兵种的发展和完善，以陆军为主，诸军种、兵种协同配合的合同作战逐渐发展为诸军种联合作战，军队的进攻能力大大增强。机械化战争中，战争的前后方界限模糊，破坏力强，人力、物力消耗巨大。

（四）信息化战争

信息化战争是指以信息化弹药、综合电子信息系统等信息化武器装备为主战兵器的战争。信息化战争能量释放的主要形式是信息能，即战场探测预警、情报侦察、精确制导、电子对抗、作战指挥与控制、通信联络等能量的释放。以信息技术为核心的军事高技术使信息化武器装备的杀伤威力、命中精度、机动能力等作战效能空前提高，这是信息化战争的决胜关键。

信息化战争的主要战略目标为制信息权，拥有制信息权，就拥有作战优势。在信息时代，军队的作战行动由侧重人力、物力数量优势的对抗，转向侧重人员素质和技术优势的较量。以电子计算机为核心，集指挥、控制、通信、情报等于一体的指挥自动化技术系统的发展和运用，使军队指挥效能和整体作战能力大幅提高。导弹战、电子战等许多新的作战样式出现，并在战争中发挥重要作用。空中作战的地位和作用上升，远战、夜战的比重增大，机动战、联合作战成为基本的作战样式，作战行动更加强调纵深突击和整体打击。

（五）智能化战争

智能化战争是指以人工智能等高技术武器装备为主战兵器的战争。智能化战争是人类战争形态发展的高级阶段，是信息化战争的发展趋势。

人工智能技术的日益成熟，正推动人类社会由信息化社会逐步进入智能化社会，智能化战争随之产生。智能化战争是认知中心战，其核心是"算"，主导力量是智力，智力所占权重将超过火力、机动力和信息力，追求的是以智驭能、以智制能。智能化战争已逐步颠覆传统战争形态，呈现出以夺取"制智权"为核心的作战指挥算法化、作战力量无人化、作战样式多样等特点。

在智能化时代，"智能力"将成为决定未来作战胜负的主导因素，智能无人装备将成为未来作战的主战装备，人机协同作战将成为未来作战的主要方式，集群自主作战将成为未来作战的重要攻击样式。

通过战争形态的发展历程，可以十分清晰地看到，在战争由平面作战发展到立体作战，由一般技术条件下的作战发展到信息技术、智能技术条件下的作战，由以火力作战为核心的机械化战争发展为以争夺制信息权、制智权作战为核心的信息化战争、智能化战争的漫长历程中，科学技术的进步始终是贯穿于这些变化过程的主线。战争形态的每一次变化，都是以科学技术发展的最新成果被广泛运用于作战领域为基本前提的。

> **互动空间**
>
> 你认为打赢信息化战争、智能化战争的关键是什么？如果爆发战争，你能利用你的专业做些什么？

第二节　新军事革命*

当今世界，在以信息技术为核心的高技术的推动下，军事领域正在发生一场新的军事变革。这场军事变革的实质，是一场以信息化为主要特征的军事信息化革命，其产生的主要动因与高技术的发展密切相关。随着高技术的进一步发展，当前这场新军事变革已进入一个新的质变阶段，并将发展为一场遍及全球、涉及所有军事领域的深刻革命，对世界军事形势、国际战略格局乃至战争形态的演变都将产生深刻影响。

一、新军事革命的内涵

所谓新军事革命，就是以人类社会形态由工业社会向信息社会转变为根本动因，以高技术特别是信息技术的飞速发展为直接动力，以信息为"基因"、以"系统集成""虚拟实践"为主要手段，把工业时代的机械化军事形态改造成信息时代的信息化军事形态的过程。新军事革命的核心是把工业时代适于打机械化战争的机械化军队建设成信息时代适于打信息化战争的信息化军队。

新军事革命的主要动因是科学技术的迅猛发展、军事需求的强力拉动和军事理论的有力牵引。

（1）历史上每一次重大科学技术的创新，都开启了一场新的军事变革，而每一场军事变革都把战争形态推向一个新的时代。人类社会进入信息时代后，以信息技术为核心的高技术群迅猛发展，并在军事领域广泛应用，促进了武器装备的更新，催生了军事革命。

（2）军事力量是综合国力的重要组成部分，是维护国家安全最有效的手段。要增强军事力量，使军事力量产生出最大的作战效能，就必须启动和进行信息化军事变革，这是各国安全战略的内在需求。

（3）在这场军事革命中，军事理论率先变革，引领了军事革命的发展方向。例如，军队建设理论的创新推动了军队组织结构和编制体制的变革与发展。作战理论的创新引导了作战方式的创新，并极大地改变了现代战争的形态。

二、新军事革命的特点

当前，世界新军事革命呈现出了深刻性、全面性、务实性、不平衡性等特点。

（1）深刻性。世界主要国家的军事改革正在从军事技术层面、军事组织层面、作战理论层面，深入到军事文化层面，各国提出了军事转型文化、联合文化和理论创新文化等。

（2）全面性。世界主要国家的军事改革和军事转型不仅涉及信息化军事技术形态、联合化组织形态和高效化管理形态，而且包括了军事理论形态、作战形态、保障形态和教育形态等各个领域。

（3）务实性。世界主要国家的军事改革都注重提升军队的实战能力。例如，美军着力提升指挥控制能力、情报能力、火力打击能力、机动能力、防护能力、保障能力、信息能力等；俄军着眼于提高应对各种安全威胁的能力，尤其是提高应对大规模空天袭击的能力；等等。

（4）不平衡性。军事实力强大的国家积极推进军事改革及转型，且部分国家已完成军事组织形态的转型，而部分军事实力薄弱的国家则以改善武器装备为重点，正在进行有选择的军事改革。

当前，世界新军事革命加速发展，各主要国家加紧推进军事转型、重塑军事力量体系，这将对国际政治军事格局产生重大影响。

三、新军事革命的发展演变

新军事革命的总体发展趋势是由机械化军事形态向信息化军事形态演变。从军事技术形态的发展及其影响来看，新军事革命的发展演变是一个长期的过程。

（一）新军事革命的起步阶段

20世纪七八十年代，随着科学技术的发展、美苏争霸和局部战争等因素的促动，美苏等国开始自发地研究新的军事理论并开始着手进行军事改革。越南战争失败后，美国开始进行全面的军事改革，提出了"空地一体战"等军事理论，重点发展信息化武器装备。1979年，时任苏联总参谋长的奥加尔科夫等人提出了"新军事技术革命"的概念，并指出，以电子计算机为核心的信息技术的迅速发展，以及精确制导武器的大量涌现，必将从根本上打破军队旧的发展模式，推动和促进新的军事革命的发生。

> **军事百科**
>
> 20世纪70年代中期，美国陆军先后提出了"中心战斗""扩大的战场"和"一体化战场"等作战思想，形成"空地一体战"作战理论。这一作战理论首次提出了多兵种协同作战的作战思想，要求地面部队与空军协调统一，在空军实施战场空中遮断和进攻性空中支援的基础上进行纵深作战。这一作战理论在海湾战争中得到了实战检验，是多域战乃至全域战思想诞生的起点。

（二）新军事革命的探索阶段

1991年的海湾战争正式拉开了世界性军事革命的序幕。海湾战争初步展示了美军在20世纪80年代军事改革的成果，这不仅坚定了美国继续进行军事改革的信心，还震撼了其他国家。此后，各国不断提升新军事革命的战略地位，高度重视军事理论的牵引作用，加快发展信息化武器装备，并开始着手改革军队组织体制，在全球形成了军事革命的热潮。

（三）新军事革命的发展阶段

"9·11"事件后，面临新的形势和威胁，美国先后发动了阿富汗战争和伊拉克战争，并以此推动美军全面转型。通过大力推进新军事革命，美军获得了超强的作战能力，这使世界各主要大国震惊的同时，更增强了紧迫感和危机感。各国在总结前一阶段军事革命经验教训的基础上，以全新的理念设计军队信息化建设的目标，出台了一系列新军事变革的新举措，推动军事革命在更高层次、更广领域、更大范围的加速发展，从而使世界新军事革命逐步从自发到自觉、从局部到全局、从边缘到核心进行演变，进入了有组织、有计划、全面推进、协调发展的新阶段。

四、新军事革命的主要内容

扫一扫

科学的军事理论
就是战斗力

新军事革命的本质和核心是信息化，其目的是建设信息化军队、打赢信息化战争，其基本内容可概括为"四创新一转变"。

"四创新"即创新军事技术，实现武器装备信息化；创新编制体制，重组军队组织结构；创新军事理论，推动军队建设转型；创新作战方式，适应新的战争形态。

（1）创新军事技术，应用信息技术成果对现有武器装备进行改造，同时研制和发展新型信息化武器系统，从而实现武器装备的信息化、智能化和高效化，是完成新军事革命的前提。目前，发达国家军队已经实现了高度机械化和部分信息化，信息化武器装备已经成为现代战争的主战装备。

（2）创新军队编制体制，优化军队组织结构，实现人与武器有机结合，是完成新军事革命的关键。世界各国为适应世界新军事革命的发展，高度重视军队内部结构的优化，使军队的编制体制向着精干、高效、合成的方向发展。总的趋势是压缩常规军队规模，裁减一般部队，增加高技术军兵种部队，使军队向小型化、多功能、一体化方向发展。

（3）创新军事理论，推动军队由机械化向信息化、智能化转型，是完成新军事革命的引领。新的军事实践呼唤新的军事理论，要打赢未来战争，实现建军一百年奋斗目标，必须紧盯科技之变、战争之变、对手之变，大力推进军事理论现代化，加快形成具有时代性、引领性、独特性的军事理论体系，为打赢明天的战争提供科学理论支撑。

（4）创新作战方式，适应新的战争形态，是完成新军事革命的要求。概略、粗放、单一的传统作战控制方式，已不能适应信息时代作战控制的新特点新要求。因此，应大力创新一体化联合作战控制方式，提升作战控制能力和水平。

"一转变"即通过以上4个方面的创新，推动现代战争形态从机械化战争向信息化战争转变。

人物视窗

马伟明：心系强军、锐意创新的科研先锋

马伟明是海军工程大学电气工程学院电力电子技术研究所主任，他长期致力于舰船电力系统领域研究，始终以提高国家核心竞争力、军队战斗力为己任，聚力自主创新，勇攀科技高峰，带领团队破解科技难题，取得重大成果，多次获国家和军队科技进步奖，为我国国防武器装备现代化建设和高层次人才培养作出重要贡献，用实际行动诠释了矢志强军、履行使命的责任担当。

1978年，马伟明参加高考，并被海军工程学院（海军工程大学前身）录取。毕业3年后，他又重返母校攻读研究生。从此，痴迷于电机领域前沿研究且初露锋芒的马伟明，在科技兴军的征程上奋起直追、弯道超越，为我国锻造出一件件制胜深蓝的国之重器。

20世纪90年代初，在恩师张盖凡教授的指导下，马伟明带领课题组，用仅有的3.5万元，造了2台小型十二相发电机，在洗漱间改造的简陋实验室里开展研究。整整6个春秋，他们反复试验，在对数十万组数据综合分析的基础上，终于成功研制出带整流负载的多相同步电机稳定装置，发明了带稳定绕组的多相整流发电机，从根本上解决了"固有振荡"这道世界性难题。

受此鼓舞，马伟明带领团队马不停蹄，再接再厉，先后研制出世界首台交直流双绕组发电机系统和高速感应发电机系统，确立了我国在舰船发供电系统领域国际领先的地位。

2001年，41岁的马伟明当选中国工程院最年轻的院士，可谓功成名就。许多人劝他该放松一点了，他却说："只要稍微歇口气，别人就会跑到我们前面去。如果我现在不拼命，国家选我这个年轻的院士又有什么意义？"

舰船综合电力系统，是舰船由机械推进向电力推进转变的一次技术革命。10多年前，马伟明的目光就瞄准这一目标。当时，国外的技术路线是中压交流。经过反复研判，马伟明提出了中压直流技术路线，先后3次召集国家顶尖专家研讨，得到的几乎是一片否定声："英美等发达国家都没有选择这条路线。凭我国现有的条件，这条路肯定是走不通的。"

"要做就做最前沿的！为什么非要等外国人做成了，我们才开始跟着做？"面对质疑，马伟明经过深入分析，毅然决定继续坚持往前走。10年攻关，10年艰辛。不服输的马伟明，硬是将这一世界公认的核心重大技术难题成功解决，实现了我国舰船动力的跨越发展。

在研究舰船综合电力系统的同时，马伟明又瞄准了另一项国际科技领域的尖端技术——电磁发射技术，但同样又引发了一轮质疑风波："一个世界级科技大国历时20多年都没有取得成功的项目，你还要强攻硬上？"

马伟明认定，中国需要这项技术，无论遇到多大困难，一定要坚持下去。8年之后，包括40位两院院士在内的100多位专家来参加科技成果鉴定会。面对马伟明的创新壮举，白发苍苍的老专家激动不已，泣不成声……

随后几年，马伟明带领团队在电磁发射技术领域取得全面突破，创新成果再次进入"井喷期"，多型装备和技术属国际首创，全面推进我国传统武器装备向电气化变革。

放眼万里海疆，马伟明带领科研团队留下一连串闪光足迹。他们的关键技术研究成果，全部应用或转化为装备，实实在在提高了创新对战斗力增长的贡献率；培养出400多名硕士、博士和博士后人才，先后获评国家自然科学基金委员会和军队颁发的科技创新群体奖、全军人才建设先进单位，被海军授予"创新强军马伟明模范团队"荣誉称号，获得国家科技进步奖创新团队奖、首届全国创新争先奖，2次荣立集体一等功。

（资料来源：新华社，作者王东明，有改动）

互动空间

面对世界范围的新军事革命，当代大学生应以什么样的实际行动关心和支持我国的国防现代化建设？请谈谈你的看法。

第三节　机械化战争

19世纪初，蒸汽动力在军事领域的运用揭开了一场新的军事变革的序幕，机械化战争形态的幼芽，开始在热兵器战争形态中悄然孕育。

机械化战争以空前的规模把科学技术运用于军事领域，实现了武器装备自动化和机械化这一质的飞跃，由此，人类兵器从延续了近300年的手持、马拉式枪炮，发展为完全靠机械动力推动的自动化武器。主战兵器的重大变化引发了战争形态的巨变，使战争形态从之前的主要以战争空间扩大、作战指挥快捷、作战速度加快为标志的工业化战争，变为作战工具自动化、装甲化、机动化和战争立体化的全新的机械化战争。

机械化战争是主要使用机械化武器装备及相应作战方法进行的战争，具有机动速度快、火力毁伤强、战场范围广、战争消耗大等特点，是工业时代战争的基本形态。

第一次世界大战中，飞机、坦克、航空母舰等机械化武器装备及相应的新兵种开始在战场上发挥作用，但由于性能和数量比较有限，其作用还局限于战术层面，地面作战的核心力量依然是步兵，海战仍是主力舰队的舰炮发挥作用，少量的坦克兵和航空母舰仍属于配合步兵或战列舰作战的辅助力量。

第二次世界大战期间，坦克、装甲战车、自行火炮及其他机械化装备不断涌现并大量装备部队，各主要军事强国将现代化的陆、海、空军及其具有高度机动力、突击力的机械化作战平台大量运用于战争，徒步步兵、骑兵和其他兵种逐渐退出历史舞台，作战方式逐步由线式作战向纵深作战发展。

至20世纪80年代中后期，以信息技术为核心的高技术飞速发展并在军事领域广泛应用，引发了新的军事技术革命，使武器装备有了质的飞跃，也推动了军队体制编制、作战方法和军事理论的革命。以1991年海湾战争为标志，由精确制导武器、情报支援系统和电子战系统结合构成的信息作战系统及其他高技术在军事领域中的广泛运用，大大改变了机械化战争的面貌。

机械化战争

"机械化战争"为普通高等学校军事课的选讲内容，感兴趣的同学可以扫描右侧二维码学习关于机械化战争的详细知识：机械化战争的内涵、主要形态、基本特征及其代表性战例。

第四节 信息化战争*

人们以什么样的方式生产，就以什么样的方式制胜。农业时代以冷兵器和体能制胜，工业时代以机械化兵器和技能制胜，信息时代以计算机、网络和智能制胜。20世纪后半叶，由计算机、通信卫星和全球网络带来的生产方式的改变导致了战争方式的彻底改变。

一、信息化战争的内涵

信息化战争是一种充分利用信息资源并依赖信息的战争形态，是指在信息技术高度发展及信息时代核威慑条件下，交战双方以信息化军队为主要作战力量，依托网络化信息系统，大量运用具有信息技术、新材料技术、新能源技术、生物技术、航天技术、海洋技术等当代高新技术武器装备，并采取相应的作战方法，在局部地区进行的规模不大的，在陆、海、空、天、电等全维空间展开的多军兵种一体化的战争。

信息化战争是信息时代的基本战争形态，其核心是"联"，主导力量是信息，追求以网聚能、以网释能、以体系对局部、以网络对离散、以快制慢。

信息化战争是信息时代的产物，是人类社会的生产力和科学技术发展到一定程度的必然结果，先进的信息技术为战争形式的革命性转变提供了物质技术基础和强大的推动力。信息化战争包含的内容是多方面的，有专家把它归纳为"一个核心、两大支柱、三项能力、四种形式"，如图4-6所示。

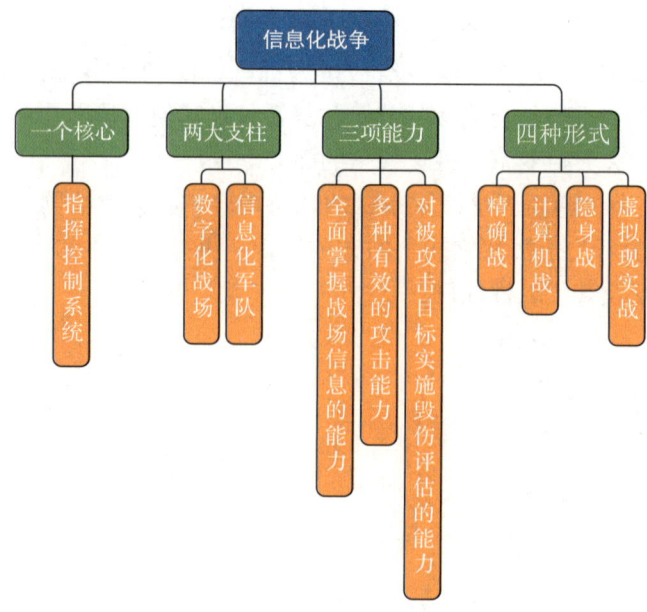

图4-6 信息化战争的内容

二、信息化战争的主要形态

信息化战争与以往战争最大的不同点，就在于信息的地位和作用发生了变化。信息作为一种新型资源，改变了物质和能量的作用方式，进而改变了作战制胜机理，成为生成战斗力的新的主导资源。信息化战争所描述的战争形态有以下6种表现。

（1）主要使用以信息技术为主导的武器装备系统。
（2）以信息为主要战略资源。
（3）以信息中心战为基本作战方式。
（4）以争夺信息资源为战争目标。
（5）以信息化武装力量为主体。
（6）实行以信息化军事理论为基础的战争指导。

三、信息化战争的基本特征

（一）信息资源主导化

信息对战争产生影响的关键是要获得准确的战场信息并把信息及时用于决策和控制。在信息化战争中，信息是核心资源，是决定战争胜负的关键因素，对信息的争夺可能会取代以往冲突中对地理位置的争夺。传统的火力、防护力和机动力仍是战斗力的重要组成部分，但已经不处在核心位置，取而代之的是信息系统和信息化武器装备系统。

制信息权将成为凌驾制空权、制海权和制陆权之上的战场对抗的制高点。日益重要的信息资源，决定了争夺制信息权的斗争将在全时空进行，决定了战争中交战双方将倾全力去争夺"信息优势"。拥有信息资源，具备信息优势，是取得战争胜利的先决条件。

（二）武器装备信息化

信息时代的战争，以信息化武器装备系统为物质基础。信息化武器装备与传统机械化武器装备的最大区别就在于，信息化武器装备是网络系统中的武器，传统机械化武器装备是单个武器平台。武器装备信息化将使电子信息系统在武器装备体系中的比重越来越大，相应的作战保障装备的地位和作用不断提升，武器装备体系中除了传统的坦克、步战车和舰艇等硬杀伤兵器，还将出现信息化作战平台、综合电子信息系统和单兵数字化装备等软杀伤兵器。

（三）战场空间多维化

随着科学技术和武器装备的发展，作战空间逐渐呈现出日益拓展的趋向。在人类战争历史上，飞机的问世和航空技术的发展使作战空间产生了第一次革命性变化，由陆海平面战场发展为陆、海、空三维的立体战场。在信息化战争中，虽然战争活动的依托仍然离不开物理空间，但决定战争胜负的因素主要取决于信息空间。由于信息和信息流"无疆无界"，使得信息作战的领域大大突破了传统的战场界限，成为一个超大无形、领域广阔的作战空间，呈现出陆、海、空、天、电、网等多维一体化趋势。信息化战争作战空间的多维性和复杂性，打破了传统的作战空间概念。

> **军事百科**
>
> 信息空间包括电磁空间、网络空间和心理空间，渗透于陆、海、空、天、电等各个战场领域。
> （1）电磁空间是信息空间的重要组成部分。电磁战场被称作继陆、海、空、天之后的"第五维战场"，是信息化战争的重要作战空间。
> （2）网络空间是人类进入信息社会的必然产物。网络空间的出现，使地理上的距离概念和国家之间的地理分界线在信息对抗中失去意义，凡是与网络空间相联系的目标都可能遭到攻击。
> （3）心理空间，特别是决策者的思维空间，是信息化战争的重要作战空间。心理是控制和决定人的行为的重要因素，自古以来的军事家都非常重视对心理空间的研究。在信息化战争中，心理空间可以控制和主导其他战场空间，控制了对方的心理，就能赢得战争主动权。

（四）作战力量一体化

武器系统的信息化和智能化带来了作战力量的一体化，这是信息化战争区别于机械化战争的重要标志。作战力量一体化是指分布在信息化战场所有空间相互独立的作战单元，通过数字化通信网络联结为一体，形成具有新的或更高层次的整体性质或状态的作战系统。这种新的作战系统能围绕一个统一的意图，自觉地协调行动，形成整体合力。

（五）战争过程短暂化

随着信息技术的发展，军队的机动能力大为提高，战场信息传输与处理的时间极大缩短，作战行动节奏大为加快，战争持续的时间呈短暂化趋势，战争的胜负往往几个月、几周甚至几天、几小时、几分钟即成定局。

（六）作战行动实时化

作战行动实时化是指部队在战场上反应敏捷、行动迅速，能够实时地根据战场态势的最新变化，在极短时间内做出决策，制订计划，以最快的速度将战斗效果直接投放到新出现的战场态势上，迅速达到行动目的。要实现作战行动实时化，战场信息获取能力是基础，战场信息网络化是保证，指挥手段自动化是关键。

（七）作战样式多样化

作战样式是战争形态的具体表现，有什么样的战争形态就必然会出现与之相适应的战争样式。除机械化战争原有的一些作战样式外，信息化战争还增添了新的作战样式，如网电一体战、情报战、心理战和精确战等。

> **军事百科**
>
> （1）网电一体战是指综合运用电子战和网络战手段，对敌方网络化信息系统进行的一体化攻击，其目的是夺取电磁空间和网络空间的制信息权。
> （2）情报战是指围绕获取和运用情报而展开的斗争，其目的是夺取制信息权。
> （3）心理战是指运用心理学的原理，通过宣传和其他活动从精神上瓦解敌方的一种作战样式。
> （4）精确战，又称"精确打击战"，是指依靠信息的支持，运用精确制导武器系统，对敌人实施精确打击的一种作战样式。

（八）作战效果精确化

信息化战争中，在多层次、全方位、全时空的情报、侦察和监视网络的支持下，使用大量的精确制导武器，使各种作战行动的精确化程度越来越高，主要表现在以下3个方面。

（1）精确侦察、定位和控制。精确侦察、定位和控制是实现精确打击的前提和基础。

（2）精确打击。精确打击是信息化战争精确化的核心内容，它主要靠提高命中精度来保证作战效果，而不是通过增加弹药投射的数量来增强作战效果。

（3）精确保障。精确保障是指充分运用以信息技术为核心的高技术手段，精细而准确地筹划、实施保障计划，高效运用保障力量，使保障的时间、空间、数量和质量要求尽可能达到精确的程度，最大限度地节约保障资源。

四、信息化战争的发展趋势

（一）战争内涵将不断拓展

传统的战争概念，主要是指阶级、民族、政治集团和国家之间为达到一定的政治和经济目的而进行的武装斗争。而未来的信息化战争将在战争的主体、战争的目的、战争的暴力性及战争的层次等方面发生重大的变化，大大拓展战争的内涵。

1. 战争的主体多元化

传统的战争主要发生在国家和政治集团之间，战争打击的目标主要是对方的军事力量和战争潜力，战争的主体是军队。而在信息时代，由于信息技术和信息系统高度发展，计算机网络联通了整个世界，使得整个世界的政治、经济、科技和文化的联系日益密切，并使得发动和从事战争的主体呈现出多元化的特征，国家的安全受到来自多个方面、多种势力的威胁，表现出易遭攻击的脆弱性。实施信息攻击的主体既可能是军队，也可能是社会团体，还可能是恐怖组织、贩毒集团和宗教极端分子等。当战争爆发时，受到攻击的一方可能难以判明谁是真正的对手，也难以迅速做出有效的反应和反击。

2．战争的目的发生变化

经济原因是爆发战争的一个重要原因，夺取经济资源是战争最重要的目的之一。进入信息时代后，知识经济不仅依赖于有形的物质资源，更依赖于无形的知识和信息资源。联合国教科文组织曾做过调查，各国知识占有量上的差距，已经成为最终导致国与国之间竞争力和经济实力差距的主要因素。因此，未来信息化战争的目的将发生变化，将不再主要是明火执仗地攻城略地，赤裸裸地抢占自然资源，而是通过争夺和控制知识与信息资源，包括控制敌对国领导层和民众的精神、意识与价值观，进而控制有形的物质资源，最终维护和发展国家与集团的政治利益和经济利益。

3．战争的暴力性减弱

传统的战争理论认为，"战争是流血的政治"，但在未来的信息化战争中，战争则有可能成为不流血或少流血的政治。由于各种经济活动和社会活动的高度计算机化、信息化和网络化，社会的经济生活和政治生活更多地依赖于各种信息系统。例如，支撑社会经济和政治活动的金融系统、能源系统、交通系统、通信系统和新闻媒介系统等，都是以计算机为基础的信息网络系统。信息和信息系统既是武器，也是交战双方攻击的主要目标，可通过网络攻击、黑客入侵和利用新闻媒介实施大规模信息心理战等软打击的方式，破坏敌方的计算机信息网络，瘫痪敌方指挥系统，瘫痪敌国经济，制造敌方社会动乱，把战争意志强加给对方，以不流血的形式换取最大的政治和经济利益。在使用各种硬摧毁手段的作战中，进攻一方也不再以剥夺敌国的生存权利，或完全夺占敌方的领土等作为最终目标，而是注重影响对手的意志，尽可能地减少战争的伤亡，力争以最小的伤亡代价换取最大的胜利。由此可见，战争的暴力性将会减弱，传统战争的暴力行动将被非暴力的软打击行动所替代。

4．战争的层次更加模糊

在未来的信息化战争中，战争的战略、战役和战术层次会逐渐模糊。

一方面，战役或战术行动具有战略意义。由于大量信息化、智能化装备和系统的集中运用，武器装备的作战效能越来越高，精确打击和信息战等作战行动对敌方军事、政治、经济和心理的攻击威力越来越大，因而小规模的作战行动和高效益的信息进攻行动就能有效达成一定的战略目的。这使得战争进程更为短暂，战争与战役甚至战斗在目的上的趋同性更为突出。

另一方面，作战行动将主要在战略层次展开。信息化战争不再是从战术突破到战役突破再到战略突破，而是战争一开始，打击的对象就将主要集中于关乎敌方政治、经济和军事命脉的重要战略目标。尤其是在信息化战争中起主导作用的战略信息战，它对敌方经济和政治信息系统的攻击，以及对敌方民众和决策者心理的攻击，更具有全纵深和全方位的性质。大规模的信息进攻和超视距的非接触作战将成为未来信息化战争的主要作战样式。

（二）战争的威力极大提升

战争的发展史，从某种意义上说就是作战效能不断提升的历史。核武器的出现，使热兵器作战效能的发展走到了极限。人类对武器作战效能的追求，反而使得具有最大杀伤威力的核武器无法在实战中运用。然而人类并没有放弃对武器作战效能的追求，大量信息化武器和新概念武器的出现和运用，将使未来的信息化战争具有亚核战争的威力。

1. 信息时代的军事技术将把常规作战效能推到极致

未来信息化战争的常规作战效能必将是建立在军事工程革命、军事探测革命、军事通信革命和军事智能革命已经完成或基本完成的基础之上的。

（1）在这四大军事技术革命中，军事工程革命的起步最早，已经使传统武器装备跨越空间和速度基本达到物理极限。

（2）军事探测革命将使得侦察、探测的空域、时域和频域范围大大扩展，使对作战行动的感知、定位、预警、制导和评估达到几乎实时和精确的程度。

（3）军事通信革命将在未来的信息化战争中实现军事信息的无缝链接和实时传输，使各指挥机构和部队、各侦察和作战平台之间达到在探测、侦察、跟踪、火控和指挥方面的信息畅通，真正实现实时指挥和控制。

（4）军事智能革命将真正实现作战指挥活动和作战武器装备的自动化和智能化。智能化指挥系统将使指挥控制活动的准确性和时效性大幅度提高。作战平台将集发现、跟踪、识别和自主发射为一体。智能化弹药将具有自动寻的和发射后不管的功能，远程打击的精度将达到米级。同时，大量高度智能化的机器人将投放战场，使指挥活动和作战行动的效率极大提高。

军事百科

（1）自动寻的导弹，又称"自动导引导弹"，是指能够自主地搜索、捕获、识别、跟踪和攻击目标的导弹，如"战斧"Block V 巡航导弹。自动寻的导弹具有自主性好、火控系统简单、制导精度高等优点，在整个战术导弹领域中占有重要的地位。

（2）发射后不管导弹，又称"发射后自主导弹"，是指发射后无需导弹以外的设施或人员参与控制，完全靠自身制导系统对目标进行自主跟踪和攻击的导弹。

导弹的命中精度是导弹制导控制能力的综合反映。近几十年来，在各国的不懈努力下，导弹的命中精度从100米级提高到了10米级，并正在向米级、厘米级突破。

2. 大量新概念武器的使用将使信息化战争的作战效能具有亚核效果

在信息时代，随着科学技术的进一步发展，大量新概念武器会不断出现和应用于战争。这些新概念武器具有完全不同的杀伤和破坏机理，它们不以大规模杀伤对方人员的生命为目标，而是通过使对方的作战人员和武器装备丧失作战功能，或通过改变敌国的生态和自然环境来达成战争目的。

新概念武器装备虽然不具备核武器那种大规模、大范围的物理杀伤和破坏作用，但它们所拥有的系统集成能力、战场控制能力、精确摧毁能力和高效达成战略目的的能力是核武器所无法相比的。从这个意义上说,信息化战争具备了亚核战争的威力。

(三) 军队将向小型化、一体化和智能化方向发展

在未来的信息化战争中,伴随着新军事革命的步伐,军队的发展趋势将是高度的小型化、一体化和智能化。

1. 军队的规模将加速小型化

在未来的信息化战争中,先进的信息化系统和远距离的投送能力为军队的小型化奠定了基础。由于军队的作战能力将成指数增长,小规模的高度一体化和智能化的军队,即可达成战略目的。因此,未来军队的组织体制在数量规模上将呈现出两个基本的发展趋势:① 军队的总体规模将大幅缩小;② 作战部队的编制规模将更加小型灵巧。

2. 军队信息系统的构成将高度一体化

未来的信息化战争是高度一体化的作战。未来军队组织构成的一体化,将主要表现为按照系统集成的观点,建立"超联合"的一体化作战部队。为此,未来军队信息系统的构成,将按照侦察监视、指挥控制、精确打击和支援保障四大作战职能,建成4个子系统。

(1) 侦察监视子系统将所有天基、空基、陆基和海基侦察监视平台和系统连为一体,完成对作战空间全天候、全方位的实时感知。

(2) 指挥控制子系统把所有战略级、战役级和战术级指挥控制和通信系统联为一体,将对作战空间的感知信息转变为作战决策和控制。

(3) 精确打击子系统把陆、海、空、天的信息和火力系统构成一体化的精确打击平台。

(4) 支援保障子系统为作战行动提供实时精确的保障。

这4个子系统的功能紧密衔接,有机联系,构成一体化的作战系统。按照这个思路构建的军队,将从根本上抛弃工业时代军队建设的模式,克服偏重发挥军种专长和追求单一军种利益的弊端,使作战力量形成"系统的集成",从而能够充分发挥整体威力,实施真正意义上的一体化作战。

3. 军队的指挥与作战手段将高度智能化

在未来的信息化战争中,军队的指挥与作战手段将高度智能化,许多作战行动将发生在智能化领域。

(1) 指挥控制手段的高度自动化和智能化。指挥控制手段高度自动化和智能化的标志是C^4KISR系统的高度成熟与发展。C^4KISR系统的高度发展,将使军队指挥员观察战场和指挥作战的能力大幅度提高。计算机是自动化指挥控制系统的核心,是实现智能化作战指挥的基础。随着高技术群体的不断发展,未来将相继出现智能计算机、神经网络计算机、光计算机、高速超导计算机、生物计算机等新概念计算机,使人工智能技术迈上新的台阶:由运算、存储、传递、执行命令转向思维和推理,由信息处理转向知识处理,由代替和延伸人的手功能转向代替和延伸人的脑功能,从而为作战指挥控制提供更加先进的智能化手段,使作战指挥与控制进入自动化、智能化时代。

(2) 大量智能化的武器系统和平台将装备军队,投入作战。在未来的信息化战争中,

精确制导武器系统、对空防御系统、勤务支援系统、物流分配保障系统和具有自动寻的和发射后不管功能的智能化弹药将得到更加广泛的运用；无人驾驶的智能化坦克、飞机和舰船也将规模化投入战场。无人机在阿富汗战争中已经发挥了重要的作用。尤其值得关注的是，众多类型不同、功能各异的纳米机器人，可能大规模地投放于战场，执行侦察探测、信息传递、破袭敌电子设备和武器系统及杀伤敌作战人员等任务。

（3）许多作战行动将发生在智能化领域。在传统的机械化战争中，虽然在智能化领域也存在着敌我对抗活动，如敌我之间的谋略对抗就是一种思维对抗，但这种对抗是间接的，需要用部队真实的作战行动才能表现出来。然而，在未来的信息化战争中，由于信息战的广泛运用，智能化领域将会发生激烈的对抗。认知、信息和心理这些智能化的范畴，既有可能是作战所使用的手段，也有可能是作战所要打击的目标，因此在智能化领域将会发生大量的直接对抗的作战行动。

视野拓展

要打赢信息化战争，人是决定因素

人与武器的关系，是战争领域永恒的话题，关系战争及战争准备的全局。在2014年全军装备工作会议上，中央军委主席习近平明确指出："在战争制胜问题上，人是决定因素。无论时代条件如何发展，战争形态如何演变，这一条永远不会变。"这一重要论述继承了马克思主义军事理论，深刻揭示了战争制胜的一般规律，高扬了军事辩证法精神。

正如毛泽东同志曾指出的，"武器是战争的重要的因素，但不是决定的因素，决定的因素是人不是物"。自从有战争以来，打赢战争都要靠人与武器的结合，只是在不同时代战争中人与武器结合依托着不同平台，因而人的主导作用的发挥方式也有所不同。战争胜负绝不仅仅取决于武器这个"定数"，更取决于人的主观能动作用这个"变数"，武器劣势的一方打败武器优势的一方，在战争史上并不少见，就是因为人的主观能动作用这个"变数"在起决定作用。

在信息化条件下，人依然是决定因素，信息化武器效能的发挥依然取决于人的运用，取决于由人主导的人与武器的结合。要打赢信息化战争，在发展信息化武器的同时，必须大力加强人的因素建设，使官兵的军政素质与打赢信息化战争的要求相适应，实现信息化技术平台上的人与武器的紧密结合。

中央军委主席习近平领导新形势下军队建设，见物更见人，高度重视人的因素，就如何加强人的因素建设提出一系列重要思想。

着力抓好战斗精神培育。战斗精神是所有军队都不能缺少的，但我军的战斗精神有其特殊内涵。从根本上说，崇高的理想，坚定的信念，是我军战斗精神的根基所在，是我军克敌制胜的决定性因素。所以中央军委主席习近平强调，加强战斗精神培育，最重要的是坚定理想信念，解决好为什么当兵、为谁打仗，当兵干什么、练兵为什么等根本性问题。同时，要实打实地搞好实战化训练，坚决摒弃花架子那一套，从难从严从实战要求出发摔打部队，砥砺官兵的意志品质，使我军能够经得起长期和平环境的考验，始终保持旺盛不衰的战斗精神。

着力提高全军官兵的科技素质。人要在信息化技术平台上实现人与武器的紧密结合，发挥主导作用，必须具备很强的科技素质。面对现代军事科技的突飞猛进，全军官兵要有本领恐慌和知识危机的意识，加快知识更新、优化知识结构、丰富知识储备，打牢应对信息化战争的知识和能力基础。提高全军官兵科技素质是一项长期战略任务，要在发挥院校主渠道作用的同时，加大部队训练中的科技含量，还要采取一些超常措施培养部队急需人才，并且要拓宽军民融合培养军事人才的路子，尽快使我军官兵的科技素质在总体上有一个大的跃升，为打赢信息化战争、建设信息化军队提供强有力的人力资源支持。

着力提升我军的战争指导能力。战争指导能力是运筹和指挥战争的能力，是战争中人的主观能动性的集中体现，是一支军队赢得战争的关键条件。信息化战争具有不同于以往战争的新特点，在不断演变的战争形态面前，我军要深刻认识战争指导能力对于赢得战争的意义，对于国家前途和民族命运的意义，以时不我待的紧迫感，深入研究信息化战争指导规律，深入研究敌我双方情况，更新军事战略，创新作战方法，同时，要善于在完成多样化军事任务和开展实战化训练中反复检验新战略新战法，从中获得贴近战争的经验，使我军的战争指导能力跟上时代的步伐，确保在未来信息化战争中立于不败之地。

（资料来源：中国军网，有改动）

五、信息化战争的代表性战例

（一）海湾战争

海湾战争（1991年1月17日—1991年2月28日）是美国领导的联盟军队为恢复科威特主权独立与领土完整并恢复其合法政权而对伊拉克进行的一场战争。海湾战争是冷战期间的第一场大规模武装冲突，是人类战争形态由机械化向信息化转型的标志。海湾战争改变了传统的作战模式，对二战以来形成的传统战争观念产生了强烈的震撼。

1991年1月17日，巴格达时间2时40分左右，以美国为首的多国部队向伊拉克发起了代号为"沙漠风暴"的大规模空袭，海湾战争由此爆发。首先由停泊在海湾水域的美国"密苏里号"和"威斯康星号"战列舰向伊拉克的防空阵地和雷达基地等目标发射了100多枚"战斧"式巡航导弹，随即从沙特、巴林等国的空军基地和停泊在海湾的美国航空母舰上出动了数百架轰炸机，对伊拉克境内的军事目标进行了轮番轰炸。此后，法国、意大利、荷兰等国的飞机也参加了战斗。

截至1991年2月23日，多国部队共出动飞机近10万架次，投弹9万吨，发射288枚"战斧"式巡航导弹和35枚空射巡航导弹，并使用一系列最新式飞机和各种精确制导武器，对选定目标实施多方向、多波次、高强度的持续空袭，极大削弱了伊军的C^3I（指挥、控制、通信、情报）能力、战争潜力和战略反击能力，使科威特战场伊军前沿部队损失近50%，后方部队损失约25%，伊军防御体系被瓦解。

1991年2月24日，多国部队发起地面战役，伊军迅即崩溃。26日，萨达姆宣布接受停火。28日晨，多国部队宣布停止进攻，历时100小时的地面战役结束。多国部队以较小的代价取得决定性胜利，重创伊拉克军队。伊拉克最终接受联合国660号决议，并从科威特撤军。图4-7所示为美国"威斯康星号"战列舰正在发射"战斧"式巡航导弹的场景。

图4-7　美国"威斯康星号"战列舰正在发射"战斧"式巡航导弹

在海湾战争中，空中作战已经作为一种独立的作战样式而出现。在历时43天的空中作战中，以美军为首的多国部队出动了各种用途的飞机，分别执行空袭、侦察、电子战、护航、加油、运输、观察等任务，对伊军的指挥中心、防空体系、重兵集团等进行了全方位、全天候的空袭，完成了战略空袭、夺取战区制空权、削弱伊军地面部队和支援地面作战等4个阶段的任务，对战争进程起到了决定性作用。

海湾战争显示出高技术武器的巨大威力，标志着高技术局部战争已经作为现代战争的基本样式登上了世界军事舞台。由于高技术武器的使用，使现代战争的作战思想、作战样式、作战方法、指挥方式、作战部队组织结构及战争进程与结局等方面都出现了重大变化，对第二次世界大战以来形成的传统战争观念产生了强烈震撼，促使在全世界范围内掀起了研究未来新型战争的热潮，从而引发了一场以机械化战争向信息化战争转变为基本特征的世界性军事革命。

（二）科索沃战争

科索沃战争（1999年3月24日—1999年6月10日）是一场由科索沃的民族矛盾直接引发，在以美国为首的北大西洋公约组织（以下简称"北约"）的推动下，发生在20世纪末的一场重要的高技术局部战争。

1999年3月24日，以美国为首的北约以"保护人权"之名，对南斯拉夫联盟共和国（以下简称"南联盟"）发动了代号为"联盟力量"的空袭行动，科索沃战争爆发。科索沃战争以大规模空袭为作战方式，以美国为首的北约凭借占绝对优势的空中力量和高技术武器，对南联盟的军事目标和基础设施进行了连续78天的轰炸，造成南联盟断水、断电、断交通、断能源。北约在空袭中使用的贫铀弹和集束炸弹对南联盟地区的生态环境造成严重破坏。南联盟对北约空袭进行了顽强的抗击，击落美军1架F-117隐身战斗轰炸机和数十枚巡航导弹，这是世界上首次击落隐身飞机的战例。

科索沃战争是一场典型的以强凌弱的非对称战争，以美国为首的北约利用绝对空中优势，对弱势的南联盟进行打击，武力迫使其就范。战争中，美军高技术空袭兵器的应用则更加广泛，作用也更加突出。南联盟成了各种高技术武器装备的试验场，美军动用了其已正式列装的全部高技术兵器。其精确制导武器占北约全部打击兵器的90%以上。除卫星精确制导武器外，还使用了破坏力极强的激光制导穿地弹、集束弹，破坏供电系统的石墨炸弹，以及破坏通信指挥系统的电磁脉冲弹等。

科索沃战争的作战样式是一种典型的非接触式交战，交战双方从始至终都没有在战场上近距离交战。在作战过程中，北约主要采用3种战法：一是在距离战场上千千米处发射巡航导弹进行攻击；二是从美国本土或盟军基地出动隐身轰炸机，在电子干扰机的伴随支援下，深入战区，投射精确制导炸弹；三是在掌握战区制空权的前提下，使用有人驾驶作战飞机从防区外发射精确制导武器，攻击预定目标。北约完全依靠空中打击赢得了战争胜利，其军事行动表明，未来的战争中，空袭不仅是战争初期的首要作战样式，而且还将贯穿于战争的全过程，甚至成为一种完全独立的战争模式。

视野拓展

我们永远不会忘记这一天

1999年5月7日贝尔格莱德时间晚11时45分（北京时间8日凌晨5时45分），以美国为首的北约悍然发射5枚导弹袭击中国驻南斯拉夫联盟共和国大使馆。

随着剧烈的爆炸声，白光阵阵，浓烟四起，热浪扑面，瓦砾横飞。住在使馆的新华社女记者邵云环和《光明日报》记者许杏虎、朱颖夫妇的卧室分别被两枚导弹击中，三位优秀的中国新闻工作者壮烈牺牲。

噩耗传来，举世震惊！美国这一惨无人道的行径，粗暴践踏了国际关系基本准则，激起了中国人民的极大愤慨，激起了国际社会的强烈谴责。

"我们做错什么事了吗？他们为什么要轰炸我们？"牺牲前不久，邵云环在发回的通讯《悲壮的贝尔格莱德》中记录下当地一名女孩对妈妈的发问。

1999年3月24日以来，以美国为首的北约对南斯拉夫联盟共和国进行狂轰滥炸，造成大量无辜平民伤亡，财产损失严重。

"没有行人，没有灯火，没有过往的车辆。只有风在刮，看不见导弹在天上飞……"许杏虎在自己的战地日记里这样写道。

"没什么，大不了一条命！"临行前的晚上，邵云环和同事电话道别时，留下了这句举重若轻的玩笑，踏上了奔赴贝尔格莱德的路程。

导弹飞向哪里，他们就奔向哪里。自北约轰炸开始，爆炸声就成了邵云环、许杏虎他们最好的采访线索。1999年4月3日凌晨1点，许杏虎第一时间赶到一处轰炸现场。熊熊大火中，不时传来爆炸声，碎片不断从四周飞来，连消防队员都难以靠近大楼灭火，许杏虎却冒着危险左躲右闪靠近现场拍照、采访。很多人担心他的安全，他却说："没什么，新闻就是要快嘛！"

在战火纷飞的南斯拉夫，他们发出了大量真实、生动的新闻报道。为宣传我国政府主持正义、维护和平的原则立场，为向世人披露以美国为首的北约在南斯拉夫犯下的罪行，为揭露霸权主义、强权政治的丑恶嘴脸，做出了重要贡献。

他们置生死于度外，深深沉浸在为正义与和平的奔忙呼喊中，直至生命的最后一刻……

（资料来源：新华网，有改动）

（三）阿富汗战争

阿富汗战争（2001年10月7日—2021年8月30日）是发生在21世纪的首场战争，是现代战争由机械化战争向信息化战争的演变中的跨越。

"9·11"事件后，阿富汗塔利班被指控为这一重大恐怖袭击事件的幕后主使本·拉登及其基地组织提供庇护，于是，美国以反恐为名，发起阿富汗战争。

2001年10月7日晚，美国对阿富汗发动了代号为"持久自由"的军事打击行动，把空中火力打击作为军事行动主要手段，充分发挥火力突击在战争中的作用，攻击塔利班和基地组织多个据点。美国在首轮空袭中采用了不同种类的武器，据美国军方公布，共动用了50支导弹、15架战机和25枚炸弹。同时，美国还在空袭时投下大量救援物资，据美国声称，这是为了赈济空袭中受伤的平民。

在阿富汗战争中，美军使用了大量信息化装备，夺取制信息权。美军不仅调集了大量已有的空间资源，还迅速发射了多颗卫星，用以增强空间信息力量，同时对各渠道的空间信息资源严加控制，以防被敌方利用。此外，美军通过实施"网络中心战"，将空中预警机的计算机网络、海上指挥控制中心的信息网络、全球卫星信息网络和地面指挥网络构成了反应迅速的，集信息收集、传输、处理与武器打击于一体的网络化平台，近实时精确打击能力得到了充分体现。在此次战争中，精确制导炸弹运用已经超过了常规弹药，占总炸弹量的60%。

在阿富汗战争中，美军除了使用轰炸机、导弹等武器外，还在直升机的帮助下，使用了另一种软武器——传单，打响了心理战。一张传单有一美元钞票大小，上面或印有图案，展示戴头巾的阿富汗人在用砖砌墙，或7只手共同举起国家、象征统一，试图通过劝说让战斗人员放下武器、回家重建家园来"拯救生命"；或印有信息，历数本·拉登及其基地组织的罪状，并许诺重金酬谢那些提供恐怖分子行踪的举报者。图4-8所示为美军利用UH-60战机抛撒宣传单的场景。

图4-8 美军利用UH-60战机抛撒宣传单

美军心理战行动部队军官罗布上尉认为,信息可以有和炸弹一样的威力,在战场上,士兵们有很多压力,所以,他们的情绪会比较激动。在这种情况下,他们很可能会重新做出利弊权衡并最终做出决定,而传单可以提供信息帮助他们下决心放弃抵抗。

2021年8月,美军撤离阿富汗,持续近20年的阿富汗战争宣告结束。这场战争被记录为美国在21世纪酿造的一场严重的地缘政治灾难。

(四)伊拉克战争

伊拉克战争(2003年3月20日—2011年12月18日)是美国以伊拉克藏有大规模杀伤性武器并暗中支持恐怖分子为由,绕开联合国安理会,单方面对伊拉克实施的军事打击。由于这次战争实际上是海湾战争的继续,因此,这次战争也被称为"第二次海湾战争"。

从2003年3月20日(伊拉克时间)起,美英联军向伊拉克发动代号为"斩首行动"和"震慑行动"的大规模空袭和地面攻势。在这场战争中,美军部署了50多颗军用卫星,并征用了多颗商业卫星,还在空中部署了"全球鹰""捕食者"等多种无人侦察机和E-3、E-8预警机,从而形成空天一体的信息优势。战争伊始,美军便以空天一体化的信息武器系统,采用强电磁打击与战略空袭相结合的方式,对伊军的战场识别系统与信息系统实施瘫痪性打击,从而掌握了战场上的制信息权。在整个战争过程中,美英联军先后向10余座城市和港口投掷了各类精确制导炸弹2000多枚,其中包括500枚"战斧"式巡航导弹。

4月7日,美军指挥中心获得萨达姆出现在巴格达曼苏尔地区的情报后,立即命令正在空中巡逻的B-1B轰炸机进行打击。B-1B迅速投下4枚"地堡终结者"炸弹,萨达姆现身的建筑物即刻被摧毁。4月15日,美英联军宣布伊拉克战争的主要军事行动结束,联合部队"已控制了伊拉克全境"。

到2010年8月美国战斗部队撤出伊拉克为止,美方最终没有找到大规模杀伤性武器,以萨达姆政权早已销毁文件和人证为由结束了战争。2011年12月18日,美军全部撤出伊拉克。

互动空间

有人说,大学生是信息化战争的主力军。你认为当代大学生为打赢信息战应做出哪些努力呢?你对未来战争有什么认识?请谈谈你的想法。

训练营地

一、填空题

(1)战争是_____的一种特殊手段。

(2)战争具有_____、_____和_____3个基本特性。

(3)新军事革命的主要动因是_____、军事需求的强力拉动和军事理论的有力牵引。

(4)当前,世界新军事革命呈现出了_____、_____、_____、_____等特点。

(5)新军事革命的本质和核心是_____。

(6)新军事革命的目的是_____。

(7)新军事革命的内容可以概括为"四创新一转变",其中,"一转变"是指现代战争形态从_____向_____转变。

(8)信息化战争的核心是_____,主导力量是_____。

(9)信息化战争的"两大支柱"是_____和_____。

(10)信息化战争以_____为基本作战方式,以_____为战争目标。

(11)信息化战争作战的精确化程度越来越高,主要表现为_____、_____和_____。

(12)信息化战争的主体既可能是军队,也可能是_____、_____、_____和_____等。

(13)在信息化战争中,军队将向_____、_____和_____方向发展。

二、简答题

(1)什么是战争?
(2)战争形态的演变经历了哪几个阶段?
(3)新军事革命的主要内容是什么?
(4)新军事革命的发展趋势是什么?
(5)信息化战争的内涵和基本特征是什么?

（6）信息化战争的主要形态和发展趋势是什么？
（7）请简要介绍一个信息化战争的代表性战例。

三、论述题

（1）请结合本章所学内容，试论述我国应如何面对新军事革命的挑战。
（2）请谈谈科学技术的发展对现代战争的影响。

主题调研——了解我国新军事革命的进展

实践目的：

通过组织以"我国新军事革命的进展"为主题的调研活动，从武器装备、军队编制等角度入手，了解中国人民解放军军队的发展史，调研我国新军事革命的发展历程，并针对我国军事未来的发展方向展开交流和讨论，进一步增进对我国新军事革命的认识和理解。

实践方案：

（1）分组。全班学生以5～8人为一组进行分组，每组设组长1名。

（2）讨论。各组组长组织小组成员商议调研的途径、方式等，并进行合理分工。

（3）实施。各组成员根据商议好的调研方式和小组分工，协作进行调研，收集相关资料，如数据、图片、视频等。

（4）撰写报告。调研结束后，各组组长组织小组成员对收集的资料进行整理和分析，并合作完成一份调研报告。

（5）小组汇报。各小组轮流在班级汇报调研结果，并分享在活动中的收获和心得。

第五章

盘点沙场利器，立志为国铸剑——信息化装备

章前导读

信息技术的飞速发展及其在军事领域的广泛应用，使传统武器装备在杀伤力、防护力、机动力三大要素之外，增加了一个全新的要素——信息力，从而出现了信息化装备。信息化装备不仅杀伤力更大、防护力更强、机动力更高，而且更加综合化、体系化、智能化。

武器装备信息化是国防和军队现代化的重要标志，是军事能力的重要物质技术基础，是国家安全和民族复兴的重要支撑，是国际战略博弈的重要砝码。党的二十大报告提出要"加快武器装备现代化"，更加凸显了武器装备在现代战争中的重要地位，对于全面开创武器装备建设新局面、确保如期实现建军一百年奋斗目标具有重大现实意义。

学习目标

✦ 了解信息化装备的内涵、分类和发展趋势。
✦ 熟悉信息化陆上作战平台的主要种类、战例应用和发展趋势。
✦ 熟悉信息化空中作战平台的主要种类、战例应用和发展趋势。
✦ 熟悉信息化海上作战平台的主要种类、战例应用和发展趋势。
✦ 了解指挥控制系统、卫星导航系统和预警探测系统的发展趋势和战例应用。
✦ 了解新概念武器、精确制导武器和核化生武器的发展趋势和战例应用。
✦ 主动学习高科技，努力为国防科研做贡献。

第一节　信息化装备概述

一、信息化装备的内涵

信息化装备是指采用先进信息技术，具有信息共享能力的武器装备。它以信息技术为基本手段，以实现武器装备互联、互通、互操作为基本途径，以提高装备之间的信息融合能力为基本目标，能够使武器装备在预警探测、情报侦察、精确制导、火力打击、指挥控制、通信联络、战场管理等方面实现信息采集、融合、处理、传输、显示的网络化、自动化和实时化。信息化武器装备是复杂技术系统，是当前装备发展的高级形态。

通俗地讲，信息化装备就是把计算机技术和信息技术以模块形式嵌入机械化装备之中，使机械化装备具备类似于人的"眼睛、神经和大脑"的功能。

视野拓展

信息化装备的发展模式

信息化装备的发展有两种基本模式：一种是研新，一种是改现。

所谓"研新"，就是根据信息化战争的要求，按照预先研究、型号研制、试验定型、批量生产到装备部队的流程，造出全新的武器装备。美国的导航星全球定位系统（GPS）、B-2隐身轰炸机等就属于这种模式。

所谓"改现"，就是采用"旧瓶装新酒"的办法，把以信息技术为核心的高技术"嵌入"传统武器装备，使其提升性能，更加适应打赢信息化战争的要求。例如，美国的联合直接攻击弹药（JDAM），就是通过改装已有的常规装药炸弹，加装惯性制导装置和GPS卫星制导装置而制成的。

前一种模式的优点是更彻底、更先进，缺点是研发周期长、费用高；后一种模式的优点是投入少、见效快，缺点则是修修补补，难以尽如人意。

二、信息化装备的分类

根据功能的不同，信息化装备可分为以下几类。

（一）信息化作战平台

信息化作战平台是指装有大量电子信息设备，以信息和信息技术为核心的坦克、火炮、飞机、舰艇等武器载体，是综合电子信息系统所依托的平台。这些作战平台是自动化指挥系统的节点，是自动化指挥系统发挥打击威力的重要物质基础。

（二）信息化弹药

信息化弹药属于信息化杀伤武器中的精确制导武器，能够获取和利用所提供的目标位置信息，修正自己的弹道，准确命中目标。常见的信息化弹药有制导炸弹、制导炮弹、制导地雷等。信息化弹药的技术基础是精确制导技术。与普通弹药相比，信息化弹药飞行距离远、命中精度高、作战效费比高。

人物视窗

钱立志：给炮弹装上信息化的眼睛

全军闻名的信息化弹药专家、无人机专家，中国人民解放军陆军炮兵防空兵学院教授钱立志，不仅开创了我军信息化弹药研究先河，让炮弹长上了"眼睛"，装上了"大脑"，而且让我国炮兵传统武器装备焕发青春，探出一条引领我军信息化弹药发展的原始创新之路。

在钱立志看来，传统的人工侦察及计算手段，已成为炮兵战斗力提升的"瓶颈"，我们的炮兵必须走信息化之路，必须对其进行信息化改造。

一天，钱立志在目睹了学院实弹教练射击中照明弹实施空中照明的过程后思考，如果能像照明弹那样为弹头装上侦察设备，弹药不就可以像无人机那样进行空中侦察了吗？

尽管大胆的构想遭到了许多人的怀疑，但是钱立志和他的团队为了这个大胆的构想，开始了破冰之旅。他们当时研制特种侦察弹可供选择的载体有多种火炮，反复考量后，选用了膛内过载大的炮种，因为这型火炮部队装备数量大、实用性能好、生产成本低，一旦试验成功，既可避免火炮装备的更新换代，还可更快更好地提高战斗力。

在100多个日夜里，钱立志和他的团队先后查阅了上千万字的资料，记录了20多万字的试验笔记，画了上千张机械结构及电路设计图纸，研究了上百种试验方法，尝试了几十种试验材料。

2000年5月，特种侦察弹静态试验终获成功。又一年后，钱立志和他的团队带着试验弹来到东北某试验基地进行动态试验并获得成功。

自此，我国第一枚拥有自主知识产权的信息化弹药试验成功。此后，第二例、第三例拥有完全自主知识产权的信息化弹药成功问世……我们不仅给炮弹装上了眼睛，还安上了大脑，炮弹能够自动从容地精确寻找和打击目标，误差也缩小到了10米以内。

（资料来源：人民网，有改动）

（三）综合电子信息系统

综合电子信息系统由预警侦察系统、指挥控制系统、通信系统、导航定位系统、信息战装备等构成，能够使整个战场上各军种、兵种的武器系统、作战平台、保障装备联结起来，协调整个战区内的多个火力单元与作战部队，是体系作战夺取制信息权的关键支撑。

（四）单兵数字化装备

单兵数字化装备是指士兵在信息化战场上使用的个人装备。单兵数字化装备是一种将攻击、防护、观察、通信和定位等多种功能高度集成的"人机一体化"装备，由一体化头盔分系统、单兵通信分系统、单兵武器、防护军服等组成。

> **视野拓展**
>
> #### 新型单兵综合系统
>
> 2022年12月，中国人民解放军新疆军区某团集体换装了新型单兵综合系统，如图5-1所示。新配发的新型单兵综合系统包含新型军用头盔、夜视多功能眼镜、单兵电脑、护目镜、战斗携行具、突击背包、生活背囊等多种装备，分类齐全、装配完善，能适应不同地域、不同环境，满足单兵遂行多样化军事任务的需要。
>
>
>
> 图5-1 新疆军区某团正在换装新型单兵综合系统
>
> 相比老式携行装备，新型单兵综合系统携行便捷、防护能力强，集实战化、信息化、智能化为一体。战士们在执行各类任务时，指挥员能够了解每名官兵的实时动态，全局掌握态势。
>
> （资料来源：《解放军报》，作者李蕾、曹挺、卢芝锐，有改动）

（五）信息战装备

信息战装备是指以争夺和保持战场信息的获取权、控制权和使用权为目的，以敌方信息装备为主要攻击目标的武器装备，对于夺取战场信息优势具有至关重要的作用。

三、信息化装备的发展趋势

在新一轮科技革命和产业变革的推动下,人工智能、量子信息、大数据、云计算、物联网等前沿科技加速应用于军事领域,战争形态加速向信息化、智能化演变。以信息技术为核心的军事高新技术日新月异,武器装备隐身化、太空化、智能无人化、多功能一体化趋势更加明显。

(一)隐身化

信息化战争中,侦察与反侦察的斗争越来越激烈。为了对付各种侦察的威胁,需要采取相应的反侦察措施和手段,让敌人"看不见""摸不着"。为此,隐身化技术应运而生。

隐身化就是运用材料、结构、电子、红外光学等隐形技术,减小雷达反射面积,减弱红外辐射强度,降低噪声,缩小目视探测距离,达到提高武器装备战场生存能力的目的。

目前,隐身技术已被广泛应用于飞机、坦克、舰艇等作战平台:第三代B-2轰炸机和F-117A战斗轰炸机的雷达反射面积只有0.1平方米;第四代隐身战斗机F-22,具有全频谱隐身性能,雷达反射面积仅为0.08平方米;第五代战机F-35具有更大的隐身优势,其隐身能力配合被动电子探测系统,在空战中能够隐蔽接敌,并可在雷达不开机的前提下发射空对空导弹。此外,隐身通信系统、人体隐身器、隐身军用机场等装备和设备也已研制成功。可以预见,隐身技术和隐身作战平台将给未来战场带来更加深远的影响。

(二)太空化

为了争夺信息优势,夺取战场综合制权,空间争夺,特别是太空的战略地位日益提高,信息化装备的太空化趋势明显。航天飞机、载人飞船、空间站、卫星等空间平台的发展已经取得了突破性进展并广泛应用,为开辟太空战场奠定了基础。反导系统、反卫星武器的相继问世,必将把未来作战引向太空。这些新型信息化装备将对空天一体化作战产生革命性影响。

(三)智能无人化

与传统的武器装备不同,智能化无人装备系统不再是纯粹的"战争工具",而是具有不同程度自主能力的"战争主体"。智能化指挥信息系统将以"人脑+智能系统"的方式协作运行,智能系统将辅助甚至部分替代人在指挥控制中的作用。未来,信息化武器装备将能够更加灵活、智能地应对各种战场环境,智能无人化趋势更加明显。

(四)多功能一体化

为适应不同的战场环境,机动灵活地打击随时出现的不同目标,信息化装备多功能一体化将是大势所趋。随着先进信息技术的广泛应用,信息化装备将成为集态势感知、电子对抗、精确打击、高效毁伤和毁伤评估等多功能于一体的新型装备。例如,我国的空警-500预警机（见图5-2）集预警探测、指挥控制、电子侦察等多种功能于一体；我国自主研制的中高空长航时察打一体无人机——攻击-2无人机（见图5-3），可担负低威胁环境下战场重点区域的持久监视、侦察任务，对发现并确认的目标进行打击和毁伤效果评估。

图5-2　空警-500预警机

图5-3　攻击-2无人机

互动空间

查阅俄乌冲突的相关资料，了解俄乌双方都使用了哪些信息化装备，说说它们呈现了怎样的发展趋势。

第二节　信息化作战平台 *

信息化作战平台是指采用信息技术研制或改造的，供武器装备执行作战任务的载体的总称，主要由"软""硬"两个部分组成。

"软"是信息化作战平台的主要标志，包括具有感知、获取并传递各种目标信息的器材和装置，如指挥、控制、通信和情报系统等；"硬"是指传统意义上的机械化武器装备，即作为武器依托的载体部分，如坦克、步兵战车、舰艇、飞机等。在信息化战争中，信息化作战平台与各种先进的打击系统结合在一起，可以极大地提高武器系统的综合作战效能，对取得战争的胜利具有至关重要的作用。

根据作战空间的不同，信息化作战平台主要可以分为信息化陆上作战平台、信息化空中作战平台和信息化海上作战平台。

一、信息化陆上作战平台

信息化陆上作战平台是指采用信息技术研制或改造的，供武器装备执行陆上作战任务的载体的总称，又称"信息化陆战平台"。其作用是为各种武器装备系统提供陆上机动和防护的载体,确保搭载的武器装备发挥作战效能,支持整个装备系统完成作战任务。

(一)信息化陆上作战平台的主要种类

1. 坦克

坦克是指具有强大的火力、良好的机动性、坚强的装甲防护力,带有旋转炮塔的装甲履带车辆。坦克作为陆军突击武器出现于第一次世界大战,成名于第二次世界大战,并由此确立了其在陆军中的主导地位。它集火力、机动和防护三大突出能力于一身,主要执行与敌方坦克或其他装甲车辆作战等任务,也可以用于压制和消灭反坦克武器、摧毁工事、歼灭敌方有生力量等。下文主要介绍一些军事强国的主战坦克。

(1)美国M1"艾布拉姆斯"主战坦克。

M1"艾布拉姆斯"主战坦克于20世纪70年代末研制成功,1980年开始装备美国陆军,之后经改进衍生出M1A1、M1A2等改进型号。

M1A2 SEP V3"艾布拉姆斯"主战坦克(见图5-4)是美国目前现役的型号最先进的坦克。M1A2 SEP V3"艾布拉姆斯"主战坦克在防护方面,可主动对来袭导弹进行硬杀伤,拦截成功率较高;在火力方面,打击能力较强;在信息化方面,能够与步兵及其他兵种的通信终端进行组网,共享信息,满足旅级战斗队的指挥互操作要求。

图5-4 美国M1A2 SEP V3"艾布拉姆斯"主战坦克

(2)法国"勒克莱尔"主战坦克。

"勒克莱尔"主战坦克(见图5-5)的研制工作始于1978年,1983年进入技术验证阶段,1986年1月30日正式命名为"勒克莱尔"主战坦克,以纪念第二次世界大战期间率领法国装甲第2师解放巴黎的法国菲利普·勒克莱尔元帅。第一辆生产型"勒克莱尔"主战坦克于1991年12月出厂,1992年1月14日交付法国陆军。

"勒克莱尔"主战坦克集诸多先进科技于一身,实现了火力、机动力、防护力的更好结合。它最与众不同的地方是其车内安装的数字化战场管理系统,该系统可以迅速、准确、清晰地提供周边的敌我位置、战场信息及己方补给保障基地的位置信息,进而合理地规划出行进路线,组织进攻或防御等。

图5-5 法国"勒克莱尔"主战坦克

（3）中国99式主战坦克。

99式主战坦克（图5-6为99A式主战坦克）是ZTZ-99式主战坦克的简称，1984年开始研制，1991年7月原理样车试制成功，1999年开始服役。经过多年的发展和演变，99式主战坦克已衍生出多种改进型，是当今世界的先进坦克。

中国坦克的发展

图5-6 中国99A式主战坦克

99式主战坦克可发射多种类型弹药，对不同目标进行精确打击，火力指数世界领先，而且能够适应各种复杂路况，可在数秒内从静止状态加速至时速20千米，从而在战场上争分夺秒，取得先机。此外，99式主战坦克车内装有高效自动灭火抑爆装置，炮塔和车体采用我国自行研制的高性能复合装甲和双防（防穿甲、防破甲）反应装甲，具备较强的对抗能力。作为中国第三代主战坦克，99式主战坦克是中国陆军装甲师和机步师的主要突击力量，被称为"中国的陆战王牌"。

 人物视窗

"99式主战坦克之父"祝榆生

中国坦克发展史上，99式主战坦克是一座里程碑。从它开始，中国坦克从模仿改制转变为真正的自主创新，也是从它开始，中国坦克跻身世界最先进坦克阵营。

作为带领团队研制出世界先进水平主战坦克的总设计师、被称为"99式坦克之父"的祝榆生（见图5-7）身上有太多的传奇，他没有教授头衔，没有技术职称，只有高中学历；他是老八路、新四军，上过战场、打过仗，为排除炮弹故障失去了右臂，被誉为"独臂英雄"。

图5-7　祝榆生

抗战时期，祝榆生被誉为"军中鲁班"，他研制的石头地雷、平射迫击炮等武器屡建奇功；中华人民共和国成立后，他辗转于多所兵工院校、科研机构，参与了多种陆军武器装备的研制，涉及步兵、工兵、炮兵，唯独没有装甲兵。

然而，正是这位没有任何坦克背景的"老兵"，在离休之年白首挂帅，历时15载，带队打造出了国之重器。

1984年，在某地，祝榆生带领手下的科研人员悄然展开了一场鲜为人知的国防高科技攻坚战。为了验证坦克各种性能极值，试验基地经常选在荒漠、高原、山区等地，而当时已年迈的祝榆生并没有因为身体残缺或年长缺席。研制期间，祝榆生经常要夹着十几斤重的资料包奔波于各个试验场地，由于没有右臂，行走时有时会失去平衡，他那些年跌过多少跟头，数都数不清。

1990年，祝榆生在去包头开会的路上重重跌了一跤，当时72岁的他坐在地上，半天没爬起来。之后，他顾不上胸口剧痛如期赶到现场。当研讨结束时，祝榆生艰难地扶着桌沿，连站起来的力气都没有了，被送进医院后才发现已经摔断了3根肋骨。即便住进了医院，他仍坚持听取研制单位的技术汇报。

坦克设计研发上，祝榆生敢于打破传统思路，寻求技术路线的全部创新。三代坦克设计之初，中央军委给祝榆生的任务是"跟先进的坦克能够相抗衡"。然而，祝榆生却把目标瞄得更远："打个平手有什么用啊，非得把你打掉。"祝榆生带领着三代坦克研发团队，走了一条自力更生、自主研发的研制道路，新设计部件超过80%。15年后，三代坦克的机动性与国外先进坦克相当，火力更胜一筹，并且在世界坦克史上首次采用了主动防护系统等技术，跻身先进行列。

（资料来源：共产党员网，有改动）

(4)英国"挑战者"2主战坦克。

"挑战者"2主战坦克(见图5-8)是在"挑战者"1主战坦克的基础上进行现代化改良的新一代主战坦克,其基本型的生产从1993年开始,至2002年已经有386辆进入英国装甲兵部队服役。"挑战者"2主战坦克在"挑战者"1主战坦克的基础上重新设计了炮塔,引进隐身技术,取消炮塔外部杂物箱等装备,对数据链系统进行升级,是全世界第一种具备自主"猎杀-猎杀"能力的主战坦克。在海湾战争中,"挑战者"2主战坦克曾经一发击毁在5300米以外的苏联T-62主战坦克,创造了史上最远的击破纪录。

图5-8 英国"挑战者"2主战坦克

军事百科

自主"猎杀-猎杀"能力是指由车长首先借助于搜索观测仪确定目标,射手利用专用望远瞄准具和测距仪射击目标,在射手对第一个目标进行追踪打击的同时,车长可以使用搜索射击两用瞄准具定位第二个目标并完成射距计算,在射手完成首次目标打击任务后,按下装置按钮,炮塔就会自动转向瞄准的第二个目标进行射击。

图5-9 以色列"梅卡瓦"主战坦克

(5)以色列"梅卡瓦"主战坦克。

"梅卡瓦"主战坦克(见图5-9)是以色列于20世纪70年代研制的主战坦克,从1979年开始服役以来一直是以色列国防军的主战坦克。"梅卡瓦"主战坦克非常注重防护性能,其防护部分的重量占到整车重量的75%,相比其他坦克的50%要高出不少。该坦克的炮塔扁平,这种炮塔外形可有效减少正面和侧面的暴露面积,降低被敌人击中的概率。

以色列国防军于2002年6月24日向世界展示了花费9年时间研制而成的"梅卡瓦"第四代主战坦克——"梅卡瓦"Mk4型坦克。"梅卡瓦"Mk4型坦克在"梅卡瓦"Mk3型坦克的基础上对装甲防护和战场管理系统进行了重大改进和调整,实现了现代战场数字化,其曾应用于2006年第二次以黎战争中。

(6) 俄罗斯T-90主战坦克。

T-90主战坦克（见图5-10）是俄罗斯于20世纪90年代研制的一款主战坦克，1995年开始服役，有T-90A、T-90E、T-90S和T-90SK等多种衍生型号。T-90主战坦克的炮塔顶端装有"眼盲式光电反量测防御协助组件"，它包含两具光电干扰放射器和四具激光感应器。一旦发觉被激光照射，T-90主战坦克便会发射能阻绝激光的烟雾弹，在3秒内产生可以持续20秒的烟幕，使敌方导弹失去目标。

图5-10 俄罗斯T-90主战坦克

为改进俄制坦克的夜视能力，T-90主战坦克的车长和炮手都配备了热像仪，最大有效视距为3700米。在俄乌冲突中，T-90主战坦克的战损率极低，这充分说明了其具备超强的实战性能。

(7) 德国"豹"2主战坦克。

自20世纪70年代问世以来，德国"豹"2主战坦克一直位居世界坦克排行榜前三甲，并大规模装备欧洲各国陆军。同时，"豹"2主战坦克还通过旧车改进、型号升级等举措，保持了长久的生命力。目前，该家族的最新型号是"豹"2A7及其衍生型号"豹"2A7+、"豹"2A7V。

"豹"2A7主战坦克（见图5-11）采用大量成熟技术，并结合该系列坦克在阿富汗战场上的实战经验进行了改进，是一款综合性能较强的主战坦克，可谓该系列主战坦克优点的集大成者。火力方面，它配备有120毫米的高膛压滑膛炮和先进的火控系统，不仅可以动对动发射炮弹，而且命中率很高。动力方面，它的发动机功率可以达到1500马力，传动系统皮实稳定。防护方面，它换装了最新复合装甲，强化了车体正面、侧面及顶部防御能力。此外，车上配备增程型热成像装置，车体四周设有摄像头，可360°观测外部情况，再加上先进车载信息化作战系统，使得该车拥有较强的战场感知能力。

图5-11 德国"豹"2A7主战坦克

2. 火炮

火炮，被称为"战争之神"，即使是导弹技术高度发达的今天，火炮凭借其火力强、灵活可靠等特点依然是不可或缺的重要火力支援力量。

根据运载方式的不同，火炮有自行炮（见图5-12）和牵引炮（见图5-13）两种。自行炮是指同车辆底盘构成一体，且自备动力，无须牵引的火炮。现役自行炮一般具备装甲防护能力，可协同坦克作战，机动能力较强。牵引炮自身无动力，需要依靠载具运输，多作为阵地炮火支援。

图5-12　自行炮

图5-13　牵引炮

（二）信息化陆上作战平台的发展趋势

21世纪以来，世界各主要军事大国加大了对信息化陆上作战平台的研发力度，加快了对现有装备改进与提高的速度，使信息化陆上作战平台呈现出如下发展态势。

1. 更新换代持续加快

近年来，各国纷纷开始研制新型陆军武器系统，重点打造新一代陆军信息化作战平台，加快新平台机动、防护、隐身、兼容等性能的更新换代步伐，并且将新平台与不断改造升级的综合电子信息系统和新型武器装备相结合，形成以信息网络为中心，集侦察、监视、目标搜索、火力打击、保障等功能于一体的陆军作战体系。

2. 机动性能逐步提高

为适应信息化战场的高机动作战需求，各国通过提高动力装置的功率、降低发动机体积与重量、设计先进的综合推进系统、在平台上建立战场管理信息系统、安装显示器、配设导航仪等方式持续改进作战平台，以全面提高陆军作战平台的机动性能。

3. 生存能力不断增强

现代探测和精确制导技术的飞速发展，对陆军的战场生存构成了严重威胁。各国主要通过以下途径，全面、系统地提高信息化陆上作战平台的战场生存能力。一是采用各种隐身技术来提高防护能力；二是大量采用新型复合装甲、反作用装甲和主动防护系统等提高车体的防护能力；三是不断完善陆上作战平台的总体结构设计，控制车重，提高其战斗力与生存力。

4. 通用化趋势更加明显

通用化是指信息化陆上作战平台在设计和制作时尽量采用标准化的模块结构，使不同的系统、设备之间尽可能拥有相同的模块,相互之间可以通用。为了提高信息化陆上作战平台的开发速度,同时降低成本,简化后期的维护管理工作,这种通用化趋势未来会更加明显。

二、信息化空中作战平台

信息化空中作战平台是采用信息技术研制或改造的,供武器装备执行空中作战任务的载体的总称。其作用是为各种武器装备系统提供空中机动和防护载体,确保搭载的各种导弹、航弹、制导炸弹和电子战装备等武器系统发挥作战效能,完成作战任务。典型的空中作战平台有各种飞机(战斗机、轰炸机、侦察机、预警机等)、飞艇和气球等。

(一)信息化空中作战平台的主要种类

1. 战斗机

战斗机具有火力强、速度快、机动性好等特点,其主要任务首先是与敌方战斗机进行空战,夺取空中优势;其次是拦截敌方轰炸机、攻击机和巡航导弹。此外,战斗机还可携带一定数量的对地、对海攻击武器,执行对地、对海攻击任务。目前,战斗机的作用相当重要,它如同空中的重锤,直接对敌方进行打击,它也是目前军用飞机中技术含量最高的机种。下文主要介绍美国、俄罗斯和中国目前较先进的战斗机。

(1)美国F-35战斗机。

F-35战斗机(见图5-14)是由美国、英国、意大利、荷兰、加拿大、土耳其、澳大利亚、丹麦和挪威9个国家联合研发的新一代战斗机,被命名为"闪电2",是美国装备的第二款第五代隐身战斗机,是全球首款服役的垂直/短距起降隐身战斗机,也是首款隐身舰载战斗机,能够担负对空作战、对地打击等任务,具有多用途、信息化程度高的优势。

图5-14 美国F-35战斗机

F-35战斗机采用单座、单发、双垂尾的设计,分为F-35A陆基型、F-35B垂直/短距起降型、F-35C舰载型。2006年底,F-35A陆基型进行了首飞,随后F-35B垂直/短距起降型与F-35C舰载型也相继顺利完成首飞。F-35战斗机的许多创新设计都具有变革意义,为战斗机发展提供了新思路。除了美国，F-35战斗机还被世界上其他十几个国家采购装备，担当未来主力战斗机型。

（2）俄罗斯苏-57战斗机。

苏-57战斗机（见图5-15）由隶属于俄罗斯联合航空制造集团的苏霍伊公司在20世纪90年代开始研发，实验阶段被称为"T-50战斗机"。首架T-50原型机于2010年1月试飞成功，2017年8月11日被正式命名为"苏-57"，2018年3月完成测试。2019年6月，这一机型投入批量生产。根据作战需要，俄罗斯联合航空制造集团在不断对苏-57战斗机进行现代化升级改造。

图5-15　俄罗斯苏-57战斗机

苏-57战斗机作为一款单座双发隐身多用途重型战斗机，主要对标美军F-22、F-35等第五代战斗机，具备隐身、短距起降、超机动性、超音速巡航等能力，能够完成远/近距离空中作战和对地打击任务。2022年6月，苏-57战斗机已参与俄乌冲突。

（3）中国歼-20战斗机。

歼-20战斗机（见图5-16）是航空工业成都飞机工业（集团）有限责任公司为中国空军研制的中国第四代（欧美标准，俄标准为第五代）双发重型战斗机，是服役中国军队的第一种多用途隐形战斗机，2010年10月14日完成组装，2010年11月4日进行首次滑跑试验，2011年1月11日12时50分在成都实现首飞，2018年2月9日开始列装空军作战部队。

扫一扫

大国长剑，威震苍穹

图5-16　中国歼-20战斗机

歼-20战斗机具备良好的隐身性能、优秀的机动性能及较高的态势感知能力。良好的隐身性能使歼-20战斗机具备先敌发现、先敌发射、先敌毁伤、先敌脱离的优势。较高的态势感知能力使歼-20战斗机能够集成并融合各方面信息，为飞行员进行态势决策提供支撑。

视野拓展

战斗机的划代方法

战斗机的划代是对性能相近、技术相仿、采用雷同战法的一个或几个飞机族系的归类。关于战斗机的划代，有过"传统四代划分""俄罗斯五代划分""美国五代划分"等几种方法。

"传统四代划分"只覆盖超声速战斗机，将20世纪50年代早期服役的一倍声速战斗机列为第一代，将稍后服役的二倍声速战斗机列为第二代，将20世纪70年代中期开始服役、以高机动性为主要特点的战斗机列为第三代，将21世纪开始服役的综合性能更高的战斗机列为第四代。

"俄罗斯五代划分"大体同上，但把"传统四代划分"中的第二代可变后掠翼战斗机（如米格-23战斗机）单列为一代，称为第三代；其他划分相同，故而多出一代。

"美国五代划分"把喷气式战斗机列为第一代，把高亚声速、后掠翼战斗机列为第二代，低超声速战斗机和Ma2一级的战斗机都列入第三代，而第四、第五代以综合性能提升为主来进行划分。

中国航空学会常任理事、中国航空工业集团有限公司科技委顾问张聚恩认为，为与国际接轨，我国也可认同战斗机发展至今形成五代的说法，在融合上述3种划代法的基础上，以喷气式战斗机为主线，前三代以速度为主、后两代以综合性能为主来进行代际划分。张聚恩建议，可以称其为"新五代划分法"，各代典型特征和代表机型概述如下。

（1）第一代战斗机：含早期喷气式及20世纪30到40年代的亚声速和高亚声速战斗机，代表机型有美国的F-86、苏联的米格-15和我国的歼-5。

（2）第二代战斗机：20世纪50年代初开始服役的低超声速战斗机，代表机型有美国的F-100、苏联的米格-19和我国的歼-6。

（3）第三代战斗机：20世纪60年代末开始服役的超声速战斗机，代表机型有美国的F-104、苏联的米格-21和我国歼-7、歼-8。

（4）第四代战斗机：20世纪70年代中期开始服役的、以高机动性为主要特点，综合性能显著提升的战斗机，代表机型有美国的F-14、F-15、F-16，苏联的米格-29、苏-27和我国的歼-10、歼-11。

（5）第五代战斗机：21世纪开始服役的新一代战斗机，代表机型有美国的F-22、F-35，俄罗斯的苏-57和我国的歼-20。

> 张聚恩还认为，对战斗机划代，有助于体现航空装备的技术特点和战术特点，比对和借鉴装备发展的规律，便于公众理解、认知战斗机的发展进步。不过，战斗机划代只是一种归类，并不代表作战能力，更不是一种技术标准，应该始终坚持以需求为牵引规划装备发展，以战斗力标准衡量装备水准。
>
> （资料来源：央视网，有改动）

2. 侦察机

侦察机是专门用于从空中进行侦察、获取情报的军用飞机，是现代战争中的主要侦察工具之一。飞机诞生后，最早投入战场所执行的任务就是进行空中侦察。因此，侦察机是军用飞机大家族中历史最长的机种。

按遂行任务范围，侦察机可分为战略侦察机和战术侦察机。战略侦察机是为了进行战略决策而搜集敌方战略情报的专用飞机，装有航空摄影仪和电子侦察设备等，其特点是飞行高度高、航程远，能从高空深入敌方领土或者沿海飞行，可对敌方的导弹基地和试验场、防空设施等战略目标实施侦察。战术侦察机具有速度快、突防能力强的特点，它实施任务的方式往往是快进快出，在敌区的留空时间比较短，在保证自己安全的情况下，迅速地获取敌方的战役战术情报信息。目前，世界上具有代表性的侦察机包括美国的RC-135V战略侦察机、俄罗斯的图-214R战略侦察机、中国的EA-03战略无人侦察机等。

3. 轰炸机

轰炸机诞生于第一次世界大战期间，是空军航空兵部队中实施空中突击的主要机种。其特点是载弹量大、航程远、突击力强。现在，轰炸机更多起到的是战略威慑的作用，或者在对方防空能力不足的情况下执行战术轰炸任务。

根据功能的不同，轰炸机可分成3类：第一类是轻型近程的战术轰炸机，载弹量一般在3到5吨，航程在3000千米以内；第二类是中型中程的战役轰炸机，载弹量一般在5到10吨，航程一般在6000千米以内，甚至能达到七八千千米；第三类是远程的重型战略轰炸机，它的载弹量一般都在20吨以上，航程一般能达到12000千米。目前，世界上具有代表性的轰炸机包括美国的B-2战略轰炸机、俄罗斯的图-160M战略轰炸机、中国的轰-6战略轰炸机等。

（二）信息化空中作战平台的发展趋势

随着航空技术发展和空中战争形态演变，空中作战平台未来将不断增大信息技术含量，提高战术技术性能，形成以现役武器装备改进型为主体、与一定量的新型装备合理搭配的格局。具体而言，信息化空中作战平台呈现以下发展趋势。

1. 重点发展隐身化、高机动、多用途战斗机

一是隐身化。为提高战斗机的突防和生存能力，新一代战斗机将普遍采用隐身技术。隐身技术的使用使传统探测手段难以发现隐身战斗机，能极大提高隐身战斗机突破地面防空系统的能力和对地打击作战能力。

二是高机动。飞机的机动性是指飞机在一定时间内改变飞行速度、飞行高度和飞行方

向的能力。机动性越高，飞机越灵活，在空战中越容易占据有利地位，比对手拥有更多的攻击机会。因此，世界各国越来越重视提高战斗机的机动性。

三是多用途。高新技术的发展，使战斗机实现综合化、多功能成为可能。目前，世界各国普遍重视研制和购买多功能战斗机。例如，我国自主设计研发的L-15战斗机主要用于飞行训练，也可用于近距空中支援、对地对海攻击。

2. 积极发展高超声速军用飞机

高超声速是指飞行速度在5马赫（速度与音速的比值，常用来形容飞行器的速度）以上。这个速度相当快，相当于家用轿车最大速度的30倍，高铁速度的12倍，民航飞机速度的6倍，现役超声速战斗机最大速度的2倍。高超声速飞机飞行高度也很高，一般在20~40千米。我们常见的通用无人机飞行高度约为0.2~2千米，小型飞机在3千米以下，民航飞机飞行高度一般在10千米以下。高超声速飞机能在大气层内高速飞行，具有很高的军用和民用价值，是航空航天领域的战略制高点。

目前，美俄等国都在积极发展高超声速军用飞机，这种高超声速飞机可以有人驾驶，也可以无人驾驶。美国正在研制的新一代高超声速隐身战略轰炸机能以5倍声速或者更高的速度飞行，可在两个小时内横越大西洋轰炸世界上任何目标，预计在2030年左右列装美国空军。

3. 大力发展无人机

随着智能化军事技术的突飞猛进，无人机在空中作战领域正由配角走向聚光灯下。尤其是近些年来，随着电子技术、发动机技术、人工智能技术和材料技术等的快速发展，无人机正由传统的以侦察为主的单用途无人机向侦察、通信、攻击和空战为一体的多用途无人机发展。从空中侦察到"蜂群"作战、全天候支援，无人机在现代战争中的地位与日俱增。

在联合作战体系支撑下，无人机可充分发挥多载荷、长航时、起降灵活等优势，不仅能够遂行通信、干扰、精确打击、作战评估等任务，还可以遂行空中拦截、智能空战等高难度对抗任务。现代战场上，无人机与有人机相互配合，在高威胁环境下执行作战任务，可充分发挥无人机低成本、难发现的特点，持续攻击敌防空、制空力量或地面、海上力量。

⚛ 军事前沿

"翼龙"家族多款新机集中亮相第十四届中国航展

2022年11月8日至13日，第十四届中国国际航空航天博览会（简称"中国航展"）在广东珠海举行，集中展示中国航空航天和国防科技领域尖端技术及创新突破。

"翼龙"无人机连续10年亮相中国航展。本届航展上，翼龙-1E、翼龙-3等"翼龙"家族多个新型号集中亮相，全面展示"翼龙"系列化发展的新成果。其中，翼龙-3无人机是中国全新打造并完全拥有自主知识产权的无人机平台，具有"远航程、重挂载、多用途"的特点，在大吨位同级别、中空长航时无人机系统产品中处于国际先进水平。

自2012年首次亮相珠海,"翼龙"无人机已成为中国无人机产业的代名词。此后10年里,"翼龙"家族呈现出发展速度快、家族型号多、作业用途广、任务能力强的特点,在军民用领域全面开花,并走出国门,走向世界。

"翼龙"系列无人机是中国高端无人机"国家队"的重要谱系之一,已形成翼龙-1、翼龙-1E、翼龙-2(见图5-17)、翼龙-2H等家族化、多用途、外贸型迭代发展,是中外无人机市场的明星型号。

图5-17 翼龙-2无人机

据悉,本届航展上,无侦7、无侦8、攻击11和"翼龙""云影""旋戈"等众多军民用明星无人机也整体亮相,无人机参展规模比往届更丰富、更全面,全体系化、规模化、系统化展示无人机"国家队"强大实力。

(资料来源:中国网,有改动)

三、信息化海上作战平台

信息化海上作战平台是采用信息技术研制或改造的,供武器装备执行海上作战任务的载体的总称。信息化海上作战平台主要包括水面舰艇(如航空母舰、驱逐舰、护卫舰等)、两栖舰艇(如两栖攻击舰、两栖登陆舰等)和潜艇(如核潜艇)等,是现代海军最主要、最基本的装备。

(一)信息化海上作战平台的主要种类

1. 航空母舰

航空母舰(简称"航母")是以舰载机为主要作战武器的大型水面战斗舰艇,主要用于攻击敌舰船、袭击敌海岸设施和陆上目标,夺取作战海区的制空权和制海权,支援登陆、抗登陆作战。按动力的不同,航空母舰可分为常规动力航母和核动力航母。目前,世界上拥有航母的国家有美国、法国、俄罗斯、中国等。

(1)美国"福特号"核动力航空母舰。

"福特号"核动力航空母舰(见图5-18)是美国第78艘航母,其命名是为了纪念美国前总统杰拉尔德·福特。"福特号"航母于2009年正式开始建造,2017年5月底交付美国海军,是美国海军全新打造的最大核动力航母。

图5-18 美国"福特号"核动力航空母舰

"福特号"核动力航母有四大亮点:① 打击力量更强;② 信息化程度更高;③ 作战支援设备更先进;④ 工作生活环境更人性化。

(2)法国"戴高乐号"核动力航空母舰。

"戴高乐号"核动力航空母舰(见图5-19)是法国第一艘核动力航母,也是法国海军现役唯一一艘航母,其命名是为了纪念法国著名的军事将领与政治家查尔·戴高乐。"戴高乐号"核动力航母于1989年4月开始建造,1994年5月舰体建造工程宣告完成,2001年开始正式服役。

图5-19 法国"戴高乐号"核动力航空母舰

"戴高乐号"航母的飞行甲板面积为1.2万平方米,机库面积4600平方米,可容纳40架战斗机。它拥有两个K-15型核反应堆,发电能力达2万多千瓦,最高时速27海里。舰上的装备有SAAM短程反导弹系统、SADRAL特短程反导弹系统、ARBB33干扰发射器，以及各种雷达和红外线装备等。"戴高乐"号航母还配备了各种计算机控制系统，因此堪称是一款现代化极强、作战能力出色的核动力航母。在阿富汗战争中，"戴高乐号"航母在美军主导的攻击行动中，执行了140次以上的侦察与轰炸任务。

（3）俄罗斯"库兹涅佐夫号"航空母舰。

"库兹涅佐夫号"航空母舰（见图5-20）于1983年2月22日开工建造，1985年12月5日下水，1991年1月21日正式服役。该航母是世界上第一艘同时拥有斜直两段飞行甲板和滑跃式飞行甲板的航母，也是俄罗斯现役的唯一一艘航母。

"库兹涅佐夫号"航母具有很强的防空、反潜和反舰作战能力，甚至可以单舰执行远海作战任务。2016年11月，俄军在打击叙利亚境内极端组织行动中首次动

图5-20 俄罗斯"库兹涅佐夫号"航空母舰

用"库兹涅佐夫号"航母，这是该航母入役以来首次参加实战。

（4）中国山东舰。

山东舰（见图5-21）是我国自主设计建造的第一艘航母，也是我国海军列装的第二艘航母，2013年11月开工，2015年3月开始坞内建造，2017年4月26日正式下水，2018年5月13日开始进行首次海上航行试验，2019年12月17日命名为"中国人民解放军海军山东舰"，并正式交付中国人民解放军海军。

劈波斩浪，舰指深蓝

图5-21 中国山东舰

相比我国第一艘航母辽宁舰，山东舰的甲板面积更大，能搭载的舰载机更多，而舰载机的增多将会使航母的战斗力进一步增强；其航空指挥室不仅面积更大，还更加突出，视野得到较大改善，增加了指控便利性，有利于舰载战斗机的起降安全得到保障。此外，山东舰上安装的反导舰炮，发射速率高，一分钟可以达到近万发，进一步增强了航母的防护能力。

军事前沿

建造航母的"巨系统",凝结着代代军工人的精神合力

2019年12月17日,舷号"17"的首艘国产航母山东舰,在海南三亚某军港正式入列。为了这一天的到来,大连造船厂的军工人倾注了万千心血。

从开工到交舰,2200多个日夜,上万自检项目、军检项目报验合格,上万份探伤(探测金属材料或部件内部的裂纹或缺陷)报告检验通过,展示了"中国速度",彰显了"中国质量"。在这个过程中,大连造船厂一代代军工人,凭借一脉相承的奋斗精神冲破阻碍,合力铸就了威武磅礴的大国巨舰。

"60后"的项目总工艺师赵育新,参与完成了首艘国产航母的生产设计和工艺设计。赵育新带领团队应用先进仿真设计手段,首次实现航母的三维设计,攻克了船体结构高强钢的加工与焊接等重点工艺技术难关。回顾这段特殊又神秘的经历,他分外淡然:"这是我的工作,也是我的使命。"

"70后"的军工部副部长王德清,组织完成了山东舰全流程的建造管理。为缩短建造周期,提高建造效率,王德清采用"壳、舾、涂"一体化现代造船模式,船体成型、下水、系泊试验、航行试验等节点大大提前。此中的秘诀,王德清将其归为创新:"创新需要头脑、需要勇气、需要灵光一现,同样需要耐心、需要定力、需要厚积薄发。"

从船坞注水那一刻,到山东舰靠泊码头后12小时,"80后"的工程科副科长周峰带着200多人的检查小组,对船上1500多个检查点进行了不间断巡查,并承担应急抢险任务。周峰心中只有一个想法:"守好自己这关,一定要让航母顺利下水。"

自出坞到点火不到20天的时间里,"90后"的动力舱室机舱施工员张成功完成多个液舱的封舱交验、数十个联动管路系统的外观密性交验、近百个辅机设备的安装交验,确保了系泊试验中首台锅炉按时完成点火。

在张成功的身上,既有年轻人的朝气蓬勃,又有超乎年龄的沉稳认真。经过几年历练,现在的他担任某型产品动力组组长,已然成为这个年轻团队里当之无愧的"老大哥"。

无论年龄大小,无论职位高低,航母战线上的每个"大船人"都像一束光——当他们散落在各处,犹如漫天繁星,照亮前行的路途;当他们汇聚在一起,便是一团火焰,燃烧出无尽的能量。

大国巨舰逐梦大洋的铿锵步伐,离不开大连造船厂这支有情怀、有智慧、有担当、有格局的军工力量。在辽宁舰、山东舰破浪前行的背后,一代代"大船人"用无悔奋斗为梦想奠基。他们将青春岁月,融入了人民海军驶向远方的壮阔航迹。

(资料来源:《解放军报》,有改动)

> **互动空间**
>
> 航空母舰发展至今,已成为世界上最庞大、最复杂、威力最强的武器之一。对于国家而言,航空母舰的作用和意义是什么?拥有航母意味着什么?请同学们就此展开讨论。

2. 两栖攻击舰

两栖攻击舰是借助直升机或垂直/短距起降战机用于输送登陆部队及装备的登陆舰船,其主要功能是输送登陆部队进行垂直登陆,以提高登陆作战的突然性、快速性和机动性。自诞生以来,两栖攻击舰作为海上大型作战平台,以其多样的装载方式、灵活的战术运用、综合的任务能力、强大的指挥功能,备受各国青睐。目前,世界上典型的两栖攻击舰有美国"黄蜂"级两栖攻击舰"拳师号"、法国"西北风"级两栖攻击舰"托内尔号"、韩国"独岛"级两栖攻击舰"独岛"号、中国075型两栖攻击舰海南舰等。

3. 核潜艇

核潜艇是指以核反应堆为动力来源的潜艇。它可以在水下连续航行14天以上不用上浮,在作战中很难被发现,即使被发现,也能靠高航速摆脱水面反潜舰艇的追击。

根据用途的不同,核潜艇可分为弹道导弹核潜艇、攻击型核潜艇和巡航导弹核潜艇。弹道导弹核潜艇以潜射弹道导弹为主要武器,主要执行核打击任务,又被称为"战略核潜艇";攻击型核潜艇以鱼雷、反舰导弹等为主要武器,主要执行反舰和反潜任务,为弹道导弹核潜艇或水面舰艇提供护航;巡航导弹核潜艇以巡航导弹为主要武器,主要执行对地打击或反舰任务。

对一个国家来说,弹道导弹核潜艇的重要性远远大于攻击型核潜艇和巡航导弹核潜艇,因为其搭载的潜射弹道导弹均携带核弹头,且射程普遍在5000千米以上,能够对敌方陆上任何战略目标(如重要城市、工业基地、交通枢纽等)实施毁灭性打击,从而使其战斗力瞬间瘫痪。目前,世界上典型的弹道导弹核潜艇有美国"俄亥俄"级弹道导弹核潜艇、俄罗斯"北风之神"级弹道导弹核潜艇、法国"凯旋"级弹道导弹核潜艇和中国"晋"级(094型)弹道导弹核潜艇(见图5-22)等。

扫一扫

中国的核潜艇

图5-22 中国"晋"级弹道导弹核潜艇

（二）信息化海上作战平台的发展趋势

信息化海上作战平台代表着海军主战装备的发展方向，根据未来作战样式和作战需求，各国海军在制订武器装备和关键技术发展规划时，强调海上作战平台应具备良好的适航性、机动性、隐蔽性；注重在联合作战条件下，发展适应近海作战的，具有高精度、抗干扰、超视距打击能力的信息化海上作战平台。进入21世纪后，信息化海上作战平台进一步发展，呈现出以下发展趋势。

海上多面手——驱逐舰

1. 信息化特点进一步突出

海上作战平台的信息化对于提高海战武器装备系统的战斗力具有倍增器的作用。以信息感知、信息传输和信息处理为主要内容的信息技术综合化，使得海上作战平台的发展重点已经由以提高平台的航程、航速等物理性能为中心转向以提高作战平台的信息能力为中心。因此，信息化是未来海上作战平台的普遍技术追求，代表着未来的技术发展方向。

2. 多功能化成为重要发展趋势

随着信息化程度的不断提高和作战需求的变化，各国在发展海上作战平台时特别强调多功能一体化，以最大限度提高平台的作战效能。例如，航母作为大型海上机动平台，不仅可以作为飞机的起落场，还具有较强的攻击和防护能力；核动力潜艇不仅能发射潜对地导弹，还能发射潜对舰、潜对空和潜对潜导弹，成为武器携载数量大、种类多的水下发射平台。

3. 无人化日益受到重视

智能化的无人海上作战平台具有智能化程度高、效费比高等特点，可独自或协同载人平台在高威胁海区执行任务，减少载人平台和人员的损失，对于提高海军作战能力具有很大的帮助。因此，世界各国将越来越重视无人化海上作战平台的开发。

第三节 综合电子信息系统

综合电子信息系统是指为实现最优资源配置，提高作战能力，按军队信息系统一体化原则和综合集成技术而构建的多种使命、多种功能的电子信息系统。它具有互操作能力、信息共享能力、态势一致理解能力、快速优化决策能力，能有效地支持协同作战和联合作战。信息化战争的根本特点，是运用信息网络技术使构成军队和战场的各要素，结合成一个无缝连接的"军事大系统"，即实现联合和融合，而综合电子信息系统便是实现这种联合和融合的桥梁和纽带。

综合电子信息系统由指挥控制系统、预警探测系统、情报侦察系统、通信传输系统、导航定位系统、电子对抗系统等多种功能信息系统组成。这些功能信息系统将完成战略威慑、指挥控制、防空反导和精确打击等多种作战使命和任务。

一、指挥控制系统

（一）指挥控制系统概述

指挥控制系统的组成

指挥控制系统是指在军队指挥体系中，采用以计算机为核心的技术设备与指挥人员相结合、对部队和武器实施指挥与控制的"人—机"相融合、实现"全局实时动态"的高效指挥系统，其基本功能是实现战场指挥的自动化、实时化和精确化。军队的信息化指挥控制系统综合运用现代科学技术和设备，把指挥、控制、通信、情报和信息紧密地联系在一起，形成一个多功能的统一系统。

自出现军队后，各种类型的指挥体制就诞生了，这种下级服从上级、将军指挥士兵的指挥体制延续至今已达数千年。近几十年来，随着军事装备的发展和战争形态的演变，指挥控制系统的内容不断丰富和完善，其应用的指挥技术手段从简易信号、有线通信、无线通信等传统技术手段扩大到大数据、云计算、人工智能等高新技术手段，经历了从 C^1 到 C^4KISR 的发展过程，如图 5-23 所示。

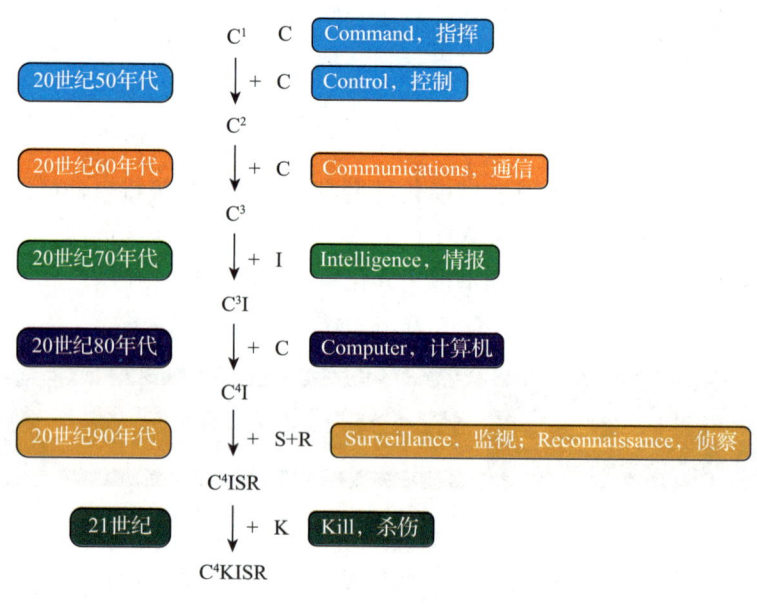

图 5-23　指挥控制系统的发展

（二）指挥控制系统的发展趋势

指挥控制系统是一种重要的高科技军事装备体系，是军队信息化的主要标志之一。未来，指挥控制系统的发展趋势如下：① 核心理念将向着敏捷性、自适应的方向发展；② 在信息技术方面，大数据技术、知识图谱将大幅提升情报分析与决策支持能力；③ 在辅助决策方面，传统作战辅助决策向知识化、智能化方向发展，应用人工智能技术、实时动态规划、基于知识的智能辅助决策成为辅助决策系统新的发展方向；④ 面对各类无人平台、网络空间等新型作战力量,指控系统将逐步向人、机一体的方向发展。

(三) 指挥控制系统的战例应用

在海湾战争中,美军利用当时的C^3I系统实现了有效的联合作战,C^3I系统在战争中发挥了重要作用,但同时也暴露了兼容性差、互通性和信息共享能力差等缺陷。海湾战争结束后,美军加大了对C^3I系统的建设投入,并不断发展,形成C^4ISR系统。在科索沃战争、阿富汗战争和伊拉克战争中,美军通过C^4ISR系统实现了作战部队和各级指挥机构甚至国家指挥当局的连续高速联络,做到了信息实时共享与行动的协调同步,并大大提高了作战效率,其打击链所需时间由海湾战争时的100分钟缩短至阿富汗战争时的20分钟左右,基本实现了发现即摧毁。

二、卫星导航系统

(一) 卫星导航系统概述

卫星导航系统是指能够为地球表面或近地空间的用户提供全天候三维坐标、速度及时间信息的天基无线电导航定位系统。卫星无线电导航走过了从低轨道卫星到中轨道卫星,从多普勒导航体制到伪距导航体制,从单一系统、单一体制向多系统、多体制兼容集成的发展历程。卫星导航系统已经成为世界各国信息基础设施建设的重要组成部分。

卫星导航系统包括全球卫星导航系统(Global Navigation Satellite Systems,简称GNSS)、区域卫星导航系统(Regional Navigation Satellite Systems,简称RNSS)和星基增强系统(Satellite Based Augmentation Systems,简称SBAS)3类,如图5-24所示。

图5-24 已经建成和正在建设的卫星导航系统

现在,世界上有4个成熟的全球卫星导航系统,分别是美国的全球定位系统(Global Positioning System,简称GPS)、俄罗斯的格洛纳斯卫星导航系统(Global Navigation Satellite System,简称GLONASS)、中国的北斗卫星导航系统(BeiDou Navigation Satellite System,简称BDS)和欧盟的伽利略卫星导航系统(Galileo Satellite Navigation System,简称GALILEO)。这4个全球卫星导航系统都是由空间部分、地面部分和用户部分组成,其中空间部分由向用户设备发射无线电信号的卫星星座构成，地面部分由系统控制中心、同步中心和检测站等地面设备构成，用户部分即各类导航接收机。表5-1所示为GPS、GLONASS、BDS、GALILEO的全方位对比。

表5-1　GPS、GLONASS、BDS、GALILEO的全方位对比

对比项目	GPS	GLONASS	BDS	GALILEO
所属国家	美国	俄罗斯	中国	欧盟
轨道类别及卫星数量	MEO（33颗）	MEO（28颗）	MEO（47颗） GEO（5颗） IGSO（3颗）	MEO（24颗） HEO（2颗）
首次发射年份	1978年	1982年	2000年	2005年
卫星平均寿命	10～15年	7～10年	5～8年	12年
抗干扰性	弱	强	强	强
定位精度	民用精度10米 军用精度厘米级	3～10米	民用精度2.5～5米 军用精度厘米级	1米
主要功能	定时 导航 授时	定时 导航 测量 授时	定时 导航 授时 短报文通信 国际搜救	定时 导航 搜救 授时
特点	发展成熟，民用市场占有率高	北极附近定位性能高	安全性强，短报文通信	非军方控制，能实现实时高精度定位

注：（1）全球卫星导航系统的在轨卫星包括工作星和备用星，其数量会根据卫星的工作情况调整。
　　（2）MEO，中地球轨道；GEO，地球静止轨道；IGSO，倾斜地球同步轨道；HEO，大椭圆轨道。

图5-25、图5-26、图5-27所示为北斗系统的卫星类型。

图5-25　北斗MEO卫星

图5-26　北斗GEO卫星

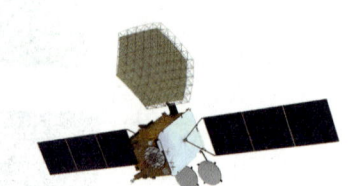

图5-27　北斗IGSO卫星

（二）卫星导航系统的发展趋势

随着北斗三号全球卫星导航系统的正式开通，世界卫星导航新格局基本显现。未来，世界各国将持续完善各自的卫星导航系统，其发展趋势如下：① 应用领域更加广泛，使用场景更加复杂；② 兼容性与互操作性不断增强；③ 定位广度与精度不断提高，位置服

务从数字化迈向泛在化和智能化;④ 系统更新、换代与前沿关键技术研发并行推进。

(三)卫星导航系统的战例应用

以美国GPS系统为代表的全球卫星导航定位系统诞生伊始即展现出了非凡的价值。在军事上,卫星导航系统主要被用于导航定位、精确制导和遥感监测。例如,自第一次海湾战争以来,美军广泛使用了GPS制导,为车辆、军舰、飞机等机动工具提供导航定位信息,为精确制导武器提供精确引导,为野战或机动作战部队提供定位服务,为救援人员指引方向,确保了美军"零伤亡""斩首"等一系列新战争理念和新战法得以实现,极大地提高了部队的战斗力。

视野拓展

20年磨一剑——北斗导航系统的发展历程

蹒跚起步的第一代

20世纪后期,中国开始探索适合国情的卫星导航系统发展道路,逐步形成了三步走发展战略:2000年年底,建成北斗一号系统,向中国提供服务;2012年年底,建成北斗二号系统,向亚太地区提供服务;2020年,建成北斗三号系统,向全球提供服务。

1994年,我国正式启动了北斗一号系统的建设。

2000年,我国发射了2颗北斗导航试验卫星,建成系统并投入使用。北斗一号采用有源定位体制,为中国用户提供定位、授时、广域差分和短报文通信服务。2003年和2007年,我国又发射第3颗和第4颗北斗导航试验卫星,进一步增强北斗一号系统的性能。

北斗一号使中国成为继美、俄之后第三个拥有卫星导航系统的国家。北斗一号是探索性的第一步,初步满足中国及周边区域的定位导航授时需求。北斗一号巧妙设计了双向短报文通信功能,这种通导一体化的设计,是北斗的独创。

突飞猛进的第二代

2004年,我国启动了北斗二号系统的建设。

2007年4月14日,北斗二号第一颗卫星成功发射。2009年4月15日,北斗二号第二颗卫星顺利发射。随后,北斗卫星导航系统的建设开始突飞猛进。2019年5月17日,我国成功发射了第四十五颗北斗导航卫星。该卫星是我国北斗二号工程的第四颗备份卫星,至此,我国北斗二号区域导航系统建设圆满收官。

北斗二号并不是北斗一号的简单延伸,它克服了北斗一号系统存在的缺点,提供海、陆、空全方位的全球导航定位服务,类似于美国的GPS系统和欧洲的GALILEO系统。北斗二号在兼容北斗一号技术体制基础上,增加无源定位体制,为亚太地区提供定位、测速、授时和短报文通信服务。这种中高轨混合星座架构,为全世界发展卫星导航系统提供了全新范式。

服务全球的第三代

2009年，我国启动了北斗三号系统的建设。

2017年11月5日，北斗三号第一颗卫星发射升空。到2019年12月，仅两年多的时间，科研人员就将28颗北斗三号组网卫星和2颗北斗二号备份卫星成功地送入预定轨道，以平均每个月1.2颗卫星的发射密度，刷新了全球卫星导航系统组网速度的世界纪录。2020年6月23日，北斗三号第三十颗卫星发射升空，于6月30日下午成功地停留在自己的工作岗位，标志着北斗三号星座组网任务画上圆满句号。

2020年7月31日，北斗三号全球卫星导航系统建成暨开通仪式在人民大会堂隆重举行。习近平总书记在人民大会堂郑重宣布："北斗三号全球卫星导航系统正式开通！"这标志着中国自主建设、独立运行的全球卫星导航系统已全面建成开通，中国北斗迈进了高质量服务全球、造福人类的新时代。

（资料来源：中国数字科技馆，有改动）

三、预警探测系统

（一）预警探测系统概述

预警探测系统是采用一系列传感、遥控探测手段，发现、定位和识别来袭目标，发出警报信号，为打击或防范敌方目标提供相应情报和反应时间的信息系统。

预警探测系统的任务是探测、监视地方各种目标的活动规律和动态情况，及时准确地探测来袭目标的特性、种类等重要参数并做出威胁度判断。预警探测系统是综合电子信息系统中最重要的实时信息来源，直接影响到探测、判断、决策等军事行动。

根据分类方式的不同，预警探测系统可以分为不同的类别：根据系统作用不同，可分为战略预警系统和战区内战役战术预警系统；根据探测目标不同，可分为防天、防空、反导弹、反舰（潜）和陆战等不同的预警侦察系统；根据传感器平台位置不同，可分为天基、空基、陆基、海基4种。

军事百科

（1）天基预警探测系统是指传感器放置于天基运载平台上的预警系统，主要由导弹预警卫星构成。通常情况下，导弹预警卫星对战略洲际弹道导弹可提供30分钟的预警时间，对潜射导弹可提供15分钟的预警时间。

（2）空基预警探测系统是指探测器放置于空中运载平台上的预警系统，主要由各种预警机、飞艇、气球等预警探测系统组成，可用于探测空中、地面、海面目标。

（3）陆基预警探测系统是指传感器放置于地面运载平台上的预警系统，主要由各种地面固定或机动式雷达、电子侦察装备和光电探测装备等组成，可用于探测空中、地面、水上及水下目标。

（4）海基预警探测系统是指传感器放置于海基运载平台上的预警系统，主要由各种舰载雷达系统、声呐系统、电子侦察设备、水声侦察仪、磁异探测仪和潜望镜等观察设备，以及红外、微光、激光、电视等光电侦测设备组成，主要用来对付来自海上的目标，如弹道导弹的威胁。

（二）预警探测系统的发展趋势

未来战争对军事信息的时效性、准确性的要求将越来越高。预警探测系统的总体发展趋势如下：① 具备全空域监视能力、快速的反应能力和精细的目标分类和识别能力，不断提高对超低空目标、高空目标和隐身目标的探测能力，以及对目标特别是对运动目标、隐身目标、伪装目标、地下目标的识别和分辨能力；② 智能化程度不断提高；③ 抗干扰能力不断增强；④ 系统集成和一体化程度不断提高。

（三）预警探测系统的战例应用

20世纪50年代，为了能够探测到苏联弹道导弹的发射，美国研制并部署了国防防御支持计划（Defense Support Program，简称DSP）预警卫星。目前，美国使用的预警卫星系统是第三代DSP预警卫星系统。DSP预警卫星系统在使用中逐渐暴露出了一系列问题，因此，美国于1992年开始了天基红外系统（Space-based Infrared System，简称SBIRS）的研制。美国国防部透露，SBIRS曾于2020年1月探测到十几枚伊朗向驻伊拉克美军发射的导弹，并及时向美军及其伙伴发出预警，从而避免了美军基地的人员伤亡。

互动空间

党的二十大报告指出，"优化联合作战指挥体系，推进侦察预警、联合打击、战场支撑、综合保障体系和能力建设"。请结合本节内容，谈谈你对我国综合电子信息系统未来发展的理解。

第四节　信息化杀伤武器

信息化杀伤武器是运用计算机技术、信息技术、微电子技术等现代高技术研制或改造的，具有直接杀伤效能的武器装备的统称，包括新概念武器、精确制导武器和核化生武器。

一、新概念武器

（一）新概念武器概述

新概念武器是相对传统武器而言的高新技术武器群体，它是工作原理、毁伤机理和作战运用方式与传统武器有显著不同的各类高技术武器的统称，主要有定向能武器、动能武器、环境武器和非致命武器等几大类。

（1）定向能武器是指利用某种方式在物体表面产生极高的能量密度，从而使敌方的人员和电子设备、武器等受到伤害，产生强大杀伤力的武器，主要包括激光武器、高功率微波武器、粒子束武器、网络攻防武器等。

（2）动能武器是指发射出超高速运动的弹头（弹丸），利用弹头的巨大动能，通过直接碰撞的方式摧毁目标的武器，主要包括动能拦截弹和电磁炮等。

（3）环境武器是指通过利用或改变自然环境，破坏区域生存平衡，从而战胜敌人的武器，主要包括地震武器、海啸武器、生态武器和臭氧武器等。

（4）非致命武器是指不使遭打击人员失去生命，而使人员或装备失去功能的武器，主要包括反装备非致命武器和反人员非致命武器。

新概念武器与常规武器的区别主要在于杀伤机理、工作原理和作战方式的不同。例如，激光武器是利用激光的巨大能量直接摧毁目标，使其失去战斗力；微波武器通过发射强大的微波波束攻击目标，使人产生烦躁、头痛、神经混乱、记忆力减退等情况；动能武器是以强大的动能摧毁目标；而环境武器可以运用现代科技手段人为制造地震、海啸、暴雨等。这些新概念武器无须使用弹药，却具有巨大的能量，且使用灵活方便，能同时对多个方向上的目标实施攻击，既可实施硬杀伤，也可实施软打击。

需要注意的是，新概念武器只是一个历史的范畴，具有一定的历史阶段性或时限性。随着科学技术和武器技术的不断发展，前一时代的新概念武器必然变为下一时代的常规武器，今天的新概念武器也许就是明天的常规武器。

（二）新概念武器的发展趋势

随着军事高技术的发展，各国将进一步加大对新概念武器的研发力度。未来，新概念武器的发展趋势如下：① 激光武器、动能武器获得优先发展，打击更加精确，攻击能力更强；② 网络攻防武器更加受到重视，成为夺取信息优势的重要作战手段；③ 智能化程度进一步提高，通过集成人工智能、机器人技术和先进的控制系统等，提高武器的自动化、智能化程度，进而提高武器效能。

（三）新概念武器的战例应用

新概念武器是科学技术和军事理论发展到一定阶段的必然产物，对现代战争产生了巨大的影响。在海湾战争中，美国海军首次使用了微波武器，由"战斧"式巡航导弹携带微波弹头来破坏和摧毁伊拉克的防空武器的指挥和控制系统。20世纪90年代，美军专门研制高功率微型次声发生器，并进行了战场模拟试验。1995年年底，美国曾对波黑塞军阵地秘密进行次声波攻击，据称几秒钟就使塞军士兵昏倒、呕吐，失去作战能力。

二、精确制导武器

（一）精确制导武器概述

精确制导武器，是综合运用高精度探测、制导及控制技术，能从复杂环境中筛选攻击目标，并精准命中其要害部位，进而达成"外科手术式"打击意图的武器装备，主要包括精确制导导弹、精确制导弹药和水下制导武器。一般认为，直接命中概率高于50%的制导武器才能称为精确制导武器。

精确制导武器具有高技术、射程远、威力大、高命中率、高效能等特点。

（1）精确制导武器是以微电子、电子计算机和光电转换技术为核心的，以自动化技术为基础发展起来的高新技术武器。

（2）精确制导武器的射程可达百万米甚至千万米，是普通武器射程的上百倍。

（3）精确制导武器的威力远高于普通武器，部分精确制导武器的威力甚至可与小型核武器相比。

（4）精确制导武器的直接命中概率是普通弹药命中概率的几十至上百倍。

（5）同无制导的武器相比，精确制导武器的弹药消耗量小，所需作战费用远远低于常规弹药。

（二）精确制导武器的发展趋势

随着微电子技术、计算机技术、自动控制技术、材料科学等一批高新技术的迅速发展，精确制导武器也以惊人的速度不断发展。未来，精确制导武器的发展趋势如下：① 通过增大射程、提高制导精度、采取隐身措施等，提高发射平台的生存能力和突防能力；② 发展小型精确制导武器，降低成本、提高作战效能；③ 发展超音速导弹，缩短精确制导武器的飞行时间，提高打击远距离动目标的效能；④ 采用"一种负载多个平台"或"一种平台多个负载"的模式，实现制导武器与多种运载平台综合作战。

（三）精确制导武器的战例应用

20世纪90年代以来，世界上发生了数次高技术条件下的局部战争或武装冲突，而反映这些局部战争或武装冲突高技术水平的突出特征，就是精确制导武器得到大量而广泛的运用，并且在战争中发挥着举足轻重的作用。

例如，在越南战争中，美军出动600架次飞机投掷数千吨炸弹，损失18架飞机，仍未炸毁越南清化桥，后改用激光制导炸弹，只出动12架次飞机就将该桥摧毁。在空袭方面，据统计，第二次世界大战期间飞机投弹的CEP为1000米，轰炸一个钢筋混凝土目标平均约需9000枚炸弹；越战期间，飞机投弹的CEP为100米，轰炸同一目标需200～300枚炸弹；海湾战争期间，激光制导炸弹的CEP为1米，只需1～2枚即可炸毁目标。精确高效的打击效果，使精确制导武器逐渐成为现代战场的主要打击兵器。

军事百科

CEP（Circular Error Probable）即圆形公算误差，也称"圆概率误差"，是衡量导弹命中精度的一个尺度，指导弹最大射程命中的目标区域距目标中心点的半径，也可以理解为命中误差。

三、核化生武器

（一）核化生武器概述

核化生武器是核武器、化学武器和生物武器的简称，这三种武器的原理、构造和杀伤机制有所不同，但都具有大范围杀伤破坏效应，使用后能使敌方蒙受巨大的人员和财产损失并造成强烈的心理影响，国际上统称为"大规模毁伤性武器"。

（1）核武器是指利用自持进行的原子核裂变或聚变反应，瞬间释放巨大能量，产生爆炸，造成大规模杀伤或破坏效果的武器。核武器具有光辐射、冲击波、瞬间核辐射、放射性沾染和核电磁脉冲等杀伤破坏效应，能杀伤人员、破坏武器装备和各种建筑设施，放射性沾染还能引起人员的放射性病，并可能遗传后代。

生物武器

（2）化学武器是以毒剂的毒害作用杀伤有生力量的各种武器的总称。化学武器通过爆炸的方式释放有毒化学品，素有"无声杀手"之称。

（3）生物武器是以生物战剂杀伤有生力量和破坏植物生长的各种武器的总称。生物武器具有致病性强、污染面积大、传染途径多、成本低、使用方法简单和难以防止等特点。

由于大规模毁伤性武器杀伤破坏作用巨大而且范围广、后果严重，国际社会强烈要求禁止使用这类武器，联合国大会已通过了《不扩散核武器条约》《禁止生物武器公约》《禁止化学武器公约》。这些条约虽然对使用生物武器、化学武器和发展核武器有一定的约束，但并没有限制生物武器、化学武器的研究，也不禁止使用和继续发展核武器。因此，大规模毁伤性武器的威胁依然存在。

（二）核化生武器的发展趋势

（1）核武器的发展趋势：由于战略核武器的杀伤破坏威力过于巨大，而且一旦使用，将产生严重的后续效应，放射性污染会长期存在，目前核大国高度重视研发低污染小当量的核武器，使其能直接摧毁敌方的重要战场目标，最大限度地减少附带伤害，更加快捷地达成战争目标。

（2）化学武器的发展趋势：化学武器的发展受到限制，但并未完全停止。化学弹药种类繁多，针对传统的毒剂防护装备探索新的化学毒剂，即发展二元化学武器，是当前化学武器发展的主要趋势。

（3）生物武器的发展趋势：生物武器作为人类历史上最可怕的武器之一，不仅严重威胁到了人类的和平与安全，也违背了国际人道主义精神，因此被国际社会严格管制。当下，各国对生物武器研发以防御性研究为主，利用现代生物技术特别是基因工程发展的新型生物战剂是生物武器的发展方向。

（三）核化生武器的战例应用

人类曾两次在战争中使用核武器，第二次世界大战后期美国在日本的广岛市和长崎市投下两枚原子弹——1945年8月6日，美国将原子弹"小男孩"投放到广岛；1945年8月9日，美国将原子弹"胖子"投放到长崎，原子弹的威力使这两个城市灰飞烟灭。

在第一次世界大战中，德国军队在比利时战场大规模使用氯气，造成英法联军1.5万人中毒，其中5000人死亡，这是人类战争史上第一次使用化学武器。在第二次世界大战中，德国法西斯在波兰的奥斯威辛集中营，用易挥发的氢氰酸杀害了几百万难民。

人类对生物战的运用由来已久。历史上，无论是中世纪的欧洲，还是春秋时期的中国，利用病死人、畜尸体传播"瘟疫"的战例均不鲜见。在第二次世界大战中，德国和日本进行了一系列细菌武器的实验，日本还建立了专门研制生物武器的特种部队，如臭名昭著的731部队，犯下了令人发指的罪行。

> **互动空间**
>
> 随着战争形态的演变和武器装备的发展，信息化武器装备在战争中的作用越来越突出。请结合所学知识，谈谈你对信息化、智能化战争中，信息化杀伤武器的重要性的认识。

训练营地

一、填空题

（1）信息化装备是指采用先进信息技术，具有＿＿＿＿＿＿能力的武器装备。

（2）＿＿＿＿＿＿是自动化指挥系统的节点，是自动化指挥系统发挥打击威力的重要物质基础。

（3）坦克作为陆军突击武器出现于第一次世界大战，成名于＿＿＿＿＿＿。

（4）＿＿＿＿＿＿是美国目前现役的型号最先进的坦克。

（5）99式主战坦克是我国第＿＿＿＿代主战坦克。

（6）俄罗斯苏-57战斗机主要对标美军F-22、F-35等第＿＿＿＿代战斗机。

（7）歼-20战斗机于＿＿＿＿＿＿开始列装空军作战部队。

（8）＿＿＿＿＿＿是以舰载机为主要作战武器的大型水面战斗舰艇。

（9）"福特号"核动力航空母舰是美国第＿＿＿＿艘航母。

（10）＿＿＿＿＿＿是我国自主设计建造的第一艘航母，也是我国海军列装的第二艘航母。

（11）核潜艇是指以＿＿＿＿＿＿为动力来源的潜艇。

（12）综合电子信息系统由＿＿＿＿＿＿、＿＿＿＿＿＿、通信传输系统、导航定位系统等多种功能信息系统组成。

（13）指挥控制系统经历了从C^1到＿＿＿＿的发展过程。

（14）新概念武器主要有定向能武器、＿＿＿＿＿＿、＿＿＿＿＿＿和非致命武器等几大类。

（15）一般认为，直接命中概率高于＿＿＿＿的制导武器才能称为精确制导武器。

二、简答题

（1）信息化装备的发展趋势是什么？

（2）简述我国99式主战坦克的特点。

（3）信息化陆上作战平台的发展趋势是什么？

（4）简述我国歼-20战斗机的特点。

（5）信息化空中作战平台的发展趋势是什么？

（6）与辽宁舰相比，山东舰有什么特点？

（7）根据用途的不同，核潜艇可分为哪几类？对一个国家来说，哪类最重要？

（8）世界上有几个成熟的全球卫星导航系统，分别是什么？

三、论述题

（1）查阅俄乌冲突的相关资料，说一说信息化装备对现代战争产生了什么影响？
（2）结合自己的专业，说一说你打算如何为国防科研做贡献？

展馆参观——探寻我国信息化装备的发展成就

实践目的：

通过组织以"探寻我国信息化装备的发展成就"为主题的参观活动，走进军事博物馆，了解我国诸军兵种军事技术的发展现状，探寻我国信息化武器装备的发展成就，在参观活动中，增强国家荣誉感和自豪感，培养爱国情怀，提高为祖国未来发展奉献力量的主动性和自觉性。

实践方案：

（1）确定参观形式和参观地点。班长根据实际情况确定参观形式和参观地点，既可以考虑线下参观军事博物馆，也可以考虑线上参观数字博物馆（如中国人民革命军事博物馆的数字展厅）。

（2）分组。全班学生以5~8人为一组进行分组，每组设组长1名。

（3）讨论。小组合理分工，提前做好参观"攻略"，总结参观要点。

（4）参观。根据事先确定的参观形式开展活动，如果活动形式为线下参观，全班同学到达展馆集合完毕后，各组组长组织小组成员以小组为单位自由参观；如果活动形式为线上参观，各组组长可自由安排组织小组成员开展线上参观的时间和地点。在参观的过程中，各小组注意以拍照（或截图）、录像或做笔记的形式记录此次活动的所见所想。

（5）总结。活动结束后，各组组长组织小组成员结合参观中记录的图片、视频、笔记等资料，制作一份图文并茂的活动总结，并分享到班级群里。

第六章

增强纪律观念，做到令行禁止
——共同条令教育与队列动作训练

章前导读

守纪如铁、执纪如山，是人民军队红色基因图谱中鲜亮的标识。回顾90多年的战斗历程，我军从小到大、由弱变强，从胜利走向胜利，为党和人民建立了伟大历史功勋，充分彰显了革命纪律的伟大力量。作为新时代大学生，我们应了解中国人民解放军三大条令的主要内容，掌握队列动作的基本要领，增强组织纪律观念，培养团结奋进、顽强拼搏的过硬作风，肩负起时代赋予我们的使命任务。

学习目标

✦ 了解共同条令的内容，明确严守纪律的重要性。

✦ 明确共同条令对学生军训的要求。

✦ 了解落实共同条令的意义。

✦ 明确队列动作训练的内容，掌握不同队列动作训练的要领。

第一节 共同条令教育 *

条令是以简明条文规定，并通过命令颁布的关于军队战斗、训练、生活、勤务活动的行动准则。条令主要依据军队战斗、训练和管理的经验，武器装备和组织编制的状况，以及军事研究的成果等制定。

一、共同条令概述

《中国人民解放军内务条令》（以下简称《内务条令》）、《中国人民解放军纪律条令》（以下简称《纪律条令》）和《中国人民解放军队列条令》（以下简称《队列条令》）统称"共同条令"，亦称"三大条令"，是中央军委向全军颁布的命令。

（一）《内务条令》简介

《内务条令》是规定军人基本职责、军队内部关系和日常生活制度的法规，是军队生活的准则、行政管理的依据。其目的在于建立和维护团结统一的内部关系、紧张有序的生活秩序、严整的军容、优良的作风和严格的组织纪律，以巩固和提高战斗力，保证作战及其他任务顺利进行。

我军历来重视内务管理。1936年，《中国工农红军暂行内务条令》颁布施行，这是我军最早的《内务条令》。从1936年至2010年，中央军委先后颁布过12部规范内务制度的法规。

2018年4月，中央军委主席习近平签署命令，发布新修订的《中国人民解放军内务条令（试行）》，自2018年5月1日起施行。其内容如下：总则，军人宣誓，军人职责，内部关系，礼节，军人着装，军容风纪，与军外人员的交往，作息，日常制度，日常战备，军事训练和野营管理，日常管理，国旗、军旗、军徽的使用管理和国歌、军歌的奏唱，附则。

新修订的《中国人民解放军内务条令（试行）》，由原来的21章420条，调整为15章325条，明确了内务建设的指导思想和原则，坚持政治建军、改革强军、科技兴军、依法治军，聚焦备战打仗，着眼新体制新要求，调整规范军队单位称谓和军人职责，充实日常战备、实战化军事训练管理内容要求；着眼从严管理、科学管理，修改移动电话和互联网使用管理、公车使用、军容风纪、军旗使用管理、人员管理等方面规定，新增军人网络购物、新媒体使用等行为规范；着眼保障官兵权益，调整休假安排、人员外出比例和留营住宿等规定，新增训练伤防护、军人疗养和心理咨询等方面的要求。

军史讲堂

第一套红军军装诞生记

中国红军第一套正式军装（见图6-1）于1929年3月在福建闽西长汀设计并制作而成。军装的上衣是中山装式样，正面共有四个口袋，衣领上镶有两块红布做的红领章，领章四周绣一圈黑边（为纪念列宁逝世5周年，缅怀伟人丰功伟绩）；裤子是半长的阔腿样式，配有一副绑腿；军帽参照列宁戴过的八角帽式样，上面缀着一颗布质红五角星帽徽。

图6-1　中国红军第一套正式军装

为什么人民军队从1927年南昌起义成立，直到1929年才拥有第一套正式军装？这套军装又是如何诞生的？让我们一起回到那段烽火岁月。

1928年4月，"朱毛"红军在井冈山会师，成立了工农革命军第四军，后改为工农红军第四军（以下简称"红四军"）。由于井冈山红色根据地的发展壮大，从1928年7月开始，国民党军一次又一次向井冈山发动"会剿"。在敌人长时间封锁下，井冈山上红军生活面临空前困难。给养不足，红四军连吃饭都成问题，更别提统一军装了。

为了打破敌人的封锁，解决经济困难，1929年1月14日，朱德、毛泽东、陈毅率领红四军主力悄悄下了井冈山，沿着山间小路向赣南出击。这一路，红四军走得异常艰难和危险，不是打仗就是行军，有时甚至还要匍匐前行。为了保暖，他们是有什么衣服就穿什么衣服，而且大部分战士的服装已经非常破旧。

1929年3月14日，红四军从赣南进入闽西，进驻长汀县，打土豪、分田地。在长汀，红四军筹措到了近5万元的大洋。这些钱要怎么用？大家议论纷纷。经过深思熟虑，毛泽东提议，先给在上海的党中央寄去3万大洋作为经费，给红四军战士发一部分军饷，余下的再拿出一部分赶制4000套军装，每人一套。

当时的闽西重镇长汀县,被称作"小上海",物产丰富,富商云集,手工作坊遍布城乡。不仅如此,还有一个有利的条件是,红四军在长汀接收了一个被服厂,厂里有12台缝纫机和一批布料。这样做军装的条件就具备了。

有了机器,有了布料,但军服到底该如何设计,定什么样的色调,却没有可以借鉴的经验。红四军前委(即前敌委员会)经过反复研究论证,最终确定了新军装的款式。款式确定了,被服厂的工人就加班赶制军装,军需处还找来20多家服装店的老板一起加工。几天后,4000套崭新的军装发到了全军官兵手中,每人领到一套军服、一顶军帽、一个挎包、一副绑腿和两双胶鞋。

红四军战士穿上新军装,个个精神抖擞、英姿飒爽。部队在长汀南寨广场举行了盛大的阅兵典礼,以整齐威武的军容,接受了毛泽东、朱德、陈毅等人的检阅。

(资料来源:学习强国,有改动)

(二)《纪律条令》简介

《纪律条令》是中国人民解放军维护纪律、实施奖惩的基本法规,适用于中国人民解放军现役军人和单位,以及参战、支前的预备役人员。《纪律条令》的目的在于培养军人高度的组织性、纪律性,巩固和提高部队战斗力,保证部队训练、作战等任务的顺利进行。

扫一扫

铁纪强军的故事

中国人民解放军在创建初期就制定了《三大纪律六项注意》,后发展为《三大纪律八项注意》。2018年4月,中央军委主席习近平签署命令,发布新修订的《中国人民解放军纪律条令(试行)》,自2018年5月1日起施行。其内容如下:总则,纪律的主要内容,奖励,表彰,纪念章,处分,特殊措施,控告和申诉,首长责任和纪律监察,附则。

新修订的《中国人民解放军纪律条令(试行)》,由原来的7章179条,调整为10章262条,围绕听党指挥、备战打仗和全面从严治军,提出了政治纪律、组织纪律、作战纪律、训练纪律、工作纪律、保密纪律、廉洁纪律、财经纪律、群众纪律、生活纪律等10个方面纪律的内容要求;充实思想政治建设、实战化训练、执行重大任务、科技创新等奖励条件;新增表彰管理规范,对表彰项目、审批权限、时机等做出规范,同时取消表彰与奖励挂钩的相应条款;充实违反政治纪律、违规选人用人、降低战备质量标准、训风演风考风不正、重大决策失误、监督执纪不力等处分条件;调整奖惩项目设置、奖惩权限和承办部门,增加奖惩特殊情形的处理原则和规定。

军事百科

1927年10月，秋收起义后，毛泽东就军队与人民群众的关系，向部队宣布了三条纪律：一、行动听指挥；二、不拿群众一个红薯；三、打土豪要归公。

1928年1月，我军攻占遂川县城后，毛泽东认真总结做群众工作的经验，提出了六项注意：一、上门板；二、捆铺草；三、说话和气；四、买卖公平；五、借东西要还；六、损坏东西要赔。1928年春，部队到达湖南桂东沙田村后，毛泽东向全体官兵正式宣布"三大纪律六项注意"。

1929年，毛泽东在率领红四军向赣南和闽西进军时，又将六项注意改为八项注意。1947年10月，解放战争进入战略大反攻的关键时期，为了适应大兵团作战的需要，我军修订和统一了"三大纪律八项注意"的内容。修订后，三大纪律如下：一切行动听指挥；不拿群众一针一线；一切缴获要归公。八项注意如下：说话和气；买卖公平；借东西要还；损坏东西要赔偿；不打人骂人；不损坏庄稼；不调戏妇女；不虐待俘虏。

中华人民共和国成立后，我军多次修改纪律条令，都把"三大纪律八项注意"作为主要内容写进条令。图6-2为井冈山革命博物馆收藏的《三大纪律八个注意说明》宣传册。

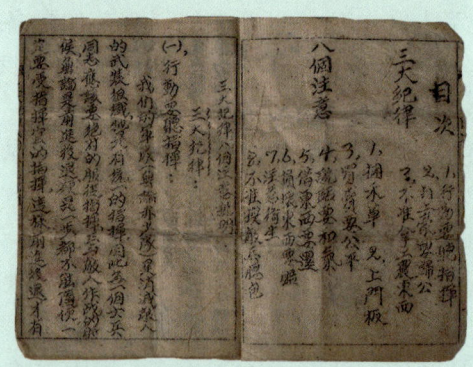

图6-2　井冈山革命博物馆收藏的《三大纪律八个注意说明》宣传册

（三）《队列条令》简介

《队列条令》适用于中国人民解放军现役军人和单位，以及参训的预备役人员，是规定队列动作、队列队形和队列指挥的法规，是全军队列训练的依据。

2018年4月，中央军委主席习近平签署命令，发布新修订的《中国人民解放军队列条令（试行）》，自2018年5月1日起施行。其内容如下：总则，队列指挥，队列队形，单个军人的队列动作，分队、部队的队列动作，分队乘坐交通工具，国旗的掌持、升降和军旗的掌持、授予与迎送，阅兵，仪式，附则和附录。

新修订的《中国人民解放军队列条令（试行）》，由原来的11章71条，调整为10章

89条，着眼进一步激励官兵士气、展示我军良好形象、激发爱国爱军热情，新增誓师、组建、凯旋、迎接烈士等14种仪式，规范完善各类仪式的时机、场合、程序和要求；调整细化阅兵活动的组织程序、方队队形、动作要领；调整队列生活的基准单位和武器装备操持规范，统一营门卫兵执勤动作等内容。

> **互动空间**
>
> 新的共同条令有如下变化：取消了"军人非因公外出应当着便服"的规定；取消了因工作需要并经团以上单位首长批准方可使用移动电话的限定条件，明确"基层单位官兵在由个人支配的课外活动时间、休息日、节假日等时间，可以使用公网移动电话。不使用时，通常集中保管。具体使用时机和管理办法，由旅（团）级以上单位结合实际制定"。
>
> 你如何看待共同条令的新变化？

二、共同条令对学生军训的要求

共同条令是军队建设的基本准则，也是高校学生军训时必须遵循的原则和标准。

第一，每一个军训学生都要认真学习条令内容，把握条令精神，紧密结合自身实际，切实将理论与实践相结合，把条令精神融入学习、训练和生活，使共同条令真正成为军训生活中的行为准则。

第二，高校管理部门要搞好条令教育，增强学生的条令意识。高校学生来自全国各地，在思想、文化、观念和素质等方面具有一定的差异。据此，高校管理部门要坚持以教育为导向，采取集中教育与分散教育、集体教育与个别教育、管理教育与思想教育等多种形式并举的方法，引导学生转变思想观念，真正把思想和行动统一到条令精神上来。

第三，高校要抓好条令落实，促进学生全面发展。军事技能训练要认真贯彻"严格训练，严格要求"的"两严"方针，通过认真落实条令，让广大参训学生从军事技能训练的实践中领悟条令丰富而深远的育人内涵，激发学生科技强军、知识报国、振兴中华的自信心和责任感，促进学生素质与能力的全面发展。

三、落实共同条令的意义

中国人民解放军是人民的军队，是中华人民共和国的武装力量，是人民民主专政的坚强柱石，肩负着巩固国防、抵抗侵略、捍卫祖国的历史重任。我军的性质和任务，要求其必须要有高度统一的组织纪律和行动。我军的广大干部、战士来自祖国的四面八方和社会各个不同阶层，在生活习惯、文化水平、人生经历、道德素养等方面的差异较大，如果没有一个从生活到工作、从管理到训练，统一、严格的行动准则予以规范，部队就会失去应有的凝聚力和战斗力，也就不可能圆满完成以军事训练为中心的各项工作任务，作为军人也就不可能成为一名优秀的干部、战士。

共同条令依据我军性质、宗旨，以立法的形式规定了军队日常活动，包括战备、训练、工作、生活等最基本的行动规范。它是全体军人必须遵照执行的法规，是我军建立正规生活秩序、巩固纪律、培养优良作风、保证部队完成训练和作战等各项任务的根本法典。因此，军队的各项工作和军人的一切行动都必须以条令为准绳，并达到条令所规定的标准。只有全面认真地贯彻执行条令，才能更好地维护我军内部良好的上下级关系、军内外关系和正规的工作秩序、生活秩序，才能严格履行职责，搞好行政管理，才能培养优良作风，增强纪律性，巩固和提高战斗力，提高我军质量建设的水平。

按照教育部、中央军委国防动员部颁发的《普通高等学校军事课教学大纲》的要求，在普通高等学校开展学生军训工作，进行中国人民解放军共同条令教育训练，对于增强学生的组织纪律性，塑造学生良好形象，提高学生综合素质，加强和维护校园正常的学习、生活和工作秩序，促进校园文明建设，将起到积极的推动作用。

第二节　队列动作训练 *

一、集合、离散

（一）集合

集合是一种使单个军人、分队、部队按照规范队形聚集起来的队列动作。

集合时，指挥员应当先发出预告或信号，如"全体注意""三排注意"，然后站在预定队形前的中间位置成立正姿势，并下达"成××队——集合"的口令。所属人员听到预告或信号，原地面向指挥员成立正姿势；听到口令，跑步到预定队形的指定位置（在指挥员后侧的人员，应当从指挥员右侧绕过），然后面向指挥员，自行对正、看齐，成立正姿势。

1. 班集合

（1）口令：成班横队（二列横队）——集合。

要领：基准兵迅速到班长左前方适当位置，成立正姿势；其他士兵以基准兵为准，依次向左排列，自行看齐。

成班二列横队时，单数士兵在前，双数士兵在后。

（2）口令：成班纵队（二路纵队）——集合。

要领：基准兵迅速到班长前方适当位置，成立正姿势；其他士兵以基准兵为准，依次向后排列，自行对正。

扫一扫

军训

成班二路纵队时，单数士兵在左，双数士兵在右。

2. 排集合

（1）口令：成排横队——集合。

要领：基准班在指挥员前方适当位置，成班横队迅速站好；其他班成班横队，以基准班为准，依次向后排列，自行对正、看齐。

（2）口令：成排纵队——集合。

要领：基准班在指挥员右前方适当位置，成班纵队迅速站好；其他班成班纵队，以基准班为准，依次向右排列，自行对正、看齐。

3. 连集合

（1）口令：成连横队——集合。

要领：队列内的连指挥员或基准排在指挥员左前方适当位置，成横队迅速站好；各排和连部成横队，以连指挥员或基准排为准，依次向左排列，自行对正、看齐。

（2）口令：成连纵队——集合。

要领：队列内的连指挥员或基准排在指挥员前方适当位置，成纵队迅速站好；各排和连部成纵队，以连指挥员或基准排为准，依次向后排列，自行对正、看齐。

（3）口令：成连并列纵队——集合。

要领：队列内的连指挥员或基准排在指挥员左前方适当位置，成纵队迅速站好；各排和连部成纵队，以连指挥员或者基准排为准，依次向左排列，自行对正、看齐。

4. 营集合

营集合通常会规定集合的时间、地点、方向、队形、基准分队，以及应当携带的武器、器材和装具等事项。

各连按照规定，由连值班员整队带往营的集合地点，随即向基准分队取齐，然后，跑步到距主持集合的营值班员5～7步处报告人数，营值班员整队后，向营长报告人数，如"营长同志，×连应到××名，实到××名，请指示"。营集合也可以由连长整队带往集合地点，直接向营长报告。

营长以口令指挥集合时，参照班、排、连集合的有关规定实施。

（二）离散

离散是一种使列队的单个军人、分队、部队各自离开原队列位置的队列动作。

1. 离开

口令：各营（连、排、班）带开（带回）。

要领：队列中的各营（连、排、班）指挥员带领本队迅速离开原列队位置。

2. 解散

口令：解散。

要领：队列人员迅速离开原列队位置。

二、整齐、报数

（一）整齐

整齐是一种使列队人员按照规定的间隔、距离，保持行、列平齐的队列动作。整齐分为向右（左）看齐和向中看齐。

1. 向右（左）看齐

口令：向右（左）看——齐；向前——看。

要领：基准兵不动，其他士兵向右（左）转头（持枪时，听到口令迅速将枪稍提起，看齐后自行放下；持120反坦克火箭筒时，听到口令，左手握提把，右手握握把，提起发射筒，看齐后自行放下），眼睛看右（左）邻士兵腮部，前四名能通视基准兵，自第五名起，以能通视到本人以右（左）第三人为度；后列人员，先向前对正，后向右（左）看齐；听到"向前——看"的口令，迅速将头转正，恢复立正姿势。

2. 向中看齐

口令：以×××为准，向中看——齐；向前——看。

要领：当指挥员指定"以×××为准（或者以第×名为准）"时，基准兵答"到"，同时左手握拳高举，大臂前伸与肩略平，小臂垂直举起，拳心向右，如图6-3所示；听到"向中看——齐"的口令后，其他士兵按照向左（右）看齐的要领实施；听到"向前——看"的口令后，基准兵迅速将手放下，其他士兵迅速将头转正，恢复立正姿势。

一路纵队看齐时，可以下达"向前——对正"的口令。

图6-3 向中看齐时基准兵的举手姿势

（二）报数

口令：报数。

要领：横队按照从右至左、纵队按照由前向后的顺序依次以短促洪亮的声音转头报数（纵队向左转头），最后一名不转头；数列横队时，后列最后一名报"满伍"或"缺×名"；连集合时，由指挥员下达"各排报数"的口令，各排长在队列内向指挥员报告人数，如"第×排到齐"或"第×排实到××名"。

必要时，连也可以统一报数。

要领：连实施统一报数时，各排不留间隔，要补齐，成临时编组的横队队形。报数前，连指挥员先发出"看齐时，以一排长为准，全连补齐"的预告，尔后下达"向右看——齐"口令，待全连看齐后，再下达"向前——看"和"报数"的口令，报数从一排长开始，后列最后一名报"满伍"或"缺×名"。

三、出列、入列

（一）单个军人出列、入列

1. 出列

口令：×××（或第×名），出列。

要领：出列军人听到呼点自己姓名或序号后应当答"到"，听到"出列"的口令后，应当答"是"，然后，进到指挥员右侧前适当位置或指定位置，面向指挥员成立正姿势。

（1）位于第一列（左路）的军人出列，按上述规定执行。

（2）位于中列（路）的军人出列，向后（左）转，待后列（左路）同序号的军人向右后退1步（左后退1步）让出缺口后，按照上述规定从队尾（纵队时从左侧）出列；位于"缺口"位置的军人，待出列军人出列后，即复原位。

（3）位于最后一列的军人出列，先退1步（右跨1步），然后，按照有关规定从队尾出列。

2. 入列

口令：入列。

要领：出列军人听到"入列"口令后，应当答"是"，然后，按照出列的相反程序入列。

（二）班（排）出列、入列

1. 出列

口令：第×班（排），出列。

要领：听到"第×班（排）"的口令后，由出列班（排）的指挥员答"到"，听到"出列"的口令后，由出列班（排）的指挥员答"是"，并用口令指挥本班（排），按照有关规定，以纵队形式从队尾（位于第一列的班取捷径）出列。

2. 入列

口令：入列。

要领：听到"入列"的口令后，由入列班（排）指挥员答"是"，并用口令指挥本班（排），以纵队形式从队尾（位于第一列的班取捷径）入列。

四、行进、停止

横队和并列纵队行进以右翼为基准，纵队行进以左翼为基准（一路纵队行进以先头为基准）。

（一）行进

齐步与正步动作要领

指挥员应当下达"×步——走"的口令。听到口令，基准兵向正前方前进，其他士兵向基准翼标齐，保持规定的间隔、距离行进。纵队行进时，排、连通常成三路纵队，也可成一、二路纵队。行进中需要时，可高呼"一二一"（调整步伐的口令）、"一二三四"（呼号）或唱队列歌曲，以保持步伐的整齐并振奋士气。

（二）停止

指挥员应当下达"立——定"的口令。军人听到口令，按照立定的要领实施，分队的动作要整齐一致。停止后，听到"稍息"的口令，先自行对正、看齐，再稍息。

> **军事百科**
>
> 口令：立——定。
> 要领：听到口令，左脚再向前大半步着地，脚尖向外约30度，两腿挺直，右脚取捷径迅速靠拢左脚，成立正姿势。跑步时，听到口令，继续跑2步，然后左脚向前大半步（两拳收于腰际，停止摆动）着地，右脚取捷径靠拢左脚，同时将手放下，成立正姿势。踏步时，听到口令，左脚踏1步，右脚靠拢左脚，原地成立正姿势；跑步的踏步，听到口令，继续踏2步，再按照上述要领进行。

五、方向变换

方向变换是改变队列面对的方向的一种队列动作。

（一）横队和并列纵队方向变换

停止间通常是左（右）转弯或左（右）后转弯，必要时可以向后转。

停止间口令：左（右）转弯，齐（跑）步——走，或者左（右）后转弯，齐（跑）步——走；向后——转，齐（跑）步——走。当需要向后转走时，应当先下"向后——转"的口令，待方向变换后，再下"齐步——走"或"跑步——走"的口令。

行进间口令：左（右）转弯——走，或者左（右）后转弯——走。

要领：一列横队方向变换时，轴翼士兵踏步，并逐渐向左（右）转动；外翼第一名士兵用大步行进并逐步变换方向，其他士兵用眼睛的余光向外翼取齐（愈接近轴翼者，其步幅愈小），并保持规定的间隔和排面整齐，转到90°或者180°时踏步并取齐，听口令前进或停止。

数列横队和并列纵队方向变换时，第一列轴翼士兵停止间用踏步、行进间用小步，外翼士兵用大步行进，保持排面整齐，边行进边变换方向，转到90°或者180°后，听口令前进或者停止；后续各列按照上述要领，保持间隔、距离，取捷径进到前一列转弯处，转向新方向跟进。

（二）纵队方向变换

停止间口令：左（右）转弯，齐（跑）步——走，或者左（右）后转弯，齐（跑）步——走；向后——转，齐（跑）步——走。

行进间口令：左（右）转弯——走，或者左（右）后转弯——走。

要领：一路纵队方向变换，基准兵在左（右）转弯时，按照单个军人行进间转法（停止间，左转弯走时，左脚先向前1步）的要领实施，在左（右）后转弯时，用小步边行进边变换方向，转到90°或者180°后，照直前进；其他士兵逐次进到基准兵的转弯处，转向新方向跟进。

数路纵队方向变换时，按照数列横队和并列纵队方向变换的要领实施。

 人物视窗

"有思想"的队列训练，让这名三级军士长"圈粉"无数

"正步——走！"

入学季，海军航空大学综合训练场上，训练口令声此起彼伏。

军事技能教研室教员、三级军士长陈双振扯着嗓子下达口令，目光始终盯着新学员队列排面。"啪、啪、啪……"一双双战靴踏在地面上，发出颇有节奏的声响……

训练结束，陈双振舔了一下起皮的嘴唇，转身走进树荫里，拎起地上的水壶，仰头将半壶水一饮而尽。

古铜色的脸庞、挺拔的身姿、矫健的步伐，即使在整齐的队列里，陈双振也显得格外突出。出身三军仪仗队的他，曾3次参加阅兵，并担任将军领队的教练员。2007年，陈双振调到海军航空大学，从仪仗队员变成了一名军校教员。来学校报到那天，教研室领导向他投来期盼的目光，说："希望你尽快转变为军事技能教学能手，带领学员走好军旅人生的第一步。"

面对繁重的教学任务，陈双振主动请缨，给自己多排课，尽快提升教学能力。队列动作、呼号训练……他严肃认真的神情、鹰隼般锐利的目光、嘶哑但有力的嗓音，让不少新学员心里发怵，同时也产生了疑惑："我们以后是要指挥部队打仗的，天天踢正步有啥用？"

面对学员的不解，陈双振决定为单调的队列训练加点料——开设"仪仗讲堂"。得知这名不近人情的"黑脸教官"曾在三军仪仗队服役，不少学员对陈双振有了兴趣。

"头型不正别针子、腰杆不硬背棍子、脚腕无力踢石子……"训练间隙，陈双振将仪仗队的"十子歌"讲给学员听。那时，他为了练就"稳、准、狠"的出腿动作，不管刮风下雨，每天要练习上万次踢腿，晚上躺在床上要把浮肿的腿垫起来才能入睡……

年轻的学员瞪大眼睛，不住赞叹着，陈双振接着说："军人的标准体现在哪儿？一言一行、一举一动。军事基础教学为的是培养塑造大家的'兵之初'。"

"有思想"的队列训练，让陈双振"圈粉"无数。学员王蒙十分羡慕陈双振举军旗时的飒爽英姿。一天训练结束后，他悄悄站在陈双振身后，轻抚军旗。

"有想法？"陈双振突然回头，笑着问道。

"我想举旗，当排头兵！"王蒙流露出坚定而自信的神情。

"好样的，那就好好练吧！"

太阳喷着火，天上没有一丝云。午后的训练场上，只有陈双振带着王蒙练习举旗的身影。开练没多久，王蒙就有些吃不消了，高高举起的胳膊又酸又痛，身上的衣衫早已被汗水浸透。他咬着嘴唇望着陈双振，眼睛里露出恳求的目光。陈双振不说话，只是微笑着注视着他，目光里带着肯定，也饱含期许。想起教员不辞辛苦地陪伴，想起自己要当好举旗手的初心，王蒙的胳膊挺得更直了……

队列会操场上，伴随着雄壮的军乐，王蒙举着军旗走在队列前方。陈双振远远望着他，望着这支年轻的队伍，心中洋溢着幸福："我无法一直陪伴你们走下去，但希望你们能走好军旅人生的每一步，并在未来走得更远。"

（资料来源：《解放军报》，作者张淦、刘任丰，有改动）

训练营地

一、填空题

（1）条令是以_____规定，并通过_____颁布的关于军队战斗、训练、生活、勤务活动的行动准则。

（2）_____是规定军人基本职责、军队内部关系和日常生活制度的法规，是军队生活的准则、行政管理的依据。

（3）_____的目的在于培养军人高度的组织性、纪律性，巩固和提高部队战斗力，保证部队训练、作战等任务的顺利进行。

（4）_____是规定队列动作、队列队形和队列指挥的法规，是全军队列训练的依据。

（5）_____年，《中国工农红军暂行内务条令》颁布施行，这是我军最早的《内务条令》。

（6）军事技能训练要认真贯彻_____的"两严"方针。

（7）_____是全体军人必须遵照执行的法规，是我军建立正规生活秩序、巩固纪律、培养优良作风、保证部队完成训练和作战等各项任务的根本法典。

（8）_____是一种使单个军人、分队、部队按照规范队形聚集起来的队列动作。

（9）_____ 通常会规定集合的时间、地点、方向、队形、基准分队，以及应当携带的武器、器材和装具等事项。

（10）_____ 是一种使列队人员按照规定的间隔、距离，保持行、列平齐的队列动作。

二、简答题

（1）什么是共同条令？
（2）共同条令对学生军训的要求有哪些？
（3）请简述队列训练中报数的要领。
（4）请简述队列训练中单个军人出列的要领。

三、论述题

试从人民军队和当代大学生两个方面，谈谈落实共同条令的意义。

学唱军歌——迷彩斑斓，歌声嘹亮

实践目的：

通过学唱军歌活动，回顾人民军队走过的辉煌征程，感受优秀军歌作品中蕴藏的强大精神动力，传承我军红色基因，坚定理想信念，培塑战斗精神。

实践方案：

军歌，乃军营之歌，军旅之歌，也是军队之歌。嘹亮的军歌伴随着人民军队走过了90多年的峥嵘岁月，积淀着人民军队的光辉历史和优良传统，彰显着我军敢打必胜、英勇顽强的战斗精神，抒发着忠诚党和人民、勇于牺牲奉献的军人情怀。

请同学们以小组为单位开展以"迷彩斑斓，歌声嘹亮"为主题的学唱军歌活动。

（1）分组。全班学生以8～10人为一组进行分组，每组设组长1名。

（2）选歌。各组组长组织小组成员分工合作，通过网络、书籍等搜集优秀的军歌作品，并了解所搜集军歌作品的创作背景及这一时期我军经历的重大事件。然后，各组组长组织小组成员分享所搜集的军歌作品及相关资料，并通过讨论确定学唱曲目（可选2～3首歌曲）。

（3）练歌。各组组长组织小组成员利用课余时间学唱军歌（可请学校的音乐教师给予指导）。

（4）演唱。各组轮流演唱一首军歌（也可开展拉歌活动）。

（5）总结分享。活动结束后，各组成员可自由分享，谈谈唱军歌、听军歌时的感受，以及在搜集资料时让自己印象深刻的红军故事等。

第七章

熟习实战之技,深谙应变之道
——射击与战术训练

章前导读

射击和战术训练是军训的重要组成部分。当代大学生掌握必备的射击和战术训练知识,不仅可以提升自身的国防素质,增强国防观念和国家安全意识,还可以增强自身的心理素质,激发民族自尊心、民族自信心和民族自豪感,培养为了祖国富强和荣誉而奉献一切的高尚道德、献身精神。

学习目标

- ✦ 了解常用的轻武器。
- ✦ 了解射击原理。
- ✦ 掌握轻武器分解结合的方法与维护保养的方法。
- ✦ 掌握验枪、装退子弹及定复表尺、据枪、瞄准和击发的动作要领。
- ✦ 熟记实弹射击的组织与安全规则,知道如何报靶。
- ✦ 掌握卧倒、起立、直身前进、屈伸前进、匍匐前进、跃进和滚进的动作要领。
- ✦ 熟记进攻战斗和防御战斗的优点和基本任务,了解现代进攻战斗、现代防御战斗和战斗勤务。
- ✦ 熟记战斗基本原则。

第一节　轻武器射击训练 *

一、轻武器常识

轻武器又称"轻兵器"，是指枪械及其他各种由单兵或班组携行战斗的武器。它具有质量轻、体积小、便于携带、使用方便、保障简单及成本低廉等特点，广泛装备于我国的各个军种和兵种中。其主要作战用途是杀伤有生力量，毁伤轻型装甲车辆，破坏其他武器装备和军事设施。

按照武器用途的不同，轻武器可分为手枪、步枪、冲锋枪、机枪、榴弹发射器和火箭筒等。

（一）手枪

手枪（见图7-1）是用来近战和自卫的小型武器。它短小轻便，在50米内具有良好的杀伤力。通常为指挥员和特种兵随身携带。

（二）步枪

步枪是步兵使用的长管枪，按自动化程度，分为非自动步枪和自动步枪。现代步枪多为自动步枪。自动步枪（见图7-2）是指利用火药气体的压力和弹簧的伸张力进行连发射击的步枪。它具有较高的战斗射速，可以自动完成推弹、闭锁、击发、开锁、退壳、供弹等动作，能连发射击，主要用于射击敌人400米以内的单个目标，或者集火射击500米以内的集团目标。

图7-1　手枪

图7-2　自动步枪

视野拓展

从仿制到超越——我国第一支56式半自动步枪

在中国人民革命军事博物馆内,有3支国产56式半自动步枪非常引人注目,如图7-3所示。这3支步枪是中国人民解放军列装的第一种制式半自动步枪。

图7-3 中国人民革命军事博物馆展出的3支国产56式半自动步枪

中华人民共和国成立初期,我军大多数枪支是缴获而来的。这些枪支种类繁多,维修非常困难。为了改变这一现状,枪支亟须制式统一,于是我国引进了苏联的SKS半自动步枪,交由国营某军工厂负责仿制。

我国老一辈的军工人充分发挥聪明才智,克服了种种困难,根据SKS半自动步枪自行研制出了可以代替进口材料的钢材,降低了生产成本,提高了仿制步枪的机械性能。他们还改进了击针与击针截面的形状,调整击针头部的尺寸与角度,有效解决了击针易断裂等问题……经过数月的艰苦攻关,我国军工人仿制出了性能较好的56式半自动步枪,并开始定型量产,列装部队。

56式半自动步枪一经列装,就在我军官兵手中大放异彩:某部战士宋世哲,40秒内射出40发子弹,命中40块钢靶,其间还4次压弹;"孤胆英雄"岩龙创造了125发枪弹连续毙敌56人的战绩。

56式半自动步枪的成功,为我国后续枪支研发奠定了基础。我国自行研制的63式自动步枪,其刺刀、枪托、瞄准装置等,均与56式半自动步枪如出一辙。

跨越了半个多世纪,56式半自动步枪已经成为我国枪械发展史上的一个传奇。如今,56式半自动步枪作为礼宾用枪,装备到了我军的三军仪仗队和国旗护卫队中,继续在迎宾和阅兵时彰显着我国的国威军威。

(资料来源:《解放军报》,作者唐幼珣,有改动)

(三)冲锋枪

冲锋枪(见图7-4)是介于手枪和步枪之间的一种轻武器,其枪身较短,弹匣容量大,射速高,火力猛,能够进行单发和连发射击,适用于冲锋,以及丛林作战、战壕作战、城市巷战等短兵相接的战斗。

图 7-4　冲锋枪

（四）轻机枪

轻机枪（见图 7-5）装有两脚架，靠弹链或弹匣供弹，火力猛，威力强，能有效杀伤 800 米以内的敌人目标，还能对低空目标进行射击。它通常被步兵用于冲锋，或者作为阵地上的机动火力。在现代战争中，轻机枪是步兵的火力骨干。

（五）重机枪

重机枪（见图 7-6）一般指重量在 25 公斤以上的机枪（包含三脚架）。它装有固定枪架，射程较远，射击精度较好，威力较大，可分解搬运，主要用于射击集群的有生力量、火力点、轻型装甲目标和低空飞机等，是步兵分队的支援火器。其枪架具有平射、高射两种用途。其中，平射的有效射程为 800～1000 米，使用普通弹最大射程可达 3000 米，使用特种弹最大射程可达 5000 米；高射的有效射程是 500 米。

图 7-5　轻机枪　　　　　　　　　　图 7-6　重机枪

（六）榴弹发射器

榴弹发射器（见图 7-7）是一种发射小型榴弹的轻武器。它结构简单，火力猛，可以安装在步枪上，如图 7-8 所示。榴弹发射器有较强的面杀伤威力和一定的破甲能力，有效射程为 400 米，最大射程可达 2000 米，主要用于毁伤开阔地带和掩蔽工事内的有生目标及轻装甲目标，为步兵提供火力支援。

图7-7 榴弹发射器

图7-8 装在步枪上的榴弹发射器

（七）火箭筒

火箭筒（见图7-9）是一种发射火箭弹的便携式反坦克武器，它结构简单，有效射程为300米，最大射程为500米，最大破甲深度约为260毫米，可以近距离打击坦克、装甲、步兵战车，还可以摧毁工事及杀伤有生目标，在历次反坦克作战中发挥了重要作用。

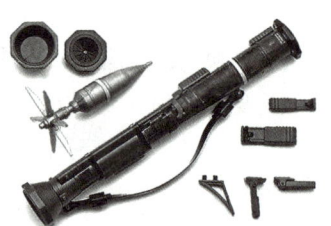

图7-9 火箭筒

 人物视窗

当兵就当硬汉！他以火箭筒手的身份走上国际赛场

"当兵就当硬汉！""我也要出国比武拿第一。"刘浩至今仍记得当新兵时参观旅史馆，看着荣誉榜上一串串傲人的比武成绩时热血升腾的感觉。

念念不忘，必有回响。当刘浩得知"里海赛马-2015"装甲野战技能竞赛准备选拔队员时，他第一时间报了名。训练的那段日子，刘浩常常一身汗味和机油味，同班的战友被他呛得直打喷嚏。经过残酷的选拔，刘浩最后以微弱优势"挤"进了参赛队伍，走出国门参赛。然而，带队教练认为刘浩与其他队员相比，技术上还有待提高，便让他做替补。看着赛场上队友们奋勇拼搏的样子，刘浩急得搓手顿足，恨不得上去帮他们一把。"说到底，还是自己不够优秀。"回到连队的那晚，刘浩躺在床上辗转反侧，下定决心要刻苦训练，争取在下一次比赛中为国争光。

机会终于来了。"海上登陆-2016"选拔赛又拉开战幕。在选拔赛中，队伍需要一名火箭筒手。这名火箭筒手必须既能完成障碍越野，又能兼顾火箭筒专业训练，难度很高。正在教练左挑右选、举棋不定时，刘浩毛遂自荐，顺利成为队伍的火箭筒手。

第七章　熟习实战之技，深谙应变之道——射击与战术训练　　175

> "成为强者如登台阶，只有拾级而上，才能不断超越。"刘浩刻苦训练，身上到处都是在训练时磨出的血痕，经常是旧的血痕刚刚结了疤，新的血痕又冒出来。凭借着这股子拼劲，刘浩顺利通过考核，以火箭筒手的身份走上了国际赛场。在国际赛场上，刘浩和队友们密切配合，一路过关、激战，依次通过倾斜高墙、侧方暗堡、轮胎障碍……当刘浩冲到射击地点时，发现风速高达7米/秒，对射击精度的干扰非常大，前面好几个参赛国的队员都在这个课目上栽了跟头。这是一次考验，也是胜利的契机。想到这里，刘浩的眼神无比坚定。他迅速摆脱杂乱的思绪，一边平复呼吸，一边调整射击参数。只听"砰"的一声巨响，火箭弹如利剑出鞘，准确地直奔目标。命中了！观众席上掌声如雷。刘浩没有松懈，他继续奔向下一个障碍，层层突破，第一个冲过了终点，夺得了这次比赛的第一名。
>
> 每个士兵心中都有一个英雄梦，只有不怕吃苦、不怕失败，坚持不懈地努力，才能迎来人生的登峰时刻。
>
> （资料来源：中国军网，作者梁景锋，有改动）

二、射击原理

（一）发射

发射是指子弹上膛后，扣动扳机，枪械内的撞针撞击子弹，引燃起爆药并产生巨大压力，将子弹推出的过程。由于枪管内壁有螺旋纹理，子弹射出时会高速旋转，能确保子弹不偏离航向，更准确地打击目标。在发射过程中，枪械内膛压的变化规律是从小急剧增大，而后逐渐下降；弹头速度的变化规律是由静到动，由慢到快，始终保持加速运动。

扫一扫

射击教学

在弹头脱离枪口的一瞬间，大量气体会随着弹头从膛内向外喷出，并作用于各个方向，使武器向后运动，形成反作用力。这个反作用力就是后坐力。后坐力对单发射击命中率的影响极小，对连发射击命中率有一定的影响。但是，只要射手据枪要领正确，就能减少后坐力对连发命中率的影响，提高射击精度。

（二）初速和弹道

初速是指弹头脱离枪口前切面瞬间的速度，以"米/秒"为单位。初速是判定武器战斗性能的一项重要指标。在弹头相同的情况下，初速越大，动能越大，弹头的飞行距离越长，弹头的贯穿力和杀伤力越强，而飞达目标的时间则越短。影响初速大小的因素有枪械的倍径、弹头的质量、弹药的质量、枪管的长度、弹药燃烧的速度等。

弹道是弹头在飞行时的变化轨迹。弹头脱离枪口后，一方面会受到地心引力的影响，使得高度在到达一个最高点后逐渐下降；另一方面会受到空气阻力的影响，使得飞行速度越来越慢，从而形成一条弧线。这条弧线就是弹道。弹道包括射程、火身口水平面、起点、发射线、发射角、发射差角、射线、射角、升弧、降弧、弹道最高点、最大弹道高、弹道高、落点、落角、弹道切线等要素，这些要素统称为弹道要素，如图7-10所示。

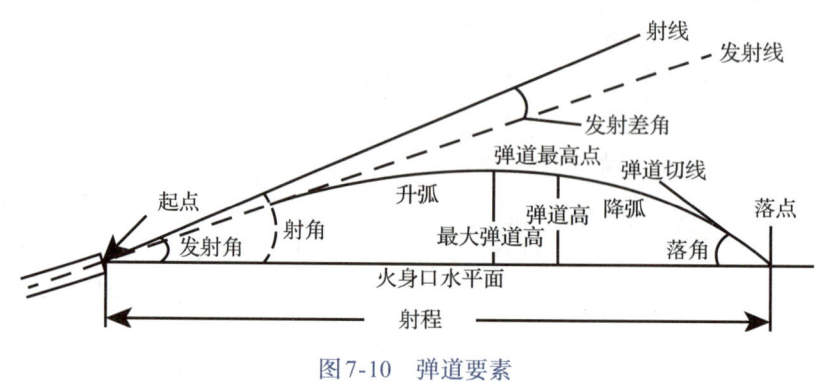

图7-10 弹道要素

（三）瞄准

1. 瞄准具

瞄准具也称"瞄准装置"，是指安装在轻武器上的能够赋予其准确瞄准角，使平均弹道通过目标的瞄准装置。

由于弹道是一条弧线，如果用枪管直接瞄准目标进行射击，子弹就会打偏或打近。为了让子弹命中目标，射手必须将枪口抬高，使火身轴线与瞄准线之间形成一定的角度，即瞄准角。瞄准角的大小是根据子弹在不同距离上的降落量（即子弹离开发射线逐渐向下降落的距离）来确定的。距离越远，降落量越大，所需要的瞄准角也就越大；距离越近，降落量越小，所需要的瞄准角也就越小。瞄准具就是在上述原理（见图7-11）的基础上设计而成的。在瞄准具上有表尺，表尺位置高，瞄准角较大，相应的射击距离就远；表尺位置低，瞄准角较小，相应的射击距离就近。不同的距离在表尺上有不同的分划。按照目标距离选定表尺分划瞄准射击，就能命中目标。

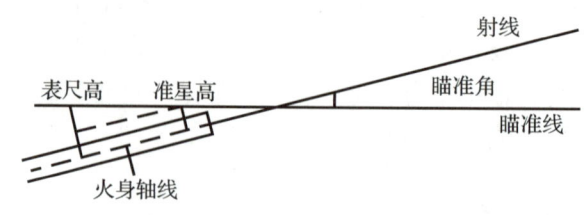

图7-11 瞄准具原理

随着瞄准技术的不断发展，瞄准具的种类也不断丰富，出现了多种新型瞄准具，如可用于夜间射击的微光瞄准镜、昼夜通用的热像瞄准镜、能精确测定目标距离并自动显示瞄准标记的光电瞄准具，以及能直观显示瞄准线射达部位的激光照准器等。

2. 瞄准要素

瞄准要素是指实施瞄准的各种要素，包括瞄准基线、瞄准线、瞄准点、高低角、弹道高、落点、弹着点、命中角、射线、瞄准角、表尺距离、实际射击距离等，如图7-12所示。

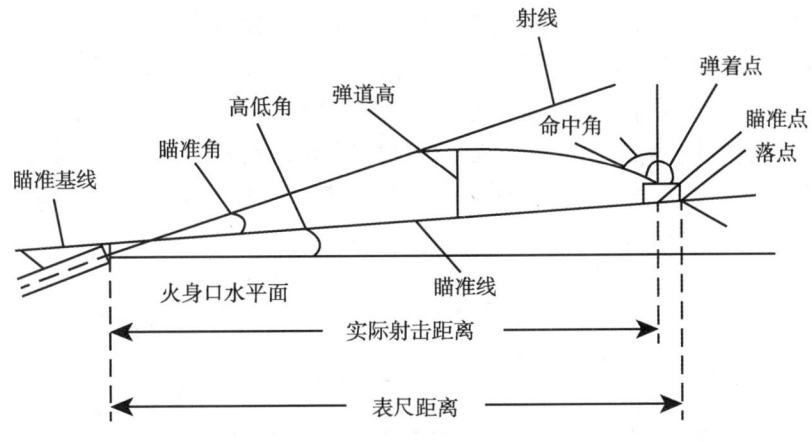

图7-12 瞄准要素

（1）瞄准基线：缺口的上沿中央到准星尖的直线线段。

（2）瞄准线：视线通过缺口上沿中央和准星尖的延长线。

（3）瞄准点：瞄准线所指向的一点。

（4）高低角：瞄准线与枪口水平面的夹角。

（5）弹道高：弹道上任何一点到瞄准线的垂直距离。

（6）落点：弹道降弧与瞄准线的交点。

（7）弹着点：弹道与目标表面或地面的交点。

（8）命中角：弹着点的弹道切线与目标表面或地面所夹的角。

（9）射线：发射前火身轴线的延长线。

（10）瞄准角：射线与瞄准线的夹角。

（11）表尺距离：射弹起点到落点的距离。

（12）实际射击距离：射弹起点到弹着点的距离。

3．选定表尺分划和瞄准点

射击时，射手应根据目标的距离、大小，以及所用武器的弹道高，正确地选定表尺分划和瞄准点，以便使射弹准确地命中目标。其选定方法如下。

（1）定实际距离的表尺分划，瞄准目标中央。目标距离为百米（轻机枪50米）整数时，可根据目标距离装定相应的表尺分划，瞄准点应在目标中央。例如，冲锋枪对100米距离上的目标射击时，定表尺"1"，瞄准目标中央射击，即可命中目标，如图7-13所示。

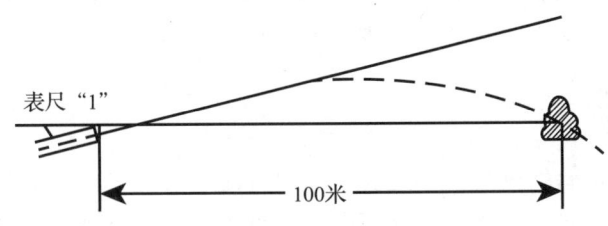

图7-13 定实距离表尺分划射击景况

（2）定大于或小于实际距离的表尺分划，适当降低或提高瞄准点。目标距离不是百米（轻机枪50米）整数时，常选择大于实际距离的表尺分划，根据武器在该距离上的弹道高，相应降低瞄准点射击。例如，冲锋枪对250米距离上的目标射击时（弹道高为21厘米），定表尺"3"，这时瞄准目标下沿中央射击，即可命中目标，如图7-14所示。目标距离不是百米（轻机枪50米）整数时，也可选定小于实际距离的表尺分划，根据武器在该距离上的负弹道高，相应提高瞄准点射击。例如，半自动步枪对250米距离上的目标（高30厘米）射击时，定表尺"2"，在250米处的弹道高为负16厘米，这时瞄准目标上方中央射击，即可命中目标，如图7-15所示。

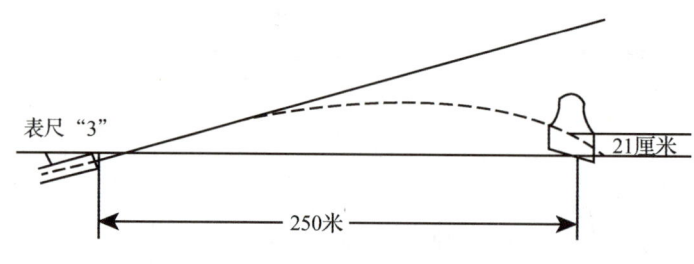

图7-14　定大于实距离表尺分划射击景况

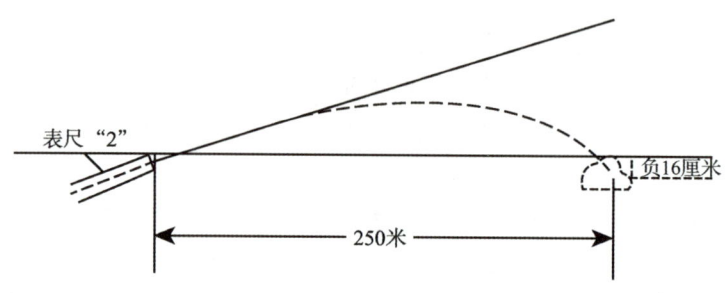

图7-15　定小于实距离表尺分划射击景况

（3）定常用表尺分划，小目标瞄下沿，大目标瞄中央。在战斗中，对300米距离以内的目标射击时，通常定常用表尺（表尺"3"）分划，小目标瞄下沿、大目标瞄中央射击，即可命中。在战场上，目标出现突然，且距离在不断变化，用此方法对300米以内的目标进行射击可以不用改变表尺分划，从而为射击争取到足够的时间，提高命中率。

（四）影响射击精度的外界因素

对武器弹道的计算是在标准弹道条件下进行的。射击时，如果外界条件不符合标准要求，就会改变弹道的形状，影响射击精度。因此，要想使射弹准确地命中目标，就需要了解外界条件对射击的影响，学会修正和克服的方法。

军事百科

标准弹道条件是指编制射表和进行射击时弹道条件修正依据的标准值。它包括标准初速、装药温度、标准弹重、标准弹形，以及其他弹道特性的标准值等。武器的性能不同，标准弹道条件也不同。

1. 风

风能改变射弹的飞行方向和距离。在各种自然因素中,风对射弹的飞行影响最大。因此,射手必须准确地判定风向和风力,并根据风向和风力改变瞄准点,以保证射弹准确命中目标。

具体来说,有风时的瞄准方法如下。

(1)判定风向。根据风吹的方向和射击方向所形成的角度的不同,可将风分为横风、斜风和纵风。其中,横风是指从左或右与射击方向成90°吹的风;斜风是指与射击方向成锐角(小于90°)的风;纵风是指与射击方向平行吹的风。横风和斜风能对弹头的侧面施以压力,使射弹偏向一侧,产生方向偏差。风力越大,距离越远,偏差就越大。风从左吹来,射弹偏右;风从右吹来,射弹偏左。纵风能影响射弹的飞行距离:顺风时,空气阻力减小,射弹打得远(高);逆风时,空气阻力增大,射弹打得近(低)。

(2)判定风力。根据风力大小的不同,可将风分为强风、和风和弱风。风力的大小可用测风仪等仪器测出,也可根据人的感觉和经验来判定。为了便于记忆和运用,风力判定可以归纳成如下口诀:风力有大小,和风(三四级风)做比较;迎风能睁眼,耳听呼声响,草弯树枝摇,海面起轻浪,满帆倾一方;强风(五六级风)比它大,弱风比它小。

(3)修正和瞄准。射击时,为了使射弹能准确地命中目标,必须根据射弹受风影响的偏差量,将瞄准点向风吹来的方向修正。在横风和斜风条件下,瞄准400米以内的射击目标时,可以根据口诀"一百不用修,二百瞄耳线,三百瞄边沿,四百边接边,强风加一倍,弱(斜)风各减半"进行瞄准,如图7-16所示。在纵风条件下,风力不大时瞄准近距离(400米以内)的射击目标时,可以不修正瞄准点;瞄准远距离的射击目标时,风从后方来应降低瞄准点,风从前方来应提高瞄准点。

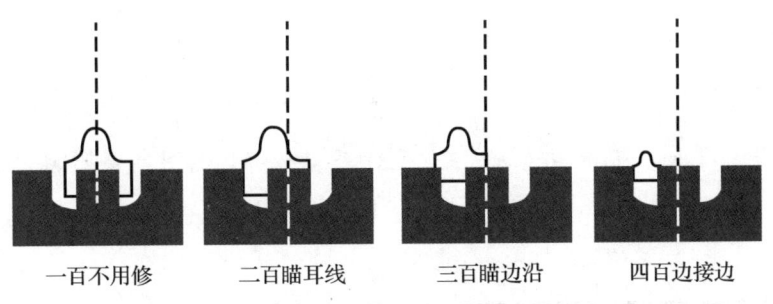

图7-16 横风和斜风修正景况

2. 阳光

瞄准具通常是用金属制成的,在阳光照射下会反光,表尺的缺口部分还会产生虚光,对瞄准影响较大。虚光会使表尺的缺口部分形成3层,即虚光部分、真实缺口和黑实部分。从具体所在位置来看,虚光部分在上面的最外层,黑实部分在下面的最里层,真实缺口在虚光部分与黑实部分的中间,如图7-17所示。阳光越强烈,缺口的3层部分越明显。

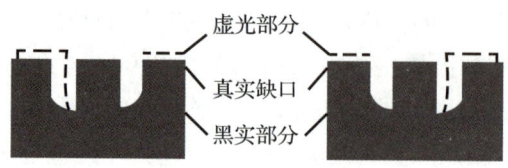

图 7-17　3 层缺口

在没有辨清真实缺口的位置时进行瞄准和射击，很容易产生误差，使射弹偏离目标。如果用虚光部分瞄准并射击，则射距偏远，弹着点偏高；如果用黑实部分瞄准并射击，则射距偏近，弹着点偏低。因此，只有找到真实缺口的位置，再进行瞄准并射击，才是正确的射击状态。

3．气温

气温升高时，空气密度减小（稀薄），射弹飞行中所受的空气阻力就小，射弹就打得高（远）。气温降低时，空气密度增大（稠），射弹飞行中受到的空气阻力就大，射弹就打得低（近）。

射击时，如果气温与标准气温（15℃）差别不大，则其对 400 米内射击精度的影响较小，不必修正；如果气温与标准气温差别很大，则应适当提高或降低瞄准点。一般来说，气温降低时，射手应提高瞄准点或增加表尺分划；气温升高时，射手应降低瞄准点或减小表尺分划。

> **互动空间**
>
> 请说一说除了风、阳光和气温之外，还有哪些外界因素可能会影响射击的精度。

三、轻武器的分解结合与维护保养

（一）轻武器的分解结合

1．分解结合的目的和要求

对武器进行分解结合可以帮助射手了解枪支的结构和击发原理，并保养武器，及时发现并排除武器的故障。其具体要求如下。

（1）分解前必须验枪。

（2）分解结合应按顺序和要领进行，不要强敲硬卸。

（3）分解下来的机件应按顺序放在干净的物体上。

（4）除所讲的分解内容外，未经许可，不准分解其他机件。

（5）结合后，应拉送枪机套筒数次，以检查机件结合是否正确。

2. 分解结合的具体步骤

以95式自动步枪为例，分解的具体步骤如下。

（1）打开握把盖取出附品筒。

（2）卸下弹匣。左手掌心向上握下护盖前端，使枪面稍向左，右手握弹匣，拇指按压弹匣卡笋（也可右手掌心向上握弹匣，以手掌肉厚部分推压卡笋），前推使弹匣凹槽脱离弹匣卡笋，再向后下方取下弹匣。

（3）卸下枪托。右手握枪托下部，拇指用力压住枪托中部偏下部位，左手拇指从左向右将枪托销顶出；左手将枪托销向右拉到尽头，然后左手托握机匣，右手握枪托并且向后拉，取下枪托。

（4）取出击锤、枪机和复进簧。右手向后拉动击锤取下，抽出复进簧，再向后拉出枪机。

（5）取下机头。左手向左旋转机头，待机头开闭锁凸笋对准机体上的让位槽时，向前拉出机头。

（6）卸下上护盖。左手握机匣尾部，右手先将上护盖向后移动5～8毫米，然后提起上护盖后部，让过瞄准镜座，向上提拉取下上护盖。

（7）卸下气体调节器。按压气体调节器卡笋，使其退出定位槽，然后转动气体调节器，当其向上两平面处于水平位置时，向外抽拉，卸下气体调节器。

（8）取出活塞及活塞簧。用手捏住活塞向前推动，当活塞头部露出导气箍时，取出活塞及活塞簧。

结合时，按分解的相反顺序进行即可。

军事百科

95式自动步枪是中国人民解放军与武警部队装备的制式步枪之一。95式自动步枪为无托式结构，由刺刀、枪管、导气装置、瞄准装置、护盖、枪机、复进簧、击发机、枪托、弹匣和机匣等部件组成，如图7-18所示，另有一套附品。

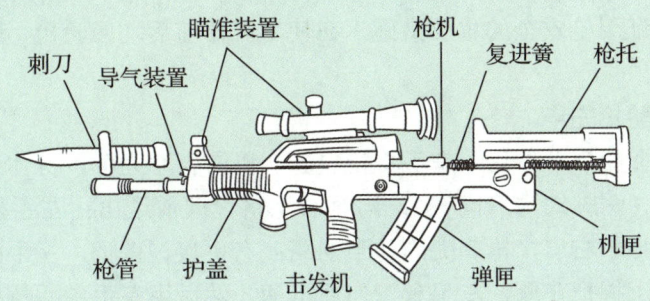

图7-18　95式自动步枪及其主要部件

95式自动步枪的稳定性好，精确度高，平衡性优良，携带方便，可全天候作战，对400米内单个目标的射击效果最好，集中火力可以射击500米内的单个目标和集团目标。

（二）轻武器的维护保养

为了保证武器在使用期限内保持良好的状态，使其能够随时用于遂行任务，武器的保管者必须采取一定的技术保障措施对武器进行维护和保养。

1. 武器维护要求

武器维护的具体要求如下。

（1）勤检查、勤擦拭、不碰摔、不生锈、不损坏、不丢失，使武器及所配子弹保持完好状态。

（2）使用武器时，应严格按照操（携）枪要领进行，不得违章操作。

（3）尽量避免将武器磕碰或使其沾上污物，防止灰沙进入枪内，经常检查武器是否符合保管要求，注意防止机件和子弹生锈。

（4）严禁随意拆卸武器各部件或强敲硬卸。

（5）用完武器后，应折回枪刺，松回击锤，关上保险，将游标定在常用表尺分划上。

2. 武器保养要求

武器保养的具体要求如下。

（1）擦拭上油。在训练、演习和实弹射击后，应适时地用干布和油布对武器进行擦拭，并给武器上油。① 擦拭前，应有组织地验枪、验弹，并分解武器；② 擦拭时，应先擦拭枪膛和其他细小部件，后擦拭枪表面，擦拭干净后，用布条或鬃刷为其涂油；③ 擦拭后，应拉送枪机数次，检查是否结合正确，然后松回击锤，关上保险。

（2）检查。① 检查武器外部，主要检查金属部分是否有污垢、锈痕和碰伤，木质部分有无裂缝和碰伤，各部机件号码是否一致，准星是否弯曲和松动等；② 检查枪膛，检查枪膛是否有污垢、生锈和损伤；③ 检查机能，装上数发教练弹，拉送枪机数次，检查送弹、闭锁、各部件机能是否正常。

四、武器操作

（一）验枪

验枪是一项保证用枪安全的重要措施，在使用武器前后均应验枪。验枪时，严禁枪口对人。

口令：验枪，验枪完毕。

要领：听到"验枪"口令后，右手将枪提起，以右脚掌为轴，身体半面向右转，左脚顺势向前迈出一步（两脚约与肩同宽），同时右手将枪向前送出；左手接握下护盖，左大臂紧靠左肋，枪托抵于右肩，枪刺尖约与眼同高；右手接握握把，左手拇指打开保险，卸下弹匣交于右手握于握把左侧，左手食指勾住机柄，然后用左手向后拉枪机数次后，装上弹匣，右手扣扳机击发，左手关保险，移握下护盖。

听到"验枪完毕"口令后，右手握住提把，在右脚靠拢左脚的同时将枪收回，恢复单手持枪立正姿势。

(二）装退子弹及定复表尺

1. 卧姿装退子弹及定复表尺

口令：卧姿——装子弹，退子弹——起立。

要领：听到"卧姿——装子弹"口令后，右手将枪提起稍向前倾，左脚向右脚尖前迈出一大步（也可右脚顺脚尖方向迈出一大步），左臂伸出，掌心向下，按手、膝、肘的顺序顺势卧倒，以身体左侧、左肘支撑全身。右手将枪向目标方向送出，同时左手接握表尺下方，枪托着地。然后，按要领装子弹，定表尺，右手移握握把，全身伏地，两脚分开与肩同宽，身体与射向成30°，枪刺离地，目视前方，准备射击。

听到"退子弹——起立"口令后，稍向左侧身，按要领退出子弹，打开保险，扣扳机，关上保险，复表尺，右手移握上护木，将枪收回的同时左小臂向里合，屈左腿于右腿下，以左手和两脚之力撑起身体，右脚向前一大步，左脚再向前一大步，左手反握护木，将枪倒置于胸前，右手挑起背带，在右脚靠拢左脚的同时，两手协力将枪送上右臂，恢复持枪立正姿势。

2. 跪姿装退子弹及定复表尺

口令：跪姿——装子弹，退子弹——起立。

要领：听到"跪姿——装子弹"口令后，右手将枪提起，左脚向右脚前方迈出一步，右手将枪向目标方向送出；左手接握表尺下方，同时右膝向左跪下，臀部坐在右脚根上，左小腿略垂直，两腿约成90°，左小臂放在左大腿上；枪刺尖约与眼同高。然后，按要领装子弹，定表尺，右手移握枪颈，目视前方，准备射击。

听到"退子弹——起立"口令后，按要领退出子弹，打开保险，扣扳机，关上保险，复表尺，右手移握上护木，左脚尖向外打开的同时起立，在右脚靠拢左脚的同时，恢复持枪立正姿势。

3. 立姿装退子弹及定复表尺

口令：立姿——装子弹，退子弹。

要领：听到"立姿——装子弹"口令后，右手将枪提起，以右脚掌为轴，身体大半面向右转，左脚顺势向前迈出一步（两脚与肩同宽，成外八字），体重落在两脚上，右手将枪向目标方向送出；左手接握表尺下方，左大臂紧靠左肋，枪托贴于胯骨，枪刺尖约与眼同高。然后，按要领装子弹，定表尺，右手移握枪颈，目视前方，准备射击。

听到"退子弹"口令后，按要领退出子弹，打开保险，扣扳机，关上保险，复表尺，右手移握上护木，身体大半面向左转，在右脚靠拢左脚的同时恢复持枪立正姿势。

（三）据枪、瞄准、击发

据枪、瞄准、击发是相互联系和相互影响的动作。稳固据枪、准确瞄准、均匀击发是准确射击的关键。

1. 据枪

据枪是指持枪者在射击时，为了确保有效地打击目标而进行的持枪、握枪、举枪等操枪动作的统称。正确的据枪姿势是射击准确的前提。

要领：将枪的下护木放在依托物上，身体右侧与枪略成一线；右手虎口向前紧握握把，食指第一节靠在扳机上，右肘尽量内合着地前撑；左手虎口向前握弹匣，左肘着地外撑；两肘保持稳定，胸部挺起，身体前倾，上体自然下塌，使枪托抵于肩窝，头稍前倾，自然贴腮。

2. 瞄准

要领：瞄准时，应集中精力、呼吸均匀，看清缺口与准星之间的平正关系，确保缺口、准星及目标之间是一条直线，且缺口上沿与准星顶部平齐，使瞄准线自然地指向目标。如果瞄准时有依托条件，则应尽量寻找依托来减少晃动。

3. 击发

要领：保持瞄准状态不动，减缓呼吸，用右手食指第一关节均匀、用力地向后缓慢扣压扳机，直到击发，其他手指力量不变。击发的瞬间应保持手的平稳，以免因手不稳而导致枪口的微小晃动，从而使射弹偏离瞄准点。如果需要继续击发，则应修正动作或换气后，再继续按照要领击发。

五、实弹射击

实弹射击是射击训练的重要组成部分，是检验射手是否掌握射击动作要领的有效方法。如果实弹射击组织不好，就容易发生事故，甚至出现人员伤亡的情况。因此，实弹射击必须在有组织、有纪律的前提下才能进行。

（一）实弹射击的组织

扫一扫

实弹射击常见问题及纠正

在实弹射击前，需要先制定实弹射击方案，搞好射击保障，同时对参加实弹射击的人员进行思想动员、规则教育和安全教育，并宣布射击场工作人员的组成及各自的职责。

实弹射击场应设总指挥员、地段指挥员、靶壕指挥员、警戒人员、信号员、示靶员、发弹员、记录员、后勤保险人员等，这些人员的职责如下。

（1）总指挥员：负责设置场地、派遣勤务，组织指挥射击，监督全体人员遵守射击场的各项规定和安全规则，处理有关问题。

（2）地段指挥员：负责本地段的指挥。

（3）靶壕指挥员：负责组织设靶、示靶、报靶、补靶及处理有关问题。

（4）警戒人员：负责全场警戒，严禁任何人员和牲畜进入警戒区。发现险情，应立即发出信号并向射击场指挥员报告。

（5）信号员：根据射击场指挥员的命令发出各种信号，负责警戒区内的观察，发现险情立即报告。

（6）示靶员：负责设靶、示靶、报靶和补靶工作。

（7）发弹员：根据指挥员的命令，按规定弹种、弹数发给射手子弹，收回剩余子弹。

射击终止后,负责清查弹药和收回弹壳。

(8)记录员:负责记录射手的成绩和统计单位成绩。

(9)后勤保险人员:主要负责实弹射击人员进退射击场的组织、交通运输、饮食保障、医疗及安全等事宜。

(二)实弹射击场的安全规则

射击场必须有可靠的靶档,并构筑确保安全的示靶壕。射击场应区分出发地线和射击地线。无关人员不得超过出发地线。

射击前,指挥员应向全体人员明确戒严、开始射击、停止射击、报靶、射击终止等信号规定。

射击前后必须严格检查武器(验枪),进入射击场后,不管枪内有无子弹,严禁枪口对人,不准私带子弹入靶场。

射击信号发出后,示靶员、示靶员绝对禁止出壕或探头观望。

射击时,如遇武器发生故障,除指挥员指定专人排除外,严禁他人自行处理。报靶时,严禁向靶区瞄准,无关人员不得进入射击地带摆弄武器。

当指挥员下达停止射击的命令后,射手应立即停止射击,放下武器并关上保险。

靶场全体工作人员只能在规定的区域内活动,不得擅自行动。对靶场违纪行为,指挥员应予以制止,并视情况采取措施。枪支弹药必须由专人负责,不得失控。靶场各级各类工作人员,必须忠于职守,尽职尽责,确保实弹射击的安全顺利实施。

(三)报靶

实弹射击中一般采用人工报靶,可以直接报出命中环数。报靶时,示靶员将报靶杆(见图7-19)的圆盘放在靶板(见图7-20)的不同位置,以表示不同的环数。报靶杆是一个2米多长的杆子,杆头是一个圆盘,圆盘的一面是红色,一面是白色。红色用来报打中的环数,白色用来报脱靶。

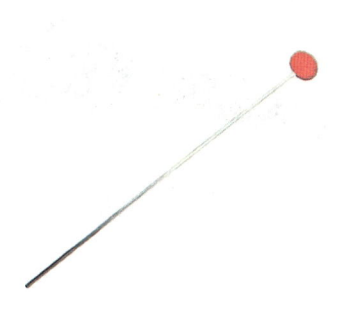
图7-19 报靶杆

图7-20 靶板

实弹射击的报靶规则如下:右中间为5环,左上角为6环,正上方为7环,右上角为8环,在靶板中央上下移动为9环,在靶板中央左右摆动为10环。脱靶时,靶杆画圈圈。

第二节　战术训练 *

一、单兵战术

单兵战术基础动作是在战场上有效地躲避敌人火力杀伤和消灭敌人的最基本动作。熟练地掌握和灵活地应用单兵战术基础动作，对于消灭敌人、保存自己、实现战斗目的具有重要意义。

（一）卧倒、起立

1. 卧倒

卧倒是一种隐蔽身体、减少敌火杀伤的姿势。

口令：卧倒。

要领：左脚向右脚尖前迈出一大步，左腿弯曲，上体前倾，两眼注视前方；左手顺左脚方向伸出，掌心向下，手指稍向右，以左膝、左手、左肘顺序着地，迅速卧倒，左小臂横贴于地面上，右手腕压在左手腕上；两手握拢，手心向下，两腿伸直，两脚分开与肩同宽，脚尖向外。

携枪卧倒时，右手提枪并握背带，其余要领同徒手；卧倒后，右手将枪轻贴于身体右侧，枪面向右，枪管放在左小臂上，如图7-21所示。

图7-21　携枪卧倒

2. 起立

口令：起立。

要领：转身向右，两眼注视前方，左腿自然微弯，左小臂稍向里合，以左手、左膝、左脚支撑力将身体支起，同时右脚向前迈出一大步，左脚再迈出一步，左脚靠拢右脚，成立正姿势。携枪时，在转身向右的同时，右手提枪并握背带，然后按徒手要领起立，成持枪或肩枪立正姿势。

（二）直身、屈身前进

1. 直身前进

直身前进一般在距敌较远，地形隐蔽，敌观察、射击不到时采用。

口令：向××——直身前进——。

要领：目视前方，右手持枪，大步或快步前进。

2. 屈身前进

屈身前进一般在遮蔽物略低于人体时采用。

口令：向××——屈身前进——。

要领：目视前方，右手持枪，上体前倾，头部不要高出遮蔽物，两腿弯曲（屈身程度视遮蔽物高低而定），大步或快步前进，如图7-22所示。

图 7-22　屈身前进

（三）匍匐前进

匍匐前进一般在通过敌步兵火力封锁较短地段或利用较低的遮蔽物前进时采用，可以分为低姿匍匐、侧身匍匐、高姿匍匐和高姿侧身匍匐4种。

1. 低姿匍匐

低姿匍匐（见图7-23）是身体平趴于地面并降低至最低程度的运动方式，一般在前方遮蔽物高约40厘米时采用。

要领：低姿匍匐携自动步枪的方法有两种。一种是右手掌心向上，虎口卡住机柄，五指握枪身和背带，将枪置于右小臂内侧；另一种是右手食指卡握枪背带上环处，并握枪管，余指抓背带，机柄向上，将枪置于右小臂外侧。行进时，身体正面紧贴地面，头稍微抬起，屈回右腿，伸出左手，用右脚的蹬力和左手的扒力使身体前移，然后再屈回左腿，伸出右手，用左脚的蹬力和右手的扒力使身体继续前移，依次交替前进。徒手的低姿匍匐动作与持枪的动作基本相同。

图 7-23 低姿匍匐

2. 侧身匍匐

侧身匍匐（见图 7-24）是前方的遮蔽物高约 60 厘米时所采用的一种运动方式，其特点是运动的速度稍快，但姿势偏高。

要领：携自动步枪前进时，右手前伸移握护木将枪收回，同时侧身，使身体左侧左大腿着地，左小臂前伸着地，左大臂支撑身体，左腿弯曲，右脚收回靠近臀部着地，以左大臂的扒力和右脚的蹬力带动身体前移。徒手侧身匍匐动作与持枪侧身匍匐动作大体相同。

图 7-24 侧身匍匐

3. 高姿匍匐

高姿匍匐（见图 7-25）是前方的遮蔽物高约 80 厘米时所采用的一种运动方式。

要领：携自动步枪前进时，应左手握护木，右手握枪颈，将枪横托于胸前，枪口离地，用两肘和两膝支撑身体，然后，依次前移左肘和右膝、右肘和左膝，如此交替前移。有时，也可采取低姿匍匐的携枪方法。徒手的高姿匍匐动作与持枪高姿匍匐动作基本相同。

图 7-25 高姿匍匐

4. 高姿侧身匍匐

高姿侧身匍匐（见图 7-26）是遮蔽物高 80～100 厘米时所采用的一种运动方式。

要领：持枪前进时，应左手和左小腿外侧着地，右手提枪，以左手的支撑力和右脚掌的蹬力使身体前移。

图 7-26　高姿侧身匍匐

（四）跃进和滚进

1. 跃进

跃进一般在敌火下迅速通过开阔地时采用。

要领：跃进要做到跃起快、前进快、卧倒快。跃进前，应先观察前方地形，选择好前进路线和暂停位置，尔后，迅速突然地前进。前进时，右手持枪目视敌方，屈身快跑。跃进的距离和速度应根据敌火和地形而定，敌火越烈，地形越开阔，跃进的距离应越短，速度应越快，每次跃进距离通常为 15～30 米。当进到暂停位置遭敌猛烈射击时，应迅速隐蔽或卧倒。卧倒后，如果无射击任务，则不据枪，做好继续前进的准备。

2. 滚进

滚进一般为卧姿，在避开敌人观察、射击而左右移动，或者通过棱线（物体的边角线）时采用。

要领：将枪关上保险，左手握枪表尺上方，右手握枪颈附近或两手握上护木，枪面向右，顺置于胸、腹前抱紧，两臂尽量向里合，两脚交叉或紧紧并拢，全身用力向移动方向滚进，如图 7-27 所示。

图 7-27　滚进

运动中，也可在卧倒的同时向移动方向滚进。

要领：左（右）脚向前一大步，左手在左（右）脚前着地，身体尽量下塌；右手将枪挽于小臂内，身体向右（左），枪面向右；在右（左）肩臂着地的同时，向右（左）滚进；滚进时，右（左）腿伸直，左（右）腿微屈，滚进距离长时可两腿夹紧。

> ⚛ **军事前沿**

奋斗强军·军体训练助推战斗力生成丨攀出雪域"新高度"

近年来,西藏军区某旅紧盯当前军事任务和未来战场需要,创新军事体育训练方法,强化力量、速度、耐力等基础体能训练,加强攀冰、越野跑、长距离重装徒步等军体技能训练,增强军体训练与武器装备、作战环境、多样化任务等相融合的实战化训练,持续推动部队战斗力提升。

聚焦实战砺精兵

隆冬时节,雪域高原练兵正当时。整装行囊,蓄势待发。数日前,该旅为检验前期创新军体训练方法的成效,组织侦察营官兵再次向雪域高峰发起冲击,将征战目标锁定在海拔6200多米的喜马拉雅山脉某腹地。

"接上级命令,前方发现敌军事要地,现命你部立即前出摧毁……"在雪域高原上,危峰峻壑、乱石横生,复杂的地理环境和多变的天气,给这次演训增添了更大的难度。与以往不同的是,此次战斗体能训练全程不设预案,意外特情频发,以班组协同进攻战斗为战术背景,采取"连贯作业、情况诱导、随机处置"的方式,多要素、立体化从难从严摔打磨炼参训官兵。

此次战斗体能训练,全程20多千米,历经7个多小时,参训官兵不仅战胜了高原缺氧环境,还不断挑战自我、超越自我,突破体能极限,最终胜利完成任务。

近年来,该旅创新军体训练模式,助推战斗力生成。他们常态化采取实战化训练套餐模式,将训练课目有效串联,通过设置临机导调,真打实抗,不断挑战雪域"新高度"。

创新体训谋打赢

"像打仗一样去训练,像训练一样去打仗。"一条醒目的标语高悬在西藏军区某旅训练场上。标语前,数十名官兵正热火朝天地开展军体训练。

不远处的攀岩墙上,官兵利用崖壁上的凹凸点位,以三点固定、一点移动的方法迅速攀上崖壁。攀登时,官兵利用手指抠、拉、撑和脚蹬的力量,使身体快速向上移动。官兵动作如行云流水,一气呵成,几趟下来,汗水就浸湿了他们的迷彩服。

与常规的军体训练不同,该旅官兵以高寒作战为背景特别设置了很多新颖的体能训练方式——岩壁上、跑道中、雪地里,都能见到他们练兵的身影。

作为"尖刀上的刀尖",该旅侦察分队严格按照"实战中需要什么,就苦练什么"的思路,出炉一套涵盖所有雪域作战课目的专项训练计划:崖壁攀冰、武装泅渡、定向越野、负重登山等,将练体能和练技能有机结合起来,全面锤炼官兵体能素质。崖壁攀冰,是众多训练课目中的重头戏。因为在高寒环境下作战,如遇高山、冰壁等复杂地理环境,利用绳索攀冰是主要手段。此时,官兵攀爬的速度对完成任务起着至关重要的作用。为此,官兵十分重视身体素质训练。他们把杠铃当作力量训练的重要辅助器材,举着杠铃练深蹲,从10公斤到60公斤;扛着圆木练冲刺,从一根到两根。他们采用增加次数、长度、重量、组数和减少休息间隔等"渐增式超负荷训练"方法,逐步提升核心、腿部及上肢力量，有效提高了攀登速度。

"之前一直觉得攀冰是极限运动，如今我们也有很多队员掌握了这项技能。在雪域高原的极寒地带，官兵放开手脚向前冲，军体训练才能真正实现与战场对接。"侦察分队队长邵仁旺说。如同攀冰训练一样，他们组织的其他军体训练也正向"高海拔"迈进。

攀冰，被很多人视为一门艺术。冰壁是大自然鬼斧神工创作的艺术品，存在于最寒冷的地方。想要攀越成功，必须综合考虑冰的坡度、厚度、着力点、安全性等多种因素，在冰壁上规划出一条可行的攀登路线，一斧一凿地努力登顶。这既是对体力和技术的考验，也是对胆量和意志的磨砺。官兵之所以能在短时间迅速登顶，不仅因为他们平时力量训练做得充分，攀冰技术过硬，更重要的是，他们团结协作、不畏艰险、内心义无反顾，排除万难也要去争取胜利。

在通往胜利的道路上，肯定会遇到挑战和险阻，唯有不放弃、不退缩、不止步，风雨无阻，勇往直前，才能迎接胜利的曙光。

（资料来源：《解放军报》，作者万玲、杨凯等，有改动）

二、分队战术

分队战术训练是指班、排、连、营四级所进行的战术原则和战斗方法的训练，目的是提高分队指挥员的组织指挥和分队协同作战的能力。分队战术训练通常围绕进攻、防御和勤务三大体系展开，穿插少量的技术课目进行分段作业、连贯作业和综合演练，其主要训练内容包括战斗原则、组织指挥、战斗队形、战斗方法、运动方法、火力运用、协同作战等。分队战术依据战斗条令和训练大纲施训，一般由师、团制订分队战术训练计划，师、团、营逐级对下组织实施，以协同作战为重点训练内容。

（一）进攻战斗

进攻战斗是主动攻击敌人的战斗，是战斗基本类型之一。其目的是歼灭敌人，攻占重要地区和目标。

1. 进攻战斗的优点

进攻战斗较防御战斗而言，其优越性主要体现在以下几点。

（1）进攻者掌握行动的主动权，可以主动选择攻击目标、方向、时间和方法。

（2）进攻者可以形成兵力兵器对比的优势，可以集中绝对或相对优势力量，选敌弱点，实施主要突击，运用灵活的战术手段，给敌以决定性打击。

（3）进攻者可以预先做好战斗准备，进行周密的组织计划，建立正确的兵力部署，全面准备夺取胜利的条件。

（4）进攻者可以达成战斗的突然条件，在敌意想不到的时间、地点，捕捉或创造战机,给敌以出其不意的攻击。

2. 进攻战斗的基本任务

进攻战斗的基本任务可为下列各项之一。

(1)突破敌人阵地,消灭防御之敌,夺占重要地域或目标。

(2)攻歼驻止、运动之敌。

(3)破袭敌人的交通运输线或重要目标。

(4)夺占敌纵深要点,割裂敌部署,断敌退路,阻敌增援,配合主力围歼敌人。

3. 现代进攻战斗

现代进攻战斗,将是在高技术局部战争条件下进行的诸军兵种合同战斗。高技术武器大量运用于实战,使得现代战斗的军事技术水平空前提高。因此,进攻战斗将面临核武器、化学武器的威胁,并在激烈的电子对抗、信息对抗、远程火力打击环境下,于地面和空中、前沿和纵深同时展开,具有更大的坚决性、突然性、立体性和速决性。

分队进攻时,为克敌制胜,必须灵活地运用袭击、强攻或强攻与袭击相结合的战法,善于疏散、隐蔽、迅速地接近敌人,集中兵力火力,突然勇猛冲击,大胆穿插分割,坚决消灭敌人。

(二)防御战斗

防御战斗是抗击敌人进攻的战斗,是战斗的基本类型之一。其目的是杀伤、消耗、迟滞敌人,扼守阵地,争取时间,为直接转入进攻或保障其他方向的进攻创造条件。

1. 防御战斗的优点

防御战斗通常是以相应兵力抗击敌人的进攻,因而战斗行动受进攻一方的制约较大。但是,防御战斗具有进攻战斗所不能具备或不能完全具备的许多优点,具体如下。

(1)防御者能够依托有利的地形和阵地条件进行战斗,为实施战斗创造有利的阵地条件,弥补自己的兵力、火力不足,使战斗效能大为提高。

(2)防御者可利用阵地的自然条件和各种伪装器材,采取各种手段隐真示假,造成敌人在判断和行动上的失误。

(3)防御者通常先于敌人占领战斗地区,可以依托有利地形和工事,以逸待劳,等待敌人进攻,然后乘敌人疲惫时战而胜之。

(4)防御者对战斗地域内的地形比较熟悉,在一定程度上比进攻一方更有条件灵活地机动兵力兵器,适时以积极的攻势行动杀伤、消耗敌人的优势兵力,或破坏敌人进攻。

2. 防御战斗的基本任务

防御战斗的基本任务可为下列各项之一。

(1)保卫重要地区或目标。

(2)迟滞、消耗、牵制、吸引敌人,创造歼敌的有利战机或掩护主力进攻。

(3)阻敌增援、突围或退却。

(4)巩固占领的地区,抗击敌人反冲击或保障主力翼侧安全。

(5)掩护主力集中、机动或休整。

3. 现代防御战斗

现代防御战斗，将是在高技术局部战争条件下，抗击优势敌人进攻的诸军兵种合同战斗。战斗将面临敌人核武器、化学武器和高技术兵器的严重威胁，在防御全纵深、地面和空中同时展开，连续进行。防御战斗行动的快速性、机动性明显增强，隐蔽防御企图、保存有生力量、指挥与协同更加困难。

分队防御时，必须充分发挥兵力、火力和有利地形、障碍的作用，建立稳定的防御体系，加强伪装防护措施，隐蔽防御企图，保存有生力量，以顽强积极的战斗行动，挫败敌人的进攻。

军事前沿

发展人民战争战略战术——认真学习宣传贯彻党的二十大精神

人民战争战略战术历来是我军克敌制胜的法宝，是人民战争思想中最为闪光的组成部分。党的二十大报告强调，要"研究掌握信息化智能化战争特点规律，创新军事战略指导，发展人民战争战略战术"。这要求全军官兵深刻把握人民战争的新特点新要求，创新发展战略战术内容，充分发挥人民战争的整体威力。

战略战术水平的高低，直接关系到一支军队的力量强弱和战争胜负。谁在军事战略指导和战略战术上高人一等，谁就能抢占制胜先机、赢得战略主动。人民军队始终坚持先进军事理论的指导，发展灵活机动的战略战术，在世界军事史上书写了战争指导艺术不断创新的生动篇章。从红军时期的"十六字诀"，到抗日战争时期的"持久战"；从解放战争时期的"十大军事原则"，到抗美援朝战争时期的"零敲牛皮糖"，再到新中国成立后军事战略方针的不断调整，人民军队从战争中学习战争，从实践中探索规律，不断推进军事理论创新，创造了一个又一个以少胜多、以弱胜强的战争奇迹。

兵无常势，水无常形。现代战争的非重复性和作战方式的"一次性效应"表现得愈加明显，新概念战争、新军事理论层出不穷。但不论形势如何发展，人民战争战略战术这个法宝永远不能丢。虽然时代背景和战争条件发生了深刻变化，但战争伟力之最深厚根源存在于民众之中这一根本规律没有改变，战争的物质基础由人民群众生产提供，兵员由人民群众补充，战斗力的发挥有赖人民群众的支持和参与，民心向背从根本上决定战争胜负，这些都没有变。我们要做的就是，研究把握人民战争的新特点新规律，创新发展人民战争的战略战术。

研战知战，方能胜战。研究作战问题，核心是要把现代战争的特点规律和制胜机理搞清楚。习近平总书记深刻指出，这些变化看上去眼花缭乱，但背后是有规律可循的，根本的是战争的制胜机理变了。这为我们把握当今世界战争法则、掌握现代战争"游泳术"提供了重要遵循。我们应透过现象看本质，强化信息主导、体系支撑、精兵作战、联合制胜的观念，真正把信息化智能化战争特点规律搞清楚，把打什么仗、怎么打仗搞明白，加快构建具有我军特色、符合现代战争规律的先进作战理论体系，构建起既能战略速胜又能战略持久的强大战争能力和战争潜力，陷敌于人民战争的汪洋大海。

> "来而不可失者，时也；蹈而不可失者，机也。"面对时代之变、战争之变、对手之变、科技之变，我们应认真研究总结世界近几场局部战争和我军军事斗争实践经验，加快核心作战理念和作战理论研究，创新作战方式和军事力量运用方式，丰富斗争策略和方法。灵活机动的战略战术是对战法最精准的诠释，我们既要按照条令大纲要求完成规定训练任务，又要在此基础上积极开展群众性战法创新活动，创造更多"以能击不能"的胜战优势，方能赢得未来战场主动权。
>
> （资料来源：《解放军报》，作者卢炯烨、张伟策，有改动）

（三）战斗勤务

战斗勤务是指在战术范围内使军队安全、顺利地实施机动和遂行战斗任务而组织进行的各种保障勤务。其内容包括指挥保障、后勤（技术）保障和战场管理等。

战斗勤务与战斗行动既有联系，又有区别。战斗行动是达到歼敌或扼守重要地区的战斗目的，而有组织地使用兵力、兵器的行动；战斗勤务则是以保障战斗行动的圆满实现为目的。只有通过战斗勤务创造有利条件，才能实现战斗行动的目的。

（四）战斗基本原则

战斗基本原则是组织与实施战斗的根本法则，是一切战斗行动的基本依据和指南。它客观地反映了战斗的一般规律，揭示了进行战斗所必须遵循的基本原理，具有实践性、普遍性和系统性的特征。

1. 知彼知己，正确指挥

"知彼知己，正确指挥"，使主观指导符合客观实际情况，是夺取战斗胜利的前提和基础。指挥员必须周密组织并亲自进行现地侦察、勘察，切实查明当面敌情和战斗地区的地形、气象、水文、社会等情况，判明敌人的战斗能力、特点、行动规律、强点和弱点，分析战场环境对敌我双方战斗行动的影响；熟知所属分队的战斗能力和特长，了解本分队任务及上级、友邻可能的支援与配合等情况；通过对各方面情况进行综合分析判断，比较完成任务的利弊条件，找出克敌制胜的方法，据此定下正确的决心，并组织分队实现决心。战斗中，指挥员应当随时掌握敌我情况的发展变化，适时补充、修正决心或定下新的决心，力求使分队的战斗行动符合不断变化的情况。情况紧迫时，指挥员应当边行动边查明情况，果断地指挥分队行动，能动地夺取战斗的胜利。

2. 消灭敌人，保存自己

扫一扫

消灭敌人，保存自己

"消灭敌人，保存自己"，是一切战斗的基本目的，是一切战斗行动的着眼点，也是贯彻战斗始终的指导原则。无论是进攻或防御，都应当树立积极消灭敌人的思想，发扬勇敢战斗、不怕牺牲的精神，灵活运用战法，主动、积极、坚决地消灭敌人。在积极消灭敌人的同时，也要注意保存自己，力求以尽可能小的代价，消灭尽可能多的敌人。

3. 集中力量，各个击破

"集中力量，各个击破"，是我军克敌制胜的根本法则和基本战法之一。无论进攻或防御，每战都必须集中兵力、火力、电子对抗力量及其他物质的和精神的战斗力要素，并充分发挥其综合效能和整体威力，在同一时间内重点打击一个主要目标。进攻时，应实施重点突击，力求首先歼灭当面之敌一部，再转移力量，歼敌之另一部，直至夺取战斗的全面胜利。防御时，应依托阵地，抗反结合，以顽强抗击和积极的攻势行动，不断消耗、歼灭敌人，挫败敌人进攻，以保持防御稳定。

4. 迅速准备，快速反应

"迅速准备，快速反应"，是夺取战斗胜利的基本条件。分队必须在精神、物质和组织上随时保持戒备，及时预见可能发生的情况，预先计划，预做多手准备，特别是复杂、困难情况下的战斗行动准备；接到上级号令后科学计算和分配时间，突出重点，分工负责，迅速完成准备，不失时机地对突发情况做出反应；紧急情况下，应当边行动边准备，以弥补战前准备的不足。

5. 隐蔽突然，出敌不意

"隐蔽突然，出敌不意"，是指战斗中要采取各种有效措施，切实隐蔽自己的行动企图，灵活迅速地机动兵力、火力，在敌意想不到的时间和地点，运用敌意想不到的战法和手段，向敌突然发起攻击，克敌制胜。"隐蔽突然，出敌不意"可以打敌措手不及，有效歼灭敌有生力量和技术力量，保持己方的优势和主动。

分队贯彻运用这一原则，应掌握敌人规律，发现和利用敌之弱点；切实隐蔽行动企图，突然勇猛攻击；严密防范，防敌突然袭击。

6. 灵活机动，力争主动

"灵活机动，力争主动"，是指战斗中为争取主动，必须灵活地实施兵力和火力机动，及时、迅速地占领有利位置，巧妙地变换战术，不失时机地向重要的目标实施坚决突击，陷敌于被动地位。其核心是"灵活机动"。在战斗中，这是造成优势、夺取和保持主动的重要条件。

分队贯彻这一原则必须做到正确选择兵力、火力机动的方式、方法和时机，并善于机动行事。

7. 密切协同，主动配合

"密切协同，主动配合"，是指战斗中必须严格遵守协同动作原则，要注意强化整体意识，实施统一指挥，坚持全程协调。各分队应认真执行上级协同动作的计划和指示，与其他分队和兵种之间相互配合、协调一致地打击敌人。

8. 勇敢顽强，积极战斗

"勇敢顽强，积极战斗"，是我军传统的优良作风，也是夺取战斗胜利的重要因素。高技术条件下，战斗激烈、残酷，人员精神压力和体力消耗明显增大。尤其是战斗分队，与敌短兵相接，长时间处于敌密集火力的直接威胁下，战斗环境险恶，因而更需要发扬勇敢顽强的战斗精神。战斗中，各级指挥员要发挥模范带头作用，特别是在态势对我军极为不利的情况下，应在保证对分队指挥与控制的基础上，身先士卒、勇敢顽强，将智慧与谋略相结合，积极带领分队坚决完成战斗任务。

9. 加强保障，及时补充

"加强保障，及时补充"，是顺利组织与实施战斗，保持持续战斗能力的重要保证。在战斗或行军、宿营中，除上级采取的保障和管理措施外，各分队还应当周密组织自身的侦察、警戒、防护、通信联络、工程、伪装等战斗保障，物资补给、卫生勤务、战场维修等后勤、技术保障，以及维护战场纪律和管好武器装备、阵地、民工、战俘等为主要内容的各项战场管理。这是发挥武器装备效能和顺利实施战斗的重要条件。

军史讲堂

罗炳辉"三大战术"显威力

淮南抗日根据地是由中国共产党领导创建的全国19块抗日根据地之一。抗日战争时期，在开辟、创建、巩固、发展淮南抗日根据地的6年多时间里，罗炳辉多谋善断，出色地筹划、组织或指挥了百余次战役、战斗。其间，他成功创造并运用梅花桩战术、麻雀战、地堡战等一系列机动灵活的战术，给予日伪顽军以沉重打击。

梅花桩战术

抗日战争全面爆发后，罗炳辉告别延安，奔赴华中抗日前线。

1940年9月，日伪军1.7万多人对根据地进行大"扫荡"。罗炳辉得知情况后，立即指挥新四军指战员采用机动灵活的战术，伺机消灭进犯的敌人。

为了有效减少新四军在战斗中的伤亡，罗炳辉经过多次构思和演练，发明了梅花桩战术。这一战术是把部队集中驻守变成3～5个地方驻守，各地方驻守部队之间相距两三千米。因这种阵型形如梅花，故名"梅花桩战术"。当日军来犯时，一般会针对一个"梅花花瓣"发起进攻，而受到攻击的"梅花瓣"与日军交火后，边打边退，避开日军锋芒，并诱敌深入，其他几个"梅花瓣"则迅速运动到日军侧翼或后翼的薄弱部分发起攻击。

1941年4月，罗炳辉首次运用梅花桩战术在六合县金牛山打了一个胜仗——新四军以牺牲54人的代价，击毙日军200多人、伪军300多人。一个月后，日军在飞机的掩护下，再次以5000多人的兵力，兵分5路，向淮南抗日根据地开展第二次"大扫荡"。罗炳辉布置了几十个"梅花桩"，敌人深陷"梅花桩"阵地而无法自拔，日军六七天就被消灭近1000人。随着罗炳辉指挥部队连战连捷，淮南抗日根据地日益稳固。日军被梅花桩战术打得节节败退，从此不敢轻易入侵淮南抗日根据地。

麻雀战术

所谓的"麻雀战术"，就是地方武装常用的游击战术。这种战术用民兵组成战斗小组，就像麻雀啄食那样，忽来忽去、忽聚忽散，能够乘隙而入，主动灵活、神出鬼没地打击敌人。如果敌人反击，我军能够主动撤离，消失得无影无踪，让敌人陷入打不着、追不上、心神不宁的境地，从而从精神上、心理上消耗和折磨敌人。

罗炳辉把"麻雀战术"进行了研究和改良,运用到淮南抗日根据地的游击战中。为了能更好地利用麻雀战术打击敌人,罗炳辉为民兵制定了作战指南和作战守则,规定民兵的主要任务是"保护老百姓、救护伤员、担任向导、传送情报、纠缠日军",要求民兵一般不离本村,三五人为一个民兵小组,纠缠日军时在隐蔽处打一排枪(因为一排枪同时响,敌人很难判断枪所在的方向),首选向导为主要射击目标等。罗炳辉还亲自指挥民兵进行操练。在罗炳辉的指导下,民兵很快掌握了麻雀战术的要领,成为配合主力部队作战的有力补充。

地堡战术

1941年11月,驻扎在津浦路西的国民党顽军,集中6个团的兵力进袭路西根据地的中心区(安徽定远一带)。罗炳辉闻讯后率领新四军二师主力进行自卫反击。为了执行党中央"一定要保住定远根据地这个华中与延安唯一的陆地通道"的指示,粉碎国民党顽军的进犯,罗炳辉亲率3个团英勇奋战。

由于梅花桩战术不适合在路西根据地作战,罗炳辉立即针对路西根据地的特点创建了新的战法——地堡战术。地堡战术的核心是在五尖山一带交通要冲的山头上,建立多个牢固防御地堡,每个地堡顶部约5米以上,可容纳50人左右。这些地堡可以保证至少10天的补给,安排10多名狙击手。在距地堡不同距离处插立地标,能够方便战士调节枪准星的高低;顽军进攻时,守卫部队首先射击拉炮的骡马和军官,利用精准的远程射击杀伤、阻扰、吸引国民党顽军全力出击,新四军主力部队则能够伺机从侧翼和后翼向顽军发起攻击。

为了将"地堡战术"迅速付诸实施,罗炳辉不仅亲自选定地堡位置,还和战士们共同进行"地堡建设"。开展"地堡战术"的核心是具备射击、心理都优异的特等射手。罗炳辉是有名的神枪手,为了督促战士们苦练枪法,他经常以身作则,在战士们面前"表演"如何消灭敌人。

由于地堡位于高处,火力威猛,山坡上还有密密麻麻的竹签陷阱,易守难攻,顽军屡次进攻都以失败告终。1942年3月,顽军又纠集了5000多人进犯路西根据地。进攻前,顽军发射了数百发炮弹,地堡外的工事大部被炸毁,但地堡大多安然无恙。当顽军打完炮弹,把全部兵力投入到对地堡的进攻时,罗炳辉让主力部队从侧翼和后翼发起猛攻,打得顽军死伤惨重、大败而逃。此后,国民党顽军又集中力量发动了几次进攻,均被新四军二师与淮南军区军民依靠"地堡战术"将其粉碎。

抗战期间,淮南抗日根据地军民运用罗炳辉创造的战术,有效遏制了日伪顽军的"扫荡"和进犯,淮南抗日根据地也由此成为"华中最稳定的根据地"之一。

(资料来源:《人民政协报》,作者姜瑞荣,有改动)

训练营地

一、填空题

(1) 轻武器又称_____,是指枪械及其他各种由单兵或班组_____的武器。

(2) 轻武器具有_____、_____、_____、_____、_____、成本低廉及环境适应性强等特点。

(3) 按照武器用途的不同,轻武器可分为手枪、_____、冲锋枪、机枪、榴弹发射器和_____等。

(4) _____是步兵使用的长管枪,有单发射击、半自动、全自动之分。

(5) 初速是指弹头脱离枪口前切面瞬间的速度,以_____为单位。

(6) _____是判定武器战斗性能的一项重要指标。

(7) 瞄准角的大小,是根据_____来确定的。距离越远,降落量_____,所需要的瞄准角也就_____;距离越近,降落量_____,所需要的瞄准角也就_____。

(8) _____是指从左或右与射击方向成90°吹的风;_____是指与射击方向成锐角(小于90°)的风;_____是指与射击方向平行吹的风。

(9) _____、_____、_____是准确射击的关键。

(10) _____的职责是根据射击场指挥员的命令发出各种信号,负责警戒区内的观察,发现险情立即报告。

(11) 报靶杆圆盘的红色一面用来报_____,白色用来报_____。

(12) _____一般在距敌较远,地形隐蔽,敌观察、射击不到时采用。_____一般在遮蔽物略低于人体时采用。

(13) 匍匐前进一般可以分为_____、_____、_____和高姿侧身匍匐4种。

(14) 滚进一般为_____,在避开敌人_____、_____而左右移动,或者通过棱线(物体的边角线)时采用。

(15) 分队战术训练通常围绕_____、防御和_____三大体系展开。

(16) 战斗勤务是指在战术范围内使军队安全、顺利地实施机动和遂行战斗任务而组织进行的各种_____。其内容包括指挥保障、_____和_____等。

二、简答题

(1) 常见的轻武器有哪些?

(2) 瞄准要素有哪些?怎样修正外界条件对射击的影响?

(3) 如何选定表尺分划和瞄准点?

（4）武器操作的动作要领主要有哪些？
（5）简要介绍实弹射击的组织与实施。
（6）匍匐前进包括哪几种？
（7）什么是进攻战斗？进攻战斗的优点有哪些？
（8）什么是防御战斗？防御战斗的优点有哪些？
（9）分队战斗的基本原则包括哪些？

三、论述题

请结合现在的国际和国内局势，谈一谈大学生进行战术训练的重要性。

小组活动——"历史重演，纸上谈兵"

实践目的：

通过重新演绎历史上著名的"四渡赤水"战役，了解我军战术的灵活性、有效性和多样性，深刻理解强军兴军的重要性，坚定爱护国家、团结民族、维护世界和平的观念，自觉承担发展祖国的历史重任。

实践方案：

四渡赤水是遵义会议之后，中央红军在长征途中，在贵州、四川、云南3省交界的赤水河流域同国民党军进行的运动战战役。在这场战役中，中央红军采取高度机动的运动战方针，在3个月的时间内6次穿越3条河流，转战贵州、四川、云南3省，巧妙地穿插于国民党军重兵集团的围剿之间，不断创造战机，在运动中大量地歼灭敌人，牢牢地掌握了战场的主动权，取得了红军长征史上以少胜多、变被动为主动的光辉战例。

请同学们在课前查找"四渡赤水"的相关资料，然后完成下面的活动。

（1）分组。全班学生以5~8人为一组进行分组，每组设组长1名。

（2）讨论。各组整理查找到的资料，然后根据资料讨论以下问题：在四渡赤水时，红军和国民党军分别用了哪些武器装备？红军采用了哪些战略战术？这些战略战术对红军的取胜起到了怎样的作用？

（3）整理和制作。各组组长组织小组成员根据资料和讨论结果将四渡赤水的过程表现出来。表现方式可以是模型、图画、PPT或文字。

（4）各组在全班展示本组的成果，并派一个代表进行讲解。

（5）总结。活动结束后，各组组长组织小组成员进行活动总结，分享在活动开展中的感受。

第八章

锤炼救护硬功，提高防护能力
——防卫技能与战时防护训练

章前导读

正确、及时的战场救护可以减轻伤员的痛苦，甚至挽救伤员的生命。与时俱进的核化生防护更事关每一个中华人民共和国公民。当代大学生应积极参加防卫技能与战时防护训练，并认真学习急救技术和核化生防护知识，有意识地提高安全防护能力，为保家卫国做好准备。

学习目标

- ✦ 了解格斗的基本常识。
- ✦ 掌握格斗的基本功和捕俘拳的要领。
- ✦ 了解救护的基本知识。
- ✦ 掌握急救基本技术。
- ✦ 熟悉常见意外训练伤的种类、救护方法和预防措施。
- ✦ 掌握核化生武器的基本防护措施。

第八章 锤炼救护硬功，提高防护能力——防卫技能与战时防护训练

第一节　格斗基础 *

一、格斗常识

格斗是以克敌制胜为目的，以技击动作为主要内容，以套路和搏击为基本形式的军事体育项目。格斗是近战歼敌的有效手段，对提高单兵作战能力有着重要意义。常见的格斗有以下几类。

（1）拳击。拳击技术包括攻击、躲闪、放松、移动、扭斗技术和反击。攻击技术包括左右直拳、左右上勾拳、左右平勾拳、左右摆拳、左右斜上勾拳和刺拳等。拳击运动只能运用拳头来制服对方，不能使用腿、脚、肘、膝。

（2）摔跤。摔跤被公认为世界上最早的竞技体育运动，两名对手徒手相搏，按一定的规则，以各种技术、技巧和方法摔倒对手。

（3）跆拳道。跆拳道是一种主要使用手及脚进行格斗或对抗的运动。跆拳道以"始于礼，终于礼"的武道精神为基础，其脚法占70%。跆拳道的套路共有24套，还有兵器、擒拿、摔锁、对拆自卫术及10余种基本功夫等。

（4）散打。散打，又称"散手"，是两人按照一定的规则，运用武术中的踢、打、摔等攻防技法制服对方的徒手对抗格斗项目，它是中国武术的重要组成部分。现代散打就是常见的由直拳、摆拳、抄拳、鞭拳、鞭腿、蹬腿、踹腿、摔法等技法组成的踢、打、摔结合的攻防技术。散打没有套路，只有单招和组合，见招拆招。

二、格斗基本功

格斗由拳打、脚踢、摔打等搏击、散打的基本动作组成。练习格斗，能使全身各部位得到比较全面的锻炼，能提高上下肢肌肉的爆发力、各关节的灵活性和柔韧性，以及快速反应能力。此外，格斗还有自卫和制敌的作用。

（一）手型

（1）拳。四指并拢握紧，拇指扣在食指的第二节上，通常分为立拳、反拳和平拳3种，如图8-1所示。

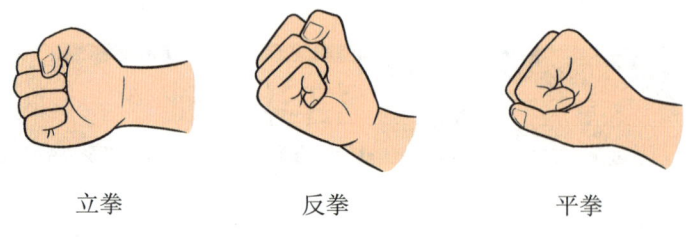

图8-1 立拳、反拳、平拳

（2）掌。四指并拢伸直，拇指弯曲紧扣于虎口处，分为立掌、横掌、插掌和八字掌4种，如图8-2所示。

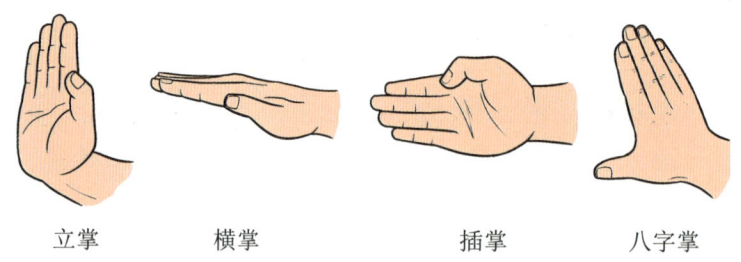

图8-2 立掌、横掌、插掌、八字掌

（3）勾。五指第一节捏拢，屈腕，如图8-3所示。

（4）爪。五指的第一、二关节向掌心方向弯曲并用力张开，分为鹰爪和虎爪两种，如图8-4所示。

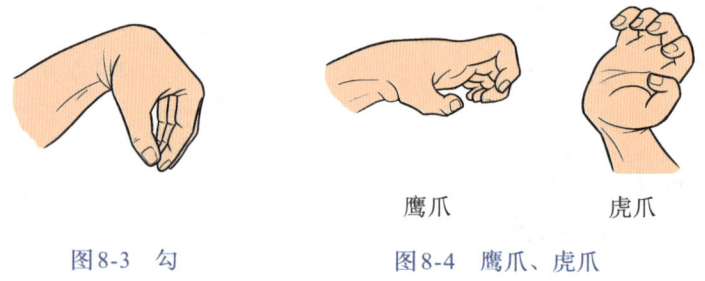

图8-3 勾　　　　　图8-4 鹰爪、虎爪

（二）步法

（1）马步。两脚平行拉开（距离约本人脚长的3倍），脚尖朝正前方，屈膝半蹲，膝部不超过脚尖，大腿接近水平，全脚掌着地，身体重心落于两腿之间，挺胸、塌腰，两拳握于腰间，拳心向上。

（2）弓步。两拳抱于腰间，拳心向上，左（右）脚向前上步，左（右）腿屈膝半蹲，右（左）腿在后挺直，脚尖内扣。

（3）虚步。两脚前后分开（距离约为本人脚长的2.5倍），前脚掌着地，腿微屈；后腿屈膝半蹲，后脚掌着地，脚尖外撇45°；体重大部分落于后脚。左脚在前为左虚步，右脚在前为右虚步。

（4）仆步。两脚左右分开，一条腿全蹲，脚尖外展，另一条腿伸直平仆，脚尖里扣，两脚全部着地，挺胸，塌腰。仆左腿为左仆步，仆右腿为右仆步。

（三）拳法

1. 预备式

要领：身体稍向左转，右脚向右后撤一步，双脚之间的距离略比肩宽，右膝微屈，右脚尖外斜45°，脚跟稍抬起；左脚尖稍向里扣，重心落于两脚之间；两臂在胸前，前后拉开，左臂微屈，左掌心向右下，指尖朝右上，高度与下颌齐；右臂弯曲，肘尖自然下垂，右拳位于右腮处，拳眼向上，下颌微收，收腹含胸，目视前方。

2. 直拳

左直拳要领：在预备姿势基础上，右脚蹬地，使身体重心稍前移，上体微向右转，左拳向前内旋击出，力达拳面，目视前方，然后迅速收回。

右直拳要领：在预备姿势基础上，右脚蹬地，上体稍向左转，转腰送肩，右拳向前用力击出，力达拳面，目视前方，然后迅速收回。

3. 摆拳

左摆拳要领：在预备姿势基础上，左脚蹬地，使身体稍向右转，左拳向左前伸出转向右下横击，左拳内旋，拳心向左稍向下，力达拳面；右拳收于右腮。

右摆拳要领：在预备姿势基础上，右腿蹬地，上体稍向左转，右拳向外、向前、向里横击，右拳内旋，力达拳面，目视前方。

4. 勾拳

（1）平勾拳。它分为左平勾拳和右平勾拳。

左平勾拳要领：在预备姿势基础上，上体稍向右转，左肘关节外展抬起，大臂和小臂约成90°，左拳经左向右下方击出，拳心向下，左脚跟外转，出拳后左臂迅速向胸靠拢，成预备姿势。

右平勾拳的要领同左平勾拳，动作方向相反。

（2）上勾拳。它分为左上勾拳和右上勾拳。

左上勾拳要领：在预备姿势基础上，身体稍向左转，微沉肘，重心略下沉，左脚蹬地，腰突然向右转，以蹬地、扭腰、送胯的合力，使左拳由下向前上猛力击出，力达拳面，目视前方，然后迅速收回成预备姿势。

右上勾拳要领：在预备姿势基础上，身体稍向右转，微向前倾，右脚蹬地、扭腰、送胯，右拳向内，由下向前上猛击，力达拳面，然后迅速收回成预备姿势。

（四）腿法

1. 正蹬腿

左正蹬腿要领：在预备姿势基础上，重心后移，左腿屈膝抬起，勾脚尖，由屈到伸，向前猛力蹬出，力达脚跟，左臂自然下摆于体侧，右拳护面，目视前方。动作完成后迅速收回成预备姿势。

右正蹬腿要领：在预备姿势基础上，右脚蹬地，重心前移，右腿屈膝抬起，勾脚尖，以脚为力点，由屈到伸，向前猛力蹬出，右臂自然下摆于体侧，左拳收回到头部左侧，目视前方。动作完成后迅速收回成预备姿势。

2. 侧踹腿

左侧踹腿要领：在预备姿势基础上，重心稍向后移，身体向右转，左腿屈膝抬起，勾脚尖，向左方猛力踹出，力达脚底，身体向右倾斜，左臂自然下摆于体侧，右拳收于下颌处，目视踹腿的方向，然后左脚迅速收回，落地成预备姿势。

右侧踹腿要领：在预备姿势基础上，重心前移，右腿屈膝抬起，身体向左转，勾脚尖，向右侧猛力踹出，力达脚底，右臂自然下摆于体侧，左拳收于下颌处，目视踹腿的方向，然后右脚迅速收回，落地成预备姿势。

3. 鞭腿

左鞭腿要领：在预备姿势基础上，上体稍向右转，同时左腿屈膝抬起，大小腿折叠，脚尖绷直，右腿支撑身体，左脚向右上方猛力弹踢，力达脚背或小腿下端，左臂自然下摆助力，右拳收于下颌处，目视前方，然后左脚迅速收回，落地成预备姿势。

右鞭腿要领：在预备姿势基础上，上体稍向左转，同时右腿屈膝抬起，脚面绷直，膝关节弯曲大于90°，右脚向左前方猛力弹踢，右臂自然下摆助力，左拳收于下颌处，目视前方，然后右脚迅速收回，落地成预备姿势。

> **互动空间**
>
> 你认为格斗有哪些作用？你打算如何学习和运用格斗术？

三、特种兵拳法

（一）上挡冲拳

要领：起右脚原地猛力下踏，左脚向左侧跨出一步，在左转身的同时，左臂上挡，拳心向前，右拳从腰际旋转击出，拳心向下，成左弓步。注意踏脚时要全脚掌着地，有爆发力。

（二）削臂绊腿

要领：左拳变掌向前击右拳背，右拳收回腰际，右脚前扫；左手挡、抓、拧、拉于腰际，同时右脚后绊，右拳猛力旋转击出。注意前扫、后绊时要协调有力，重心要稳。

（三）上架弹踢

要领：上右脚，成右弓步，同时两拳变掌，沿小腹向上叉掌护头；两拳变钩猛力向后击，同时起左脚，大腿抬平，脚尖绷直，猛力向前弹踢，再迅速收回。注意两大臂要夹紧,猛踢快收,重心要稳。

(四) 下砸上挑

要领:两手变拳,左拳由上向下猛砸,与膝同高,同时左脚向前跨步,成左弓步;右拳由前上挑护头,拳心向前,起右脚,大腿抬平,脚绷直,头向左甩。注意起身要快,重心要稳。

(五) 交叉侧踹

要领:上体正直下蹲,右脚猛力下踏,两小臂上下置于胸前,左臂在上,拳心向下,右臂在下,拳心向上;迅速起身,两拳交错外格,起左脚,大腿抬平,脚尖里勾,向左猛踹,再迅速收回。注意踏脚时要有爆发力,下蹲起身要快。

(六) 顺手牵羊

要领:左脚向前,落地屈膝,两拳变掌起在左前方,成抓拉姿势;两手向右后方猛拉,同时右脚前扫。注意后拉前扫时要协调有力,重心要稳。

(七) 上挡抱膝

要领:右脚向前,落地的同时,左手变拳,小臂上挡;左转身,屈膝下蹲,两手合力后抱,两掌相对,掌心向内,略低于膝,右肩前顶,成右弓步。注意转体合抱要协调。

(八) 插裆扛摔

要领:左转身,同时左手上挡,右手前插,掌心向上;左手向右下拧拉,大臂贴肋,小臂略平,拳心向上,同时右臂上挑,右肩上扛,身体稍向右转,右拳与头同高,拳心向前,重心大部分落于右腿,成右弓步。注意下拉、上挑、转体要协调一致。

(九) 下拨上勾

要领:左拳下拨后摆,左转身的同时,右拳由后向前猛力上击,拳心向内,与下颌同高,同时右脚向右自然移动,成左弓步。注意转身要快,勾拳要猛。

(十) 卡脖掼耳

要领:右脚踮步,左脚抬起,脚掌与地面平行,在左脚落地的同时,右脚上步成右弓步,左拳变八字掌置于胸前,右拳后摆;向左转体成左弓步,同时左手下按,右拳由后向前下猛力横击,拳心向下。注意踮步要有力,转体、卡脖、拳击要协调一致。

（十一）内外挂腿

要领：起身，同时左脚向右侧踮步，右脚前扫，两手合掌于右肩前；两手猛力向左肩前拧拉，上体稍向左转，同时右脚后绊，成左弓步。注意踮步、合掌、前扫要协调一致，重心要稳。

（十二）踹腿锁喉

要领：右脚向右侧踮步，左脚向右跃步，同时起右脚，大腿抬平，脚尖里勾，两臂弯曲置于胸前，右掌在前，左掌在后，掌心向下；右脚侧踹，在落地的同时，右手前插，左手上前抓握右手腕，右手变拳，猛力后拉、下压，成右弓步。注意踹、锁要协调一致，重心要稳。

（十三）内拨冲拳

要领：上左脚右转身成右弓步，左臂顺势内拨护于胸前，右拳收于腰际，拳心向上；左拳外拨后摆，右拳以蹬腿、扭腰、送胯之合力旋转冲出，成左弓步。注意双拳冲出要有爆发力。

（十四）抓手缠腕

要领：两拳变掌，左手向前抓握右手腕；右掌上挑外拨，身体稍向右转，两臂用力后拉，猛扣压于腰际，成右弓步。注意抓握要快而有力。

（十五）砍脖提裆

要领：左转身成左弓步，同时左手砍脖，右手抓裆；右手后拉上提，同时左手猛力向前下推压。注意上提、推压要协调一致。

（十六）别臂下压

要领：右转身成右弓步，同时右手变拳，右小臂上挡，拳心向外；上左脚成左弓步，左臂微屈同时左手立掌插向前上方，右手抓握左手腕；向右转体，同时两手下拉别压，成右弓步。注意拉、压、转体要协调一致。

第二节 战场医疗救护 *

战场医疗救护是在战斗现场对负伤人员实施的急救、隐蔽、集中和搬运等救护措施的总称。大学生军训时应结合卫生知识教育,广泛开展战场救护知识和技术的宣传、学习和训练,认识战场救护的重要意义。

一、救护基本知识

(一)战场救护的原则

1. 先抢后救的原则

应先使伤员脱离火线(双方军队的交火区)或危险区,再进行抢救,以免伤员再次受到伤害。

2. 全面验伤、科学分类、分级救护的原则

对伤员进行验伤、分类,判明伤情,力求准确把握伤类、伤部、伤因、伤势、伤情,及时采取有效的救护措施,减少漏诊和误诊,提高救治效率。同时,遵循分级治疗、治送结合的科学原则,加强火线抢救力量,尽量减少救治阶梯,以使伤员在最短的时间内得到有效的救护。

> **军事百科**
>
> 分级治疗也称为"阶梯治疗",是指战时的伤员分别由战术后方(作战区)、战役后方和战略后方的各级医务组织负责救治。
>
> 在战争中,由于战伤伤员数量大,并受战场环境中各种不利条件的影响和限制,许多伤员不可能留在战区内或战场附近进行治疗,必须经过简单、必要的抢救处理之后,尽快撤离战场,在后送过程中逐步得到完善的治疗,最后到达远离战区、设备较完善、技术条件较好的医疗单位进行治疗,这个过程就是伤员的分级治疗。
>
> 分级治疗是在战争环境下救治伤员必须采取的特殊组织形式和阶梯式治疗方式。为了保证医疗质量,各级医疗单位必须明确分工,前后配合,互相衔接,这样才能保证医疗救治的完整性。

3. 连续性监护与医疗后送的原则

现代战争中战伤伤情变化快,因此后送途中必须严密监护,实施不间断的治疗。救护措施必须做到前后承继、相互衔接,并要注意防止遗漏和重复。

4. 早期清创、延期缝合的原则

战伤伤口一般都有不同程度的污染和组织坏死,为防止伤员伤情恶化和感染性休克,必须尽早实施清创手术,且初次清创后不宜立即缝合。

5. 先重后轻、防治结合的原则

按伤势轻重将伤员分为轻、中、重3类,优先对重伤员进行抢救,尽力挽救他们的生命;同时,重视中度、轻度伤员的早期有效救治,积极预防并发症,提高治愈率,减少伤残率。

6. 整体治疗的原则

把局部处理和整体功能调整、外科处理和内科治疗、生理修复和心理康复结合起来,从整体出发,采取综合的治疗和护理措施,使伤员早日康复。

(二)战场救护的组织与后送

1. 战时伤员医疗后送组织体系

战时伤员医疗后送组织体系是一个从前方到后方,按照分区分级、建制性与区域性保障相结合的原则,呈梯次配置,可有地方卫生机构参与的医疗救治机构体系。

根据作战部队配备的医疗设备、条件,决定各级医疗机构的救治范围和分工,目前我军分级救治的机构如下。

(1)战术后方救治机构,指连、营、团和师各级救护单位,以及海军舰船、码头救护所和空军的两级救护站。各级救治单位分工负责伤员的处理。

(2)战役后方救治机构,指军、兵种和战区的医院,分两线负责伤员的治疗。一线医院靠近战斗前沿,与师救护所保持衔接。二线医院设置在基地,能够基本完成战伤治疗。

(3)战略后方救治机构,指组织战略后方军队医院和地方医院,主要治疗来自战役后方的伤员。

2. 伤员分类

伤员分类是指卫生人员根据伤员伤情的紧急程度、医疗后送需要与可能条件,将伤员划分为不同处置类型。伤员分类能够让人迅速明确伤员救治的先后顺序,以保证大多数伤员能得到必要的救治。分类工作组织得好与否,将直接影响救治的质量和数量。

(1)分类的标志。分类的标志是战时表示伤病员分类结果的标志物,用于准确传递分类信息。必须给伤病员标出分类结果,以避免分类、救治、后送诸环节的重复和遗漏。

标志物有伤标和分类牌两种。伤标由有色布条或塑料条制成,其颜色和样式由全军统一规定:红色表示出血(为伤员扎止血带时,伤标上须注明扎带时间),白色表示骨折,黑色表示传染病,蓝色表示放射损伤,黄色表示毒剂中毒。分类牌用不同形状、颜色、孔洞和文字注记表示分类结果,各救治机构可自行设计制作。

(2)根据伤情的不同,伤员可以分为以下几类。

① 伤情严重,需要立即实施手术抢救的伤员。有活动性大出血、开放性气胸、张力性气胸、休克、昏迷和窒息等情况的伤员,都属于此类。

② 需要早期手术的伤员。有四肢开放性骨折、严重的软组织损伤、腹腔内脏损伤、

颌面部火器伤和大关节火器伤等情况的伤员，都属于此类。

③ 伤情较稳定，可以稍迟进行手术的伤员。有一般软组织损伤、烧伤、脊髓损伤、无压迫症状的颅脑损伤等情况的伤员，都属于此类。

④ 伤情较轻，不需要手术治疗的伤员。有多处浅层的火器伤、小面积浅部烧伤或不需要手术的挫伤、扭伤等情况的伤员，都属于此类。

负责伤员分类工作的医护人员需按伤员的伤情、病情，迅速给予分类，并将分类标志牌挂在伤员身上显而易见的地方，以便迅速将伤员运送到各个病区，使之得以及时的治疗。

3．伤员的后送

伤员后送的基本方式包括前接和后转两种。

（1）前接。前接是指上级救治机构派出运输力量，接回下一级救治机构的伤病员。前接多在战况比较稳定、上下级联络通畅、伤病员较多而运力又不够充足的情况下采用。前接又可分为逐级前接和越级前接。

（2）后转。后转是指下一级救治机构利用自己掌握的运输工具将伤病员送至上一级救治机构。此种方式多在战况不稳定、部队机动频繁、伤病员数量少或卫生运输力量比较充足的情况下采用。后转又可分为逐级后转和越级后转。

伤员的后送，不仅涉及后送方法和运输力量由谁掌握使用的问题，还涉及上下级救治机构的责任划分问题。我军伤员后送以逐级前接为主，前接与后转相结合，在个别情况下，采用越级前接、越级后转的方式。

视野拓展

被官兵誉为"战救铁盾"的新型装甲救护车

2021年8月中旬，在海拔4000多米的高原驻训场上，一辆涂着红十字标志的轮式装甲救护车，越沟壑，爬陡坡，闯障碍，在近似实战的环境中完成伤员抢救转运任务。这台新型装甲救护车，由陆军军医大学陆军特色医学中心自主研制，被官兵誉为"战救铁盾"。

据了解，该系列新型装甲救护车可在恶劣天气、复杂地形条件下快速运送伤员。车内配有监护仪、呼吸机、制氧机等医疗设备，还搭载了战伤急救辅助诊断系统和伤员座椅，具备紧急救治、途中手术和快速护送等多种功能。

目前，该系列装甲救护车已列装多支部队，有效提升了战场卫勤保障能力。

（资料来源：中国军网，有改动）

二、急救基本技术

战场救护一般是在火线上进行的。急救的基本技术主要包括通气、止血、包扎、固定、搬运和心肺复苏。这六项技术对于保证战伤救治工作的顺利进行，防止和减少战伤并发症，降低死亡率和伤残率，提高治愈率和归队率，争取伤员良好的预后，有着十分重要的意义。

（一）通气

呼吸道一旦发生阻塞，伤员在数分钟内就会因窒息、缺氧而死亡。因此，当呼吸道发生阻塞时，必须分秒必争地消除各种阻塞因素，使气道通畅，如图8-5所示。

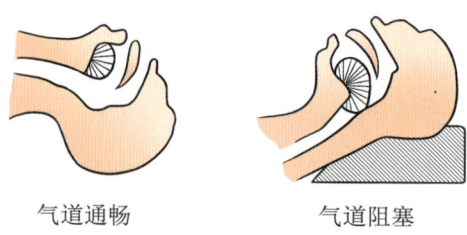

图8-5　气道示意图

伤员的鼻腔和气管被血块、泥沙、呕吐物等堵塞，以及伤员昏迷后舌后坠，均可造成伤员窒息。此时，救护人员应立即选用下列方法，使伤员的呼吸道尽快恢复通气。

（1）指抠口咽法。救护人员用一只手的拇指、食指拉出伤员舌头，用另一只手的食指伸入伤员的口腔和咽喉部，迅速将堵塞物取出。

（2）击背法。使伤员上半身前倾或半俯卧，救护人员一只手支托其胸骨，另一只手的手掌猛击伤员背部两肩胛骨之间的部位，促使其咳嗽，从而咳出上呼吸道的堵塞物。

（3）垂俯压腹法。救护人员从伤员背部用双臂环抱伤员上腹部，将伤员提起，使伤员上半身垂俯，然后用双臂的力量按压伤员的腹部，促使伤员吐出或咳出上呼吸道的堵塞物。

（4）托颌牵舌法。救护人员应用一只手托起伤员的下颌，使伤员的头后仰，下颌向前抬升，另一只手将舌牵出，使伤员的声门通气。

此外，如果伤员出现开放性气胸而严重影响呼吸循环，救护人员应立即用敷料（用于清洁和保护伤口的纱布、纱布条、棉花球和棉垫等）或干净的衣、布等堵塞伤员的胸壁伤口，使之成为闭合性气胸。

（二）止血

战场急救中常用的止血方法有绷带加压包扎止血法、指压止血法和止血带止血法。

1. 绷带加压包扎止血法

当伤员的静脉、毛细血管或小动脉出血时，救护人员应先将敷料盖在伤口上，然后用三角巾或绷带加压缠绕,从而达到止血的目的,如图8-6所示。缠绕的松紧度以能实现伤口止血又不影响其远端血运为宜。

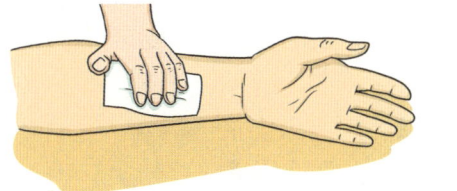 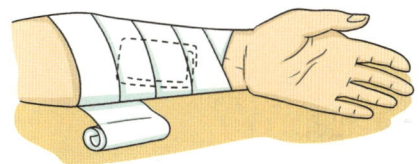

图8-6　绷带加压包扎止血法

2. 指压止血法

当较大的动脉出血时,临时用手掌或手指压迫伤口近心端的动脉,将动脉压至深部的骨头上,阻断血流,可以达到临时止血的目的,如图8-7所示。其要领口诀可总结为"熟悉血行线,牢记压迫点,手压近心处,压力向骨面,迅速把它摸,千万莫迟延"。

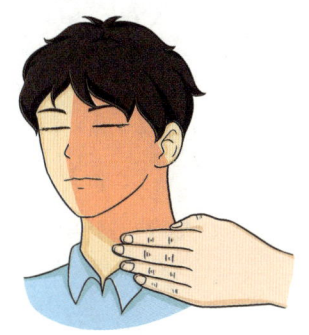 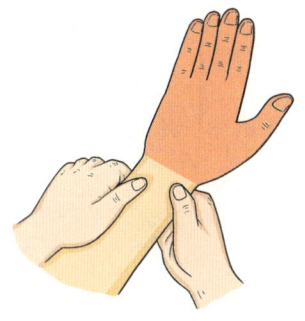 

扫一扫

各部位出血的指压方法

图8-7　指压止血法

3. 止血带止血法

止血带止血法是指以止血带缠绕在有效部位以阻断动脉血流、制止出血的方法,适用于四肢大出血的情况。目前常用的止血带有两种:其一是带压力表的充气止血带(见图8-8),其充气压力高于动脉收缩压(50~80毫米汞柱),能完全或基本控制股、肱动脉出血;其二是橡皮止血带(见图8-9),用于肢体的适当部位,以棉垫、纱布、毛巾等作为衬垫,再将止血带在肢体上缠绕两圈勒紧,以达到止血的目的。

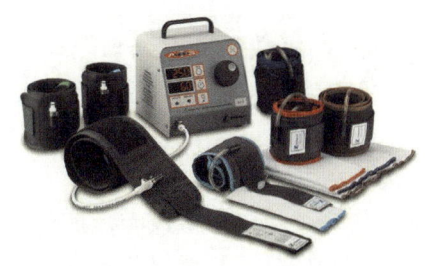 

图8-8　充气止血带　　　　　　图8-9　橡皮止血带

使用止血带应注意以下几点：① 止血带与皮肤之间要加垫敷料或衣服，不能将止血带直接扎在皮肤上；② 上止血带的伤员必须做好标记，写明上止血带的时间；③ 止血带每隔1小时（冬季半小时）松开一次，每次松开2～3分钟，以暂时改善血液循环；④ 止血带松开时应逐渐放松，如仍有出血，应再扎上止血带，若不再出血，则可以改用三角巾包扎伤口。

（三）包扎

包扎伤口可以压迫止血，保护伤口，防止污染，有利于伤口尽早愈合。在进行伤口包扎时应做到：动作要轻巧，伤口要全包，打结避伤口，包扎要牢靠，松紧要适宜。

包扎的材料主要有绷带、三角巾（见图8-10）、四头带（见图8-11），以及敷料，经消毒灭菌后密封在急救包内。下面主要介绍三角巾包扎法。

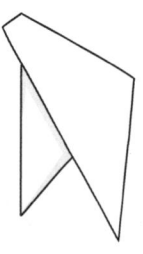
燕尾式三角巾

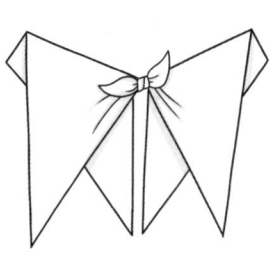
双燕尾式三角巾

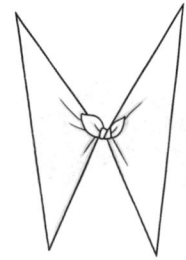
蝴蝶式三角巾

图8-10 三角巾

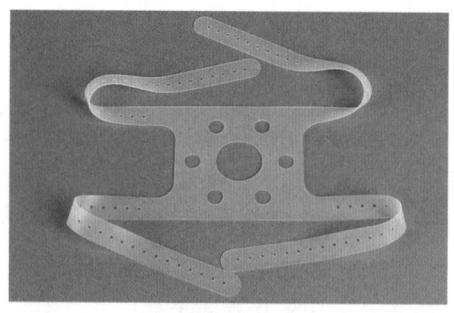

图8-11 四头带

在进行包扎时，首先把急救包沿箭头指向处撕开，将敷料盖在伤口上，然后进行包扎。

1. 头面部伤的包扎

头面部伤是战伤中比较严重且常见的损伤，其主要包扎方法如下。

（1）风帽式包扎法。在三角巾顶角和底边中部各打一个结，形似风帽，顶角结放在额前，底边结放于枕后，包住全头，两底角向下拉紧，底边向外反折成带状包绕下颌，拉到枕后打结固定，如图8-12所示。

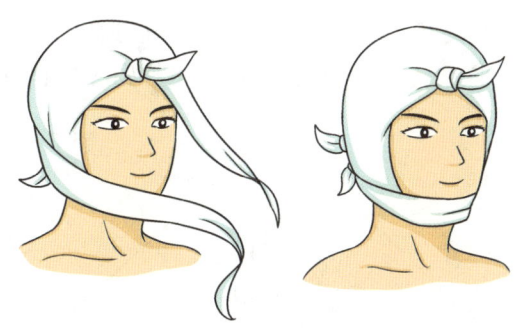

图8-12 风帽式包扎法

（2）下颌包扎法。将三角巾由顶角折至底边呈3～4横指宽，取1/3处放在下颌前方，长端经耳前拉到头顶部，绕至对侧耳前与另一端交叉，两端分别经额部与枕部，在另一侧打结，如图8-13所示。

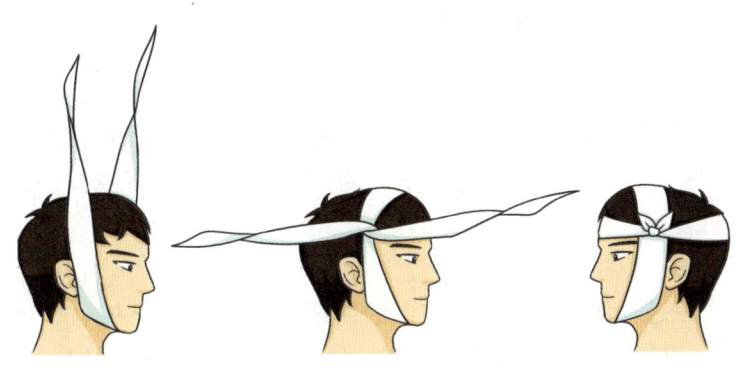

图8-13 下颌包扎法

（3）面部包扎法。将三角巾顶角打一个结，兜住面部，然后拉紧两底角，在枕部后方交叉，绕至下颌部前方打结。包好后，在眼、口、鼻处剪小口，让眼、口、鼻露出，如图8-14所示。

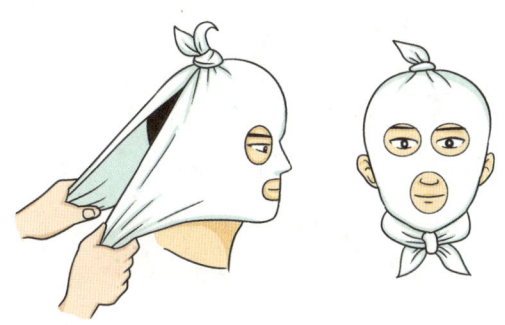

图8-14 面部包扎法

2．四肢伤的包扎

战伤中，四肢伤最为常见，其主要包扎方法如下。

（1）包扎上肢。将三角巾一底角打结后套在伤侧手上，结之余头留出备用；将三角巾另一角沿手臂后侧拉至对侧肩上；用顶角包裹伤肢，前臂屈至胸部，拉紧两底角打结。

（2）包扎手（脚）。将手放在三角巾中央，手指指向顶角；拉顶角盖住手背，两底角左右交叉压住顶角绕手腕打结。包扎脚部方法与此相同，如图8-15所示。

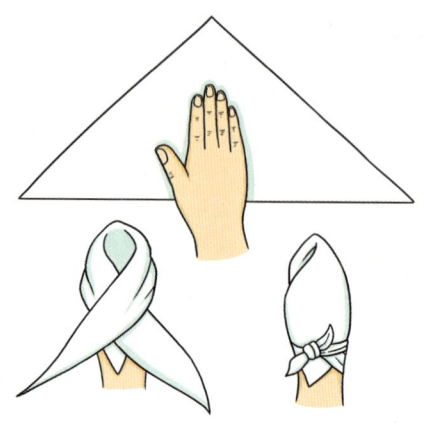

图8-15　手部包扎法

（3）包扎小腿和脚。脚趾朝向三角巾底边，把脚放在靠近一底角的一端，提起顶角，与另一端的底角交叉包裹小腿并打结，再将脚下底角折到脚背上，绕脚腕与底边打结。

（4）包扎肘、膝。将三角巾折成适当宽度的带状，将带的中段斜放于伤部，取带的两端分别压住上下两边，绕肢体一圈后打结。

3．胸（背）部伤的包扎

对胸部轻伤部位进行包扎时，将三角巾的顶角放在伤侧胸部的肩上，把左右两底角从腋下拉到背后打结，再与顶角相结，如图8-16所示。背部的包扎方法与此相同。

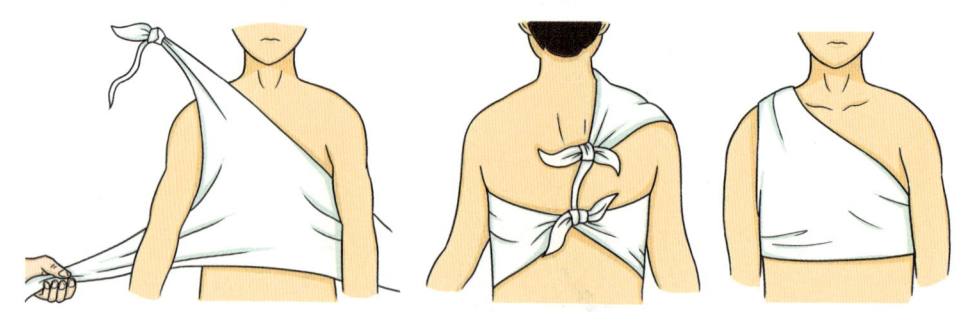

图8-16　胸部包扎法

人物视窗

向定成：能指挥打仗也能治病救人

向定成，湖北宜昌人，1964年10月出生，1984年6月入党，1984年8月入伍，现任中国人民解放军南部战区总医院心血管内科主任。

1984年，向定成以优异的成绩从三峡大学医学院毕业后，原本可以留校，但他选择了参军入伍。1985年，经过西安陆军学院一年的军事强化训练后，向定成毅然奔赴边境作战前线。在地雷遍布、险象环生的战场上,向定成经历了多次生死考验,荣立了战时个人三等功。

一天早上,我军50名突击队员冒着密集的炮火发起冲锋,短短25分钟就攻克了敌方的阵地,但多名官兵负伤。向定成当时是代理排长,他拥有医学知识和技能,于是立刻对伤员展开了救治。一位军官胸部受了伤,出了很多血,包扎其伤口的整个纱布块都被染成了红色,并且伴随着他的呼吸,从伤口不断往外冒气泡。向定成据此很快判断出,这位军官的第一个问题是出现了气胸,第二个问题是伤口没有进行密闭包扎。于是,他立即给这位军官进行了重新包扎,展开了急救。

从战斗前线归来后,向定成当上了部队的作训参谋,被作为打仗型指挥人才重点培养。但出乎很多人意料,向定成再次做出选择——去当一名军医,因为他想发挥自己的专业优势,为提升军队的战场救治能力贡献一分力量。

几经周折,向定成如愿成为一名军医,被分配到团卫生队,从基层干起。在为基层官兵服务的间隙,他刻苦学习专业知识,考取了华中科技大学同济医学院的硕士研究生,又到中国人民解放军总医院攻读博士学位。毕业后,向定成选择到中国人民解放军南部战区总医院工作,并在此和同事们一起建立了一个以区域协同救治为核心理念的胸痛中心,帮助了很多患者。他还通过在胸痛中心的基础上搭建而成的远程会诊系统,为边海防的官兵提供诊疗服务。

作为一名军医,向定成几十年来始终在尽己所能为兵服务,并一直致力于提升军队医院的卫勤保障能力,努力让医院为军队现代化建设和备战打仗发挥更大作用。

(资料来源:央广网,有改动)

4. 腹(腰)部伤的包扎

包扎腹(腰)部时,把三角巾顶角朝下,放在一条大腿的根部下方,用一底角包绕大腿与顶角打结,将另一底角提起绕腰部与底边打结。

(四)固定

固定即骨折临时固定,可以使骨折端无法随便移动,进而避免锐利的骨折端刺破皮肤、周围组织、神经和大血管等,减轻伤员的疼痛,防止休克和感染,同时便于后送。

1. 骨折临时固定的方法

(1)上臂骨折固定法。在上臂的外侧放好夹板,垫好软物后用两条绷带将骨折部位的上下端固定,再用三角巾将前臂悬吊在胸前,然后用三角巾将上臂固定于左肋或右肋,如图8-17所示。

(2)前臂骨折固定法。把两块夹板分别放在前臂掌侧和背侧,垫好软物后用绷带或三角巾固定,再用三角巾将前臂悬吊在胸前,如图8-18所示。

图 8-17　上臂固定

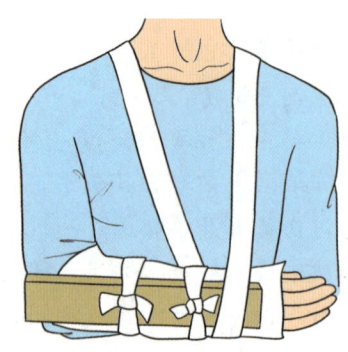
图 8-18　前臂固定

（3）小腿骨折固定法。将夹板（长度大约自大腿中部到脚跟）放于小腿外侧，垫好软物后用绷带分段固定，应用"8"字形绷带固定脚部，使脚与小腿成直角。

（4）大腿骨折固定法。把夹板或木板（长度大约自腋下至脚跟）放在伤肢外侧，在关节及空隙部位加垫，用三角巾、绷带等分段固定，用"8"字形绷带固定脚部，使脚与小腿成直角。

2. 骨折临时固定的注意事项

（1）有伤口和出血时，应先止血、包扎伤口，再固定骨折端。如伤员休克，则应先进行休克处理。

（2）骨折临时固定是为了控制肢体活动，保证伤员安全后送。因此，对于骨折畸形，不要整复，只做一般矫正，然后固定即可。在处理开放性骨折时，不要把刺出皮肤外的骨折端送回伤口，以免加重感染。

（3）夹板的长度和宽度要与伤肢相称，其长度要超过骨折部的上、下两个关节。

（4）夹板不能与皮肤直接接触，应用棉花或其他平整的软物（如衣服等）垫在夹板和皮肤之间，尤其要垫好夹板两端、骨突出部和空隙部位，以防局部受压或不适。

（5）上夹板时，除固定骨折的上下两端外，还应固定上下两个关节，以保证骨折部的固定。

（6）固定应做到牢固可靠，不可过松或过紧。

（7）固定骨折的四肢时，应露出指（趾）端，以便观察血液循环。

（五）搬运

搬运即搬运伤员，是指把伤员转移到隐蔽的地方，并及时安全后送，避免其再次负伤，使其得到进一步治疗。

1. 搬运伤员的方法

搬运伤员的方法应根据伤情、战斗进行情况、地形地物等选用。火线上的伤员搬运必须防避敌人火力，且无法使用平时的搬运工具。因此，通常采用背、扶、抱、拖、抬等方法。

（1）背。背伤员匍匐前进；或用背带加短木，让伤员骑坐其上，然后将其背走。

（2）扶。扶持伤员，侧身前进。

（3）抱。抱起伤员，快速离开危险区。

（4）拖。用大衣、雨衣、布单等包裹伤员，拴绳索或皮带于其腋下，然后拖拉运走。

（5）抬。两人徒手抬送伤员，或就地取材制成临时担架（见图8-19），搬运伤员。

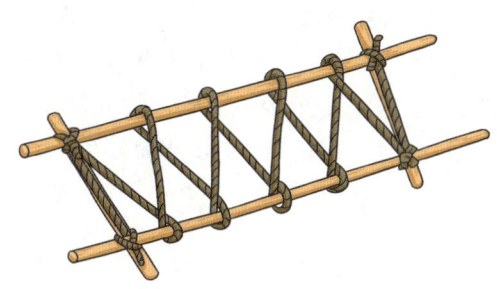

图8-19　临时担架

应注意的是，对于骨折的伤员，特别是脊柱损伤的伤员，搬运时必须保持其伤处固定，切勿使其骨折部位弯曲或扭动；对于昏迷的伤员，搬运时必须保证其呼吸道通畅。

2. 搬运的注意事项

救护人员必须迅速搬运伤员。为了避免加重伤员的疼痛感或伤情，搬运时必须注意以下几点。

（1）搬运前先对伤员进行初步的检查和急救处理。

（2）根据伤员的伤情，采用合适的搬运方法。

（3）搬运伤员时，动作要轻、稳、迅速，避免震动。

（4）搬运时应随时注意伤员的病情、伤情变化。

（六）心肺复苏

心肺复苏是针对呼吸、心跳停止的伤员所采取的抢救措施，包括胸外心脏按压和人工呼吸等。

1. 胸外心脏按压

进行胸外心脏按压前，应先通过触摸伤员的颈动脉判断其心脏是否骤停。触摸颈动脉判断心跳的具体方法如下：使伤员仰头，救护人员一只手按住伤员的前额，另一只手的食指和中指并拢，在喉结或气管处向左右任一侧滑动，一般滑动至有阻力时停止，即可触及颈动脉的搏动点，如图8-20所示。

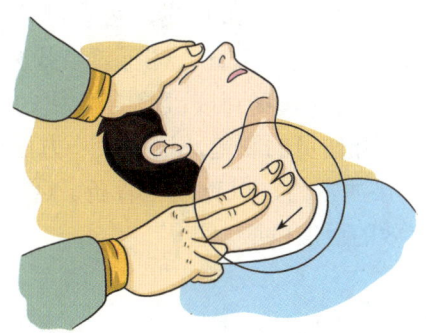

图8-20　心脏停搏的判断

（1）原理。双手着力点位于胸骨中下部1/3处，将心脏向后压于胸椎，使心室内血液被动地泵出，为脑和其他重要器官提供一定的血液及氧气。

（2）操作方法。伤员仰卧在地上或硬板床上，救护人员站立或跪在伤员右侧，解开伤员衣服，露出胸部（或仅留一件贴身衣服），左手掌根部放在伤员胸骨体下段，如图8-21所示；右手掌重叠放在左手手背上，双手十指分开并相扣，两手手指翘起，两臂伸直，利用上半身重力垂直向下按压，按压幅度至少5厘米，每分钟至少100次，如图8-22所示。应注意的是，按压时，要用力均匀、有规律，不可中断，不可用力太大、太猛；松开时，手不要离开伤员胸部。

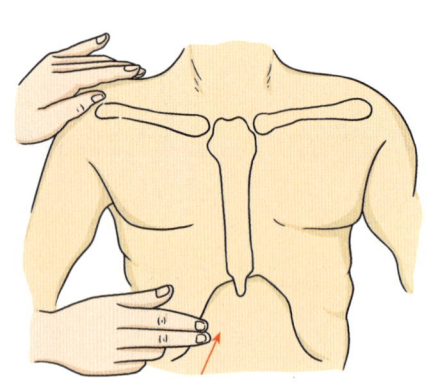
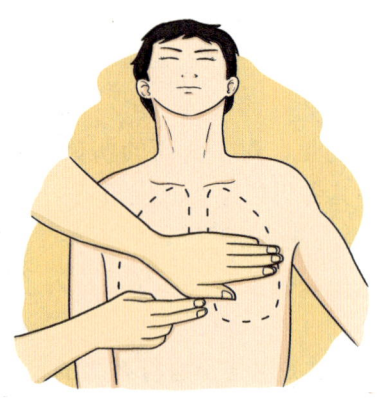

图8-21　胸外心脏按压部位定位方法

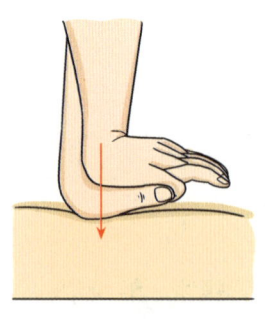
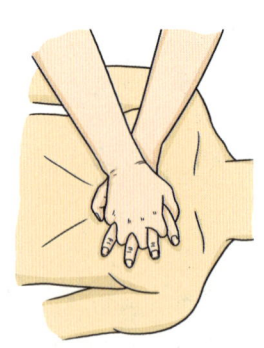
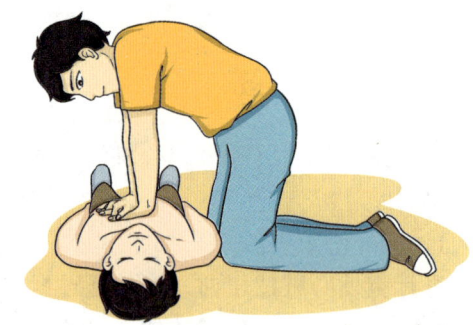

图8-22　手指交叉按压法

（3）注意事项。① 胸外心脏按压应与人工呼吸配合进行，每按压30次，要做2次口对口人工呼吸。② 肘关节伸直，上肢呈一条直线，两肩正对双手，以使按压的方向始终与胸骨垂直，因为如果按压时用力方向不垂直，按压效果就会受到影响，如图8-23所示。③ 每次按压后及时松开双手，使胸骨恢复到按压前的位置（胸廓回弹），血液在此时可回流到胸腔；松开时，双手不要离开伤员的胸壁，这样做一方面可使双方位置保持固定，另一方面可减少对胸骨本身的直接冲击力，以免发生骨折。④ 按压与放松间隔的时长比为1∶1，可使大脑和心脏得到有效的血液供应。

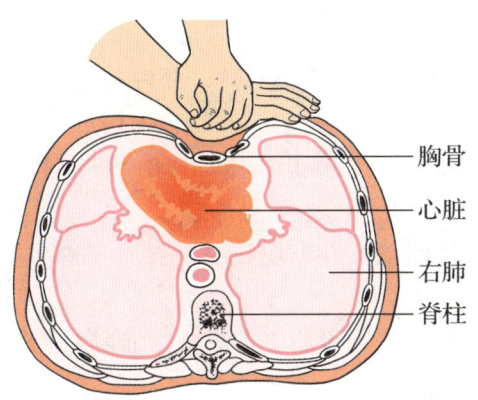

图 8-23 按压方向示意图

2. 人工呼吸

当伤员无呼吸或者不能正常呼吸时，救护人员需要对其进行人工呼吸。人工呼吸的方法有以下几种。

（1）口对口呼吸法。救护人员一只手托起伤员后颈部，使伤员头后仰、口张开，以保持呼吸道通畅；另一只手捏住伤员的鼻孔，并用口唇把伤员的口全部罩住，呈密封状，然后快速吹气，如图8-24所示。每次吹气应持续大约1秒，每次吹入气体量约800～1000毫升。连续吹气2次，确保每次通气时伤员胸廓有起伏，吹完气后立即松开捏住伤员鼻孔的手，让伤员的气道通畅。

（2）口对鼻呼吸法。对于牙关紧闭、张口困难、口唇创伤的伤员，可采用口对鼻呼吸法。救护人员一只手抬起伤员后颈部，另一只手抬其下颌，并用手指按住伤员口唇，使伤员口唇紧闭；然后用口罩住伤员的鼻子，用力吹气，之后口离开鼻子，并松开按住伤员口唇的手，让气体自动排出，如图8-25所示。

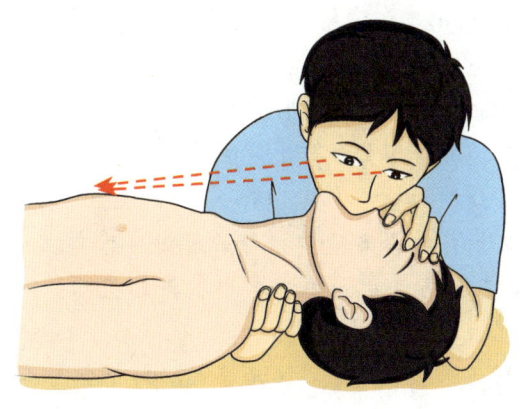

图 8-24　口对口人工呼吸

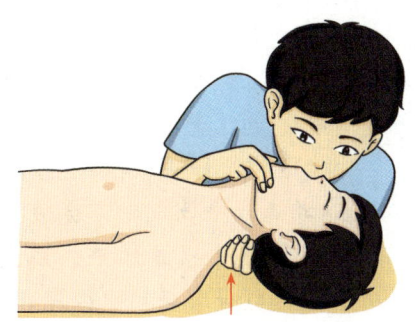

图 8-25　口对鼻呼吸法

3. 现场心肺复苏有效和终止的指标

（1）心肺复苏有效的指标。经现场心肺复苏后，可根据以下5个指标判断复苏救治是否有效。

① 瞳孔。若瞳孔由大变小，则说明复苏有效；反之，若瞳孔由小变大、固定，角膜

混浊,则说明复苏无效。

② 面色。由发绀转为红润,说明复苏有效;变为灰白色或陶土色,说明复苏无效。

③ 颈动脉搏动。胸外心脏按压有效时,每次按压均可摸到1次动脉搏动。若停止按压时脉搏仍跳动,则说明心跳恢复;若停止按压时搏动消失,则说明心跳尚未恢复,此时应继续进行胸外心脏按压。

④ 意识。若伤员有眼球活动,并出现睫毛反射反应和对光反射反应,甚至开始出现手脚活动,则说明复苏有效。

⑤ 呼吸。若出现自主呼吸,则说明复苏有效;若呼吸仍微弱,则说明复苏救治效果不佳,此时应继续进行人工呼吸。

(2)终止心肺复苏的指标。一旦开始进行现场心肺复苏,救护人员就应负起责任,不能无故中途停止救治。若在心肺复苏过程中出现了上述指标中的无效指标,或进行了30分钟以上的心肺复苏后,仍未出现上述指标中的有效指标,则可考虑终止心肺复苏。

军史讲堂

中国红十字会:抗日战争中不能忽视的组织

在抗日战争中,中国红十字会(包括总会及所属地方分会)各级会员以"博爱恤兵,救死扶伤"为宗旨,义无反顾地投入抗战救援中,创造了不可忽略的救护历史。

1932年1月28日,日本海军陆战队向上海发起大规模的军事进攻后,中国红十字会共组织21支救护队,设临时伤兵医院43所,难民收容所5处,共救护伤兵8600多人,收容难民53100多人。

1933年1月3日,被称为"天下第一关"的山海关被日军攻陷,战火在长城脚下蔓延。中国红十字会闻讯后,迅速组织起由50多人组成的"东北救护队",并将其纳入同年2月14日在北平成立的"中国红十字会华北救护委员会"。中国红十字会华北救护委员会将救护队分编成12组,分别派往康庄(北京市延庆区下辖镇)、喜峰口(位于河北省唐山市北部迁西县与宽城县接壤处)等处救护伤员。在这场战争中,中国红十字会华北救护委员会所隶各救护队救治伤兵7486人。

1937年,全民族抗战爆发后,中国红十字会调集救护力量,驰赴华北前线。1938年春,中国红十字会救护总队(中国红十字会专门负责军事救护的机构)在湖北省武汉市汉口镇宣告成立,翻开了抗战救护新的一页。作为抗战救护的中枢,中国红十字会救护总队组织医疗、医护、医防、急救、X光等队,遍布全国各战区。

在全民族抗战过程中,中国红十字会全力从事军民之救护,血汗交织,艰苦卓绝,救治军民达1600万人,为国为民做出了巨大贡献。

(资料来源:《光明日报》,作者池子华,有改动)

三、意外伤救护

意外伤是指人员在军事训练中发生的意外损伤。掌握军事训练意外伤的预防措施及救护方法，能有效地避免损伤的发生，或者在发生意外损伤时采取措施缓解伤情，减轻痛苦，为进一步就医提供方便。

（一）常见意外训练伤的种类及救护

1. 挫伤

挫伤是外力直接作用于身体所致的闭合性损伤。其症状如下：皮肤无裂口，局部青紫，皮下瘀血、肿胀、压痛，以四肢多见。轻度挫伤一般不做特殊处理，早期予以冷敷，两天后可进行热敷。重度挫伤应予以冷敷，并及时就医，且要注意休息。

2. 扭伤

扭伤是关节的活动幅度超过正常承受范围而造成韧带撕裂的急性损伤。扭伤多发生于踝、腕、腰、膝等部位，受伤部位常呈现肿胀、瘀斑、功能障碍、压痛等症状。早期应冷敷治疗，局部可做理疗或热敷。

3. 擦伤

擦伤是指钝性致伤物与皮肤摩擦而造成的以表皮剥落为主要表现的损伤。轻者可用清水冲洗，然后涂抹碘伏即可。擦伤创面较重时，应交由医生处理。

4. 刺伤

刺伤是指长而尖的器物刺入人体而引起的损伤。若刺入的器物较小且不靠近主要器官，则可在当时拔出器物，并用碘酒或酒精消毒，然后用纱布包扎伤口；如果当时无法判断是否刺伤主要器官，或刺入的器物较大，则不要拔除器物，而应到医院处理，以免发生危险。若被锈蚀的钉子刺伤，则处理完伤口后，还应注射破伤风抗毒素。

5. 肌肉拉伤

肌肉拉伤通常是因肌肉过度拉紧而形成的肌纤维撕裂，伤后局部肿胀、疼痛，肌肉紧张或痉挛，活动受限。早期可用冷敷、抬高伤肢等方法处置。若疼痛较重，可进行理疗、按摩。

6. 脱臼

脱臼是指关节脱位。脱臼后会出现关节周围肿胀、疼痛剧烈、关节变形、功能障碍等症状。无论何处关节脱臼，均不可活动和揉搓，应立即送医治疗。

7. 骨折

骨折有两种：一种是闭合性骨折，其特点是皮肤没有伤口，断骨不与外界相通；另一种是开放性骨折，即骨头的断端穿出皮肤，有伤口。骨折后，要立即进行包扎和固定，并及时送医治疗。

> **互动空间**
>
> 你或你的同学经历过以上哪些意外伤？说一说你们当时是如何处理的？你们从中获得了哪些经验或教训？

（二）预防意外训练伤的一般措施

1. 严格遵守规范

要按照规定的动作要领和操作规范进行训练，既要有勇猛顽强的作风，又要有扎实细致的态度，做到动作快捷而准确。同时，应注意遵守训练纪律，保证训练场所的秩序。

2. 遵循训练规律

要按照自身的接受能力和适合自己的训练程度参加训练，克服争强好胜或信心不足等不良心理，既不急于求成，又不畏手畏脚，按照循序渐进的原则调整训练强度和难度。

3. 做好准备活动

训练前的身体准备活动要充分且具有针对性，一般不少于10分钟，切不可做样子，否则容易因肌肉僵硬、身体灵活性和协调性差而遭受损伤。

4. 掌握保护方法

要学会自我保护和互相保护的方法，特别是在一些难度高、危险性大、动作复杂、不易掌握的科目训练中，更要注意做好防护，以防发生意外事故。

5. 坚持训前检查

训练前，要认真检查训练器械、设备有无损坏，安装是否稳固。训练场地内如有石块、砖瓦等容易造成人员损伤的物体，要及时清除。

> **军事前沿**
>
> **普及实用急救技术，让战场救护成果惠及军地**
>
> "自救互救可以为专业医疗救助赢得宝贵时间，最大限度地减少伤残、死亡的发生，甚至创造生命奇迹。"解放军总医院第四医学中心重症医学科主任医师何忠杰曾说。
>
> 官兵在平战条件下都可能遇到紧急情况，如战场上的爆炸伤、肢体断离、大出血、休克、昏迷等，平时训练中突然意识丧失、晕倒、四肢和体表活动性出血、心跳呼吸骤停等，生活中的气道异物梗阻等。在专业救护力量到来之前，官兵必须进行自救互救。

解放军总医院第四医学中心牢记"战创伤救治中心"职责使命，持续研究战伤救护难题，同时注重将科研创新成果进行普及和转化，使其在服务战场急救的同时造福百姓。何忠杰在带领团队成功研制"便携式环甲膜穿刺针""弹射式一次性骨髓输液器"等急救器械的基础上，还研究推出了"围猝死概念及三级预防""围心跳骤停复苏方案""围心跳骤停期心理照顾方案"等一批科研创新成果，进一步丰富和发展了"白金十分钟"急救体系，使施救原则与方法更加科学、系统、规范。

（资料来源：中国军事网，作者赵双林，有改动）

第三节　核化生防护 *

尽管核化生武器对人员具有巨大的杀伤力，但只要防护得当，就可以有效地避免其对人员造成伤害。因此，了解"三防"知识具有重要意义。

一、核武器防护

遭遇核武器袭击时，室内、室外的人员必须迅速、准确地进行防护，以寻求生存机会。

扫一扫

核武器的破坏效应

（一）室外人员的防护原则和方法

（1）防护原则。室外人员防护的原则是减少表面的暴露，争取重型屏障，重点保护头部，以减少碎片的杀伤力。

（2）防护方法。室外人员发现爆炸闪光后，应忌看火球，迅速进入各种人防工程进行防护，且不要随意进出或走动；来不及进入人防工程时，要迅速（2秒内）卧倒。附近有较大的地形地物时，要横向卧倒；地形地物较小时，要面向爆心卧倒；无地形地物可利用时，要背向爆心卧倒。卧倒时，应双手交叉垫于胸前，脸部尽量夹于两臂之间，两肘前伸，双腿伸直并拢，闭眼、闭口，憋气15～20秒。核爆炸时，如果身边有江河、湖泊或池塘，应立即潜入水中防护。有条件的情况下，尽可能利用浅色衣物遮盖身体，尤其是皮肤暴露部位。

利用地形地物进行防护时应注意：必须利用地形地物背向爆心的一侧，尽量利用坚固、稳定的地形地物，避开易倒塌、易燃烧、易爆炸的物体，以免造成间接伤害，如图8-26所示。

图 8-26　利用地形地物进行防护

（二）室内人员的防护原则和方法

（1）防护原则。室内人员防护的原则是利用坚固的建筑部位和家具，减少暴露，设置屏障，保护重点部位，减少碎片的杀伤力。

（2）防护方法。室内人员发现爆炸闪光后，应立即卧倒，最好在靠近墙角的桌下或床下卧倒。尽可能避开门窗和易燃易爆易碎物，以免造成间接伤害。冲击波过后，应立即抖落身上的尘土，迅速进入人防工程进行防护。若没有人防工程，也可以进入冲击波袭击后未倒塌的建筑物内，关闭门窗，防止放射性灰尘进入室内。

（三）放射性核沾染区人员的防护方法

人员在放射性沾染区行动时，应做好个人防护：戴口罩或面具，扎"三口"（即领口、袖口、裤脚口），穿雨衣或斗篷，戴手套，穿雨靴；不要随便接触沾染物，不要坐卧和脱下防护器材；严禁在沾染区吃东西、吸烟和饮水。

行进时，应按照专业人员设置的标志，避开沾染较严重的地域；应选择路面结实、街道较宽的背风墙侧行；人与人之间要保持适当距离，脚步要轻，尽量避免灰尘扬起；快速行进，尽量缩短在沾染区停留的时间。

乘车时，除做好个人防护外，要关闭车窗，盖严棚布；车上人员不要随便下车，上下车时要尽量不接触车轮和挡泥板。行车时，要加大车距。

（四）全区转移人员的防护方法

转移至安全区的人员，要有计划、有组织地采取多种措施，消除衣物和皮肤上的沾染物。消除衣物上的沾染物时，人员应侧风站立，人与人之间保持一定的距离，将衣物一件一件地脱下，并进行消毒。消毒后的衣物应放在上风方向。消除衣物沾染物的方法通常包括拍打法、扫除法、抖拂法、洗涤法等。

若人员的皮肤被沾染,则可用毛巾或纱布擦拭。擦拭时,应从上到下顺着一个方向进行。擦一次,将毛巾翻叠一次,防止已擦拭部位被重新沾染。若误食了被沾染的食物和水,则可采取催吐、洗胃、排泄等方式排出。在有条件的情况下,可按照医生要求服吸附剂、缓泻剂,以加快放射性物体的排出。

二、化学武器防护

化学武器的防护措施主要有探测通报、破坏摧毁、防护、消毒、急救等。其中,探测通报是指采用各种现代化探测手段,弄清敌方化学袭击的情况,了解气象、地形等,并及时通报。破坏摧毁是指采用各种手段破坏敌方的化学武器和设施等。防护是指根据毒剂的作用特点和中毒途径,设法把人体与毒剂隔绝,同时保证人员能呼吸到清洁的空气。

对化学武器进行防护是为了使遭受化学武器袭击的人员免受或少受伤害。因此,加强平时的防护准备,做好探测通报、防护、消毒、急救等工作,对保护人民、提高城市的整体防护能力有着重要作用。

(一)探测通报

及时发现敌人使用的化学武器,迅速采取防护措施,就能避免受毒剂伤害。除使用专业装备器材进行侦察通报外,还可通过下述迹象来判断化学袭击的情况。

空中有飞机低飞,其机翼下方喷出烟雾,就像布洒农药一样,并且在飞机经过的地面或植物上可发现液滴或粉末;若用了毒剂弹,可发现毒剂弹爆炸时声音低沉,弹坑浅而小,且弹坑附近可能有液滴斑点或粉末,有时有异味。出现这种现象时,表明敌方用飞机布洒了毒剂。

大范围内的动物、植物同时出现异常现象,如鸟、鸡、兔、狗等出现站立不稳、呼吸困难、瞳孔缩小或散大、抽筋等反应;蜂、蝶、蝇等异常地抖动翅膀,且飞行困难;植物的叶子、花瓣卷缩、枯萎,出现异常变色斑点等。若上述现象在一定地域内同时发生,表明它们已经染毒。

当空气中出现某种刺鼻气味,或人员出现视力模糊、流泪、呼吸困难、胸闷、皮肤有灼烧的感觉时,可能是空气或地面染毒。

只要发现异常,就应立即采取防护措施,并进一步侦察和通报。

(二)防护

在判明敌人可能进行化学袭击后,要快速做好防护准备,不失时机地采取防护措施。

1. **遭遇化学武器袭击时的防护**

遭遇化学武器袭击时的防护方法包括以下两种:利用具有密闭、滤毒通风的防护设施的工事进行集体防护;利用个人防护器材进行个人防护。

利用防护工事进行防护时,应根据指挥人员的命令有组织地进入,不得随意进出,以防带入毒剂,降低防护效能。为了减少工事内氧气的消耗,工事内人员要尽可能减少各种活动。当接到化学武器袭击警报时，个人应迅速戴上防毒面具或其他简易防护器材进行防护，尤其是做好对呼吸道和眼睛的防护。当敌人使用持久性毒剂时，还应进行全身防护，披上防毒斗篷、雨衣或塑料布等，穿好防毒靴套或用就便材料包裹腿脚，戴好防毒手套。

2. 通过染毒地域时的防护

通过染毒地域前要做好各项防护准备，按规定穿戴好个人防护器材，如防毒面具、防毒衣、防毒斗篷、靴套、手套、雨衣，或用自制器材、就便材料等进行防护。通过染毒区时，应选择地质坚硬、植物层低矮且少的道路，尽量避开弹坑和有明显液滴的地方，人员之间要拉开距离，快速通过。通过染毒区后，应背向爆心而立，将器材物品放置下风方向2～4步处，先脱去防毒衣、斗篷或雨衣，并将染毒面向内折叠放在器材物品一侧，然后脱去一只手套，取出消毒液，再戴上手套，对被染毒服装、器材、手套进行消毒，接着脱去防毒靴套，解除包裹腿脚的材料及防毒手套，最后取下防毒面具。对于已消毒的物品，应将其放在上风位置。

3. 停留在染毒地域内时的防护

当需要在染毒地域内停留时，必须严格按规定戴好防护器材，尽量避免与染毒物品接触。条件允许时，应对人员活动区域进行消毒。在染毒区域内，个人不得随意行动，不得随便坐、卧，不准在毒气容易滞留的房屋背风处、绿化地带、低洼处停留。严禁在染毒地域内进食、饮水和吸烟，有条件时，可在有防护设施的工事内进行，但进食、饮水前必须对双手进行消毒和清洗。

（三）急救

当遭到化学武器袭击并发现有人员中毒时，一方面要给中毒者戴好防护器材，另一方面要按先重后轻的原则快速准确地进行急救，并将中毒者移出毒区。

（1）神经性毒剂中毒者的急救。神经性毒剂中毒者应立即注射神经性急救针（解磷针），并迅速清洗染毒部位；眼睛染毒时，可用碳酸氢钠溶液或1∶2000高锰酸钾溶液清洗；皮肤染毒时，可用个人防护包内的消毒液进行擦洗，也可用10%～15%氨水、5%～10%苏打水溶液进行擦洗；若误服染毒水或食物，则应立即洗胃。

（2）糜烂性毒剂中毒者的急救。对糜烂性毒剂中毒者的急救方法主要是消毒，具体方法与上述人员消毒的方法相同。

（3）窒息性毒剂中毒者的急救。窒息性毒剂中毒者会出现肺水肿，进而窒息致死，一般无特殊治疗方法。应注意的是，当中毒者呼吸困难时，禁止进行胸外心脏按压，而应尽快送医院治疗。

（4）失能性毒剂中毒者的急救。中毒者一般不需要急救，只要离开毒区或采取防护措施，不再吸入毒剂，过一段时间症状会自行消失。

（5）全身中毒性毒剂中毒者的急救。中毒者应迅速鼻吸亚硝酸异戊酯安瓿（若戴面具，则将捏破的安瓿塞入面罩内），如症状没有消失，则可每隔4～5分钟使用一支，但连续使用不得超过5支。对于呼吸困难者，救护人员还应对其进行人工呼吸。

三、生物武器防护

生物武器有较强的致病性和传染性，前方和后方、军队和居民、人员和牲畜都可能受到袭击。人员和牲畜发病后还可能互相传染。因此，在组织防护时，要做到军队与地方相结合，军民兼顾；军队卫生勤务与防化、工程等有关勤务部门密切配合。

生物武器的主要防护措施包括以下几个方面。

（1）做好经常性的防疫工作，如进行防疫、防护的宣传教育，开展群众性卫生运动，贯彻各种防疫制度，有计划地接种各种疫苗等。

（2）组织观察、侦察和检验，及时发现敌生物武器袭击。各种观察哨均兼有观察生物武器袭击的任务，发现袭击征象时应及时通知部队进行一般防护。同时，专业防护人员应进行现场侦察，采集标本进行检验，确定生物战剂种类，并通报部队采取针对性的防护措施。

（3）做好个人防护和集体防护。若发现敌人袭击，在接到防护指令后，应立即戴上防毒面具或防菌口罩，扎紧裤脚、袖口，将上衣塞入裤腰，在颈部围上毛巾。在战斗情况允许时，可进入工事，以减少受染。

训练营地

一、填空题

（1）_____是以克敌制胜为目的，以技击动作为主要内容，以套路和搏击为基本形式的军事体育项目。

（2）格斗手型中的拳通常分为立拳、反拳和_____3种。

（3）格斗腿法包括正蹬腿、侧蹬腿和_____。

（4）伤员的鼻腔和气管被堵塞时，救护人员可通过指抠口咽法、击背法、_____或托颌牵舌法帮助其恢复通气。

（5）搬运伤员前，应先对其进行初步的检查和_____。

（6）心肺复苏是针对呼吸、心跳停止的伤员所采取的抢救措施，包括_____和_____等。

（7）对伤员进行胸外心脏按压时，每分钟至少按压_____次。

（8）_____是外力直接作用于身体所致的闭合性损伤。

（9）骨折后，要立即进行包扎和_____，并及时送医治疗。

（10）训练前的身体准备活动一般不少于_____分钟。

二、简答题

（1）格斗基本功包括哪些方面？
（2）止血方法有哪些？
（3）胸外心脏按压的动作要领是什么？
（4）扭伤后应怎样治疗？
（5）生物武器的防护措施包括哪些方面？

三、论述题

你认为如何才能提升自身的防卫技能和防护技能？

情景模拟——"锤炼急救技能，提升救护能力"

实践目的：

通过组织以"锤炼急救技能，提升救护能力"为主题的情景模拟活动，巩固所学的救护基本知识，提升自身救护能力。

实践方案：

（1）分组。全班学生每4~6人为一组，每组设组长1名。

（2）讨论。各组组长组织小组成员讨论确定将要在模拟情景中加以练习的急救技能和每个人的分工。每组需要练习并熟练运用至少两种急救技能。

（3）准备。各组成员按照分工，准备所需的救护材料（如绷带、三角巾、纱布等）。

（4）模拟。各组先在课下进行急救技能练习，再在班内演示操作。在操作过程中，需要同步讲解动作要领和注意事项。

（5）总结。活动结束后，各组组长组织小组成员进行活动总结，分享在活动开展过程中获得的感想或启发。

第九章

始终心有狼烟，坚持常备不懈
——战备基础与应用训练

章前导读

对我国来说，21世纪是一个必须紧紧抓住，并且可以大有作为的重要战略机遇期。当代大学生必须充分认清当前形势，居安思危，学习战备、行军、野外生存、识图用图等战备基础与应用的相关知识，努力提高自己的综合军事素质。

学习目标

- 了解战备规定、紧急集合的基本要求和方法，以及行军拉练的组织准备、管理与指挥的相关知识。
- 熟知在野外获取食物、寻水、取火和野炊的方法，提高野外生存能力。
- 熟知识图用图的基本技能，培养分析判断能力和应急处置能力。

第一节 战备基础 *

一、战备规定

战备又称"作战准备""备战",是部队为了应付可能发生的战争或军事突发事件而在平时进行的准备和戒备行动。战备是一项非常重要的经常性工作。做好战备工作,不仅关系到某个战斗的胜负,而且关系到某个战役甚至整个战争的成败。士兵是部队的主体,担负着作战和应付突发事件的各项任务,因此必须牢固树立战备观念,了解战备常识,搞好战备的各项训练,以保证遇到紧急情况时,能以最快的速度投入战斗,并圆满完成任务。

战备规定的主要内容有日常战备和等级战备等。

(一)日常战备

日常战备主要包括战备教育、节日战备和"三分四定"等内容。

1. 战备教育

通常情况下,各部队(分队)需要结合形势和任务定期对所属人员进行战备教育。其主要内容包括职能教育、任务教育、历史使命教育、形势教育、政策法规教育、爱国主义教育、革命英雄主义教育、优良传统教育,以及反渗透、反心战、反策反、反窃密教育等。

战备教育已被列入年度政治教育计划,由政治机关组织,通常每季度进行一次。在节日、特殊时期和执行任务之前,各部队(分队)也要进行有针对性的战备教育。

2. 节日战备

节日战备是指在节日前给部队下达的战备加强工作。各部队(分队)在元旦、春节、国庆节等节日时都应该组织节日战备。进行节日战备前,各部队(分队)通常需要进行战备教育和战备检查,制订战备计划,完善应急行动方案,并及时上报战备安排。

在节日战备期间,各部队(分队)要按照规定保持人员在位率和装备完好率,加强战备值班、执勤、巡逻警戒,以及对重要目标的防护工作等。在节日战备结束后,各部队(分队)要及时向上级上报节日战备情况。

> **军事前沿**
>
> **抓好节日战备　守护家国安宁**
>
> 万家团圆之际,正是战备关键之时。2023年春节期间,我军任务部队官兵们依旧坚守战位、苦练精兵。

新疆军区红其拉甫边防连——雪山之巅，忠诚卫国戍边

在帕米尔高原深处、海拔4300米的新疆军区红其拉甫边防连驻地，寒风凛冽，雪花飞舞，气温低至零下25摄氏度，含氧量不足平原一半。

大年初一，熄灯不久后，一阵急促的紧急集合哨声划破了寂静的夜晚。"同志们，上级命令我连迅速派出人员赴八道班执勤点执行潜伏任务。"连队指导员冯康佶传达命令，巡逻官兵迅速扎带装具，准备出发。

连队组建于1949年，常年担负近百千米的边境线守防任务。数10年来，官兵们牢记党和人民赋予的使命，忠诚履行卫国戍边职责，连队被中央军委授予"卫国戍边模范连"荣誉称号。"为了确保全国人民度过一个欢乐祥和的春节，我们连队增加了巡逻频次，大家都争先恐后执行巡逻任务。"冯康佶说。

零点整，连队执勤官兵全副武装出发，前往八道班执勤点执行潜伏任务。这个点位海拔近5000米，距离连队8千米。连日降雪，巡逻路上全是厚厚的积雪，导致车辆无法通行，官兵们只能徒步前往。夜间执勤不同于白天，气温骤降，视野严重受限，给执勤工作带来不小的考验。雪夜前行，步步是挑战。尤其是部分地段积雪厚度达到20多厘米。官兵们举步维艰，只能手牵着手一步一步往前走。两小时后，官兵们终于抵达点位。

"下面，各组按照任务划分，展开！"随着排长王懋鑫一声令下，潜伏组迅速进入潜伏位置开始观察。此时天空已经飘起了雪花，温度也低至零下30摄氏度，官兵们趴在雪窝里，密切关注着边境方向的动态。不一会儿，官兵的面罩上就结满了冰霜。早上6点，"情况"解除，潜伏在雪地里的官兵才缓缓站起来。此时，他们的双腿已经冻得发麻，只能慢慢活动筋骨再往回走。"身处边防一线，我们更不能丢掉前辈身上的血性。"归队途中，王懋鑫对战士们说。

官兵们身后，祖国大地正值佳节，万家团圆。"数十年来，连队一代代官兵怀着对祖国、对人民的赤胆忠诚驻守雪山之巅，忠实履行卫国戍边的神圣职责，在风雪帕米尔高原筑起了一道坚不可摧的钢铁长城。"一级上士周林平坚定地说。

空军航空兵某旅——枕戈待旦，维护空防安全

大年初四，华东某机场战鹰列阵，轰鸣声此起彼伏。"计时，起飞！"伴随着塔台的指令声，空军航空兵某旅两名飞行员驾驶战机从停机坪滑出，快速升空编队，开展节日期间常态化警戒巡逻。"近年来，我们在联合作战体系支撑下，飞远海、出岛链，战斗航迹不断延伸拓展，大家节日战备信心底气更足。"副旅长王玮表示。

在一架等待起飞的战机前，王玮正在对战机进行细致检查。空中，两架战机采取大横队方式，以战斗姿态在待战空域进行空中巡逻。战鹰渐渐抵近目标空域，双机联动、默契配合、批次递进，将目标点位情况迅速回传至指挥大厅。大厅内，各个席位实时共享数据信息，并与飞行人员保持紧密联系，一切都有条不紊又战味十足。

值班室屏幕上，海空情动态信息一目了然。担负战备值班任务的飞行员刘炳芯紧盯屏幕，一刻不敢放松。"近年来，我们与兄弟单位协同默契、联动高效，常态化开展战备警巡，不断完善战备值班方案预案，确保召之即来、来之能战、战之必胜。"换

班后,刘炳芯对记者表示。

"作为一名空中战斗员,节日期间守护万家灯火,我更能体会到军人的价值和意义。"在空勤休息室,刚结束执行除夕值班任务的特级飞行员杨鑫告诉记者。

每逢重大节日,该旅各级领导都带头战备值班、编入第一梯队,时刻准备带队升空应对突发情况。"节日期间,我们多架战机一直保持挂弹满油的战备状态,担负战备值班任务的飞行员一直穿着抗荷服,保持箭在弦上、随时出动的状态。"杨鑫介绍。

统帅重托在肩,官兵全力备战。凛冽寒风中,尖锐的防空警报骤然响起,飞行员们迅速穿戴好飞行装具,冲出战斗值班室,跨进战机座舱,快速飞抵任务空域,查证处置空情。"请党和人民放心,我们一定不负统帅嘱托,时刻保持警惕,切实提高实战化水平,确保在祖国需要的时候拉得出、上得去、打得赢!"刘炳芯坚定地表示。

海军173编队长沙舰——劈波斩浪,守好万里海疆

冬日时节,南海某海域风急浪涌,海军173编队破浪前行、气势昂扬。

"发现空中可疑目标!"急促的战斗警报声骤然响起,长沙舰官兵们迅速奔赴战位。防空反导、对海突击、反潜作战等高难度课目演练火热开展。

春节前夕,习近平主席与正在执行战备巡航任务的海军173编队官兵进行视频通话,让官兵们倍感温暖、深受鼓舞。"我们一定牢记统帅嘱托,以更加昂扬的精神面貌投入战备训练和执勤任务中,在各自的战位上站好岗,为祖国和人民守好岁。"长沙舰舰长说。出航以来,长沙舰官兵以枕戈待旦、厉兵秣马的战备状态展开一系列针对性训练,在真打实备中锤炼克敌制胜的过硬本领。

春节期间,长沙舰官兵时刻不忘职责使命,始终保持高度戒备状态,用实际行动守护万家灯火。作战指挥室内,海空目标数据不断更新,口令声和键盘敲击声此起彼伏;雷达和声呐战位上,各个位置上的官兵快速精准地捕捉可疑目标信息,密切关注海上态势;全舰各型武器全时备便,随时准备应对和处置情况。

除夕当天下午,舰上的"深蓝之声"播放着官兵们对亲人、战友的新春祝愿。广播员张懂感慨万千——去年,他随长沙舰参加了一系列战备演训任务,因表现优异被评为"四有"优秀士兵。面向未来,张懂激情满怀:"我要继续扎根基层岗位,持续提升自己,争取再创新高。"

除夕夜,刚结束值班的柴油机兵王明玉拨通了家人的电话。"一家不圆万家圆。虽然不能回家过年,但在电话里知道他们都很好,心里就暖暖的,充满了干劲。"王明玉说。

"春节期间担负战备巡航任务,既是光荣使命,更是如山之责。"长沙舰政治委员说,"我们坚决铆在战位、苦练精兵,锻造敢打必胜的血性胆气,守护好祖国万里海疆。"

(资料来源:《人民日报》,有改动)

3. "三分四定"

"三分四定"是部队对战术储备物资存放与管理的基本要求。其目的是加强战术储备物资的管理,提高部队的战备管理水平。

"三分"是将战备物资分为携行物资、运行物资和后留物资3类。其中,携行物资是指在发生紧急情况时,士兵随身携带的必备物资;运行物资是指士兵无法随身携带、需要上级单位帮助运走的物资;后留物资是指不需要带走的个人物资,一般留在营房,由上级统一保管。

"四定",即定人、定物、定车、定位。定人是指将物资明确到具体的个人,并进行标识;定物是指将物资按照"三分"要求进行区分,明确各种物资的数量和种类,规定武器装备的携带方法;定车是指明确个人乘坐的具体车辆,以及放置携行物资和运行物资的具体车辆;定位是指确定个人乘坐车辆的具体位置及任务,以及携行物资和运行物资的具体位置。

"三分四定"是战备工作的重要内容。每一个士兵都应该严格按照相关规定做好各项工作,从而保证在紧急情况下可以立即出动,执行任务。

视野拓展

从实战中总结的"三分四定"

"硬骨头六连"是一支传承红军血脉、敢打硬仗恶仗的英雄连队,以"压倒一切敌人的狠劲、百折不挠的韧劲、坚持到底的后劲"和"战备思想硬、战斗作风硬、军事技术硬、军政纪律硬"享誉全军。

"硬骨头六连"成立于1934年12月,是一支诞生于鄂豫皖革命根据地的红军连队,其前身为鄂东北独立团直属迫击炮排。在鄂东北独立团的带领下,该连在大别山区坚持敌后游击战争。1938年12月,该连被改编为新四军第4支队9团2营迫击炮排。抗日战争时期,该连东进皖中,奔赴抗日前线,并参与创建淮南抗日根据地。解放战争时期,该连北上山东、南下苏北,为国家独立和民族解放做出了贡献。1952年3月,该连奉命入朝作战,参加了金城反击战等大小战斗10余次。在长期的战斗历程中,该连转战全国17个省区,锻造形成了"平时当模范,战时当英雄"的英雄炮兵连精神,先后荣立集体二等功2次、集体三等功9次。1987年,该连被成都军区授予"英雄炮兵连"荣誉称号。

1954年1月,该连从朝鲜战场载誉归来后,立即投入紧张激烈的援建工作,先后支援北京十三陵水库、八一盐田、华阴农场开荒等工程,为社会主义建设做出了贡献。在执行施工劳动期间,该连官兵时刻不忘战备训练,积极探索新的战备管理方法。1963年,连长吴大才提出"三分开,四固定"日常战备制度。后经研究,"三分开,四固定"日常战备制度被确定为"三分四定",并被写入《中国人民解放军内务条令》和《军队基层建设纲要》。

近年来，该连又先后探索出"战备物资箱装化、战斗装具宿舍化、定人定物实时化"的战备管理新理念。他们还瞄准强敌抓战备，紧贴实战抓训练，走一专多能、多专多能的训练路子，多年来基础训练和专业训练成绩始终保持全旅第一。

（资料来源：《解放军报》，有改动）

（二）战备等级

战备等级是部队战备程度的区分。战备的等级由军队的最高指挥机关和各军兵种指挥机关制定，并以法规性文件颁布实施。

1. 战备等级的级别

根据军队战备工作轻、重、缓、急的不同，我军的战备等级可以分为3个级别，从低级到高级分别为三级战备、二级战备和一级战备。

三级战备即在局势紧张，周边地区出现重大异常，有可能对我国构成军事威胁，给我国安全和稳定带来较大影响时，部队所处的战备状态。三级战备时，部队进入部分作战准备状态，其主要工作如下：进行战备动员；加强战备值班和通信保障；密切注视敌人动向，及时掌握情况；停止休假、疗养、探亲、转业和退伍；控制人员外出，做好收拢部队的准备，召回外出人员；启封、检修、补充武器装备器材和战备物资；必要时启封一线阵地工事；修订战备方案；组织战备教育和训练，开展后勤、装备等各级保障工作；等等。

二级战备即局势恶化，对我国已构成直接军事威胁时，部队所处的战备状态。二级战备时，部队进入全面作战准备状态，其主要工作如下：进行深入的战备动员；战备值班人员严守岗位，指挥通信顺畅；严密掌握敌人动向，查明敌人企图；收拢部队；停止休假、转业和退伍；发放战备物资，抓紧落实后勤、装备等各种保障；抢修武器装备；完成应急扩编各项准备，重要方向的边防部队应按战时编制齐装满员；抢修工事、设置障碍；做好疏散部队人员、兵器、装备的准备；调整、修订作战方案；抓紧临战训练；留守机构展开工作；等等。

一级战备即局势极度紧张，针对我国的战争征候十分明显时，部队所处的战备状态。一级战备时，部队呈待发状态，其主要工作如下：立即进行临战动员，并保证一声令下，即可立即出动；战备值班人员昼夜坐班；无线电指挥网全时收听，保障不间断指挥；运用各种侦察手段，严密监视敌人动向；进行应急扩编，战备预备队和军区战备值班部队按战时编制满员，所需装备视补充能力优先保障；完成阵地配系；落实各项保障；部队人员、兵器、装备疏散隐蔽伪装；留守机构组织人员向预定地区疏散；完善行动方案，完成一切临战准备，部队处于待命状态；停止一切休假、转业和退伍计划。

2. 战备等级的要求

通常情况下，部队应根据命令由平时状态向三级、二级、一级战备状态依次转进，必要时也可根据命令越级转进。各部队（分队）应按照规定保持装备完好率和人员在位率，保证随时遂行各种任务。

一旦进入战备等级状态，所有人员必须做到以下几点。

（1）严格遵守保密规定，不泄露部队行动机密。
（2）外出探亲人员在接到上级通知后要迅速归队。
（3）服从命令，听从指挥，按上级的命令完成各项工作。
（4）提高警惕，坚持在岗在位，落实战备计划，保持良好的战备状态，随时做好出动准备。

二、紧急集合

紧急集合是指在紧急情况下迅速集合，应付突发情况的一种紧急行动。《中国人民解放军内务条令（试行）》第二百一十七条规定，部（分）队应当根据上级的紧急战备号令，或者在下列情况下实行紧急集合：① 发现和遭到敌人的突然袭击；② 受到火灾、水灾、地震、台风等自然灾害威胁或者袭击；③ 上级赋予紧急任务或发生重大意外情况。

接到紧急集合命令（信号）时，部（分）队应当迅速而有秩序地按照紧急集合的有关规定，准时到达指定位置，完成战斗或者机动的准备。

（一）紧急集合要领

1. 着装规定

在紧急集合时，士兵通常穿作训服（也称"野战服""作战服"，即士兵在训练和作战时穿着的制式服装），禁止穿拖鞋、短裤和背心。如果上级重新规定着装，士兵应立即换装。

2. 整理携行生活器材

没有装备生活携行具时，士兵应打背包。背包宽30~35厘米，竖捆两道，横压三道。米袋捆于背包上端或两侧；雨衣、大衣通常捆于背包上端，大衣袖子捆于背包两侧；鞋子横插在背包背面中央或竖插两侧；锹（镐）竖插在背包背面中央，头朝上。

有装备生活携行具时，士兵应迅速组合背架，然后按规定将物品分别装入主囊、侧囊和睡袋携行袋中，最后组合背架和军需装备携行具。

3. 装具携带

以步兵为例，没有装备战斗携行具的装具携带方法分为全副武装和轻装两种，着装通常按照"战斗装具左肩右斜，生活装具右肩左斜"的原则进行。

全副武装时，应用背包携带执行任务所需的器材（如锹或镐）；背手榴弹袋，左肩右斜；背挎包（内装食、洗用具，急救包等），右肩左斜；扎腰带（机枪手先背弹盒）；披弹袋；背防毒面具，左肩右斜；背水壶，右肩左斜。

轻装时，其他装具的披带与全副武装相同，不背背包，只是将锹或镐头朝下背于右肩，系绳绕腰间与背绳系紧。

4. 集合

士兵披装完毕后，应迅速跑步到班集合地点，向班长报告。全班到齐后，班长带领全班迅速赶到排集合场，并向排长报告。

士兵在紧急集合时要做到迅速、肃静、完整、安全、便于行动。这就要求每名士兵在平时就按照相关规定放置武器、弹药、装具和衣物等装备，以免在紧急集合时手忙脚乱。

（二）紧急集合类型

紧急集合分为全副武装紧急集合和轻装紧急集合两种。全副武装紧急集合根据当时部队所处的战备等级状态确定。此时，人员的负荷量、携行的装备和器材均按战备方案和上级的规定执行。轻装紧急集合是在执行临时紧急任务时所采取的一种方式。着装时，为减轻士兵的负荷量，通常不背背包或只携带单兵生活携行具，这以便提高部（分）队的快速机动能力。

紧急集合通常以警报、哨声等为信号。接到紧急集合信号后，士兵应迅速按照规定着装，到指定地点集合。到达指定地点后，士兵应检查武器和弹药，并整理装具。

第二节 行军拉练 *

行军拉练是指部队离开营房基地，到野外进行行军和宿营等科目训练的一种模拟实战训练。

一、行军

（一）行军的组织准备

部（分）队在受领任务后，应在规定的时间内有计划地做好行军的组织准备。其要领如下。

1. 研究情况，拟订行军计划

指挥员应根据受领的行军命令，迅速组织有关人员分析与研究任务、敌情、天气、地形等情况，确定行军路线和行军序列，周密安排行军准备工作，制订防护措施和各种情况的处置方案。

2. 传达任务，做好思想动员

行军前，指挥员需要向所属和配属分队下达行军命令。

行军命令的内容主要包括：① 上级任务；② 本分队的任务、行军路线、行军里程、出发及到达指定地区的时间，以及大休息的地点；③ 分队集合地点、行军序列，乘车时还应区分车辆；④ 着装规定；⑤ 完成行军准备的时限，明确起床、开饭、集合的时间；⑥ 行军口令及对口令传递的要求；等等。

行军前，分队指挥员应根据本分队所负担的任务，对士兵进行深入的思想动员，并要求士兵遵守行军纪律，服从命令，听指挥，不得擅自离队，不得丢失装具和食物，不违反群众纪律等，以保证行军任务的顺利完成。

3. 行前检查，做好行军准备

为了顺利完成行军任务，保持分队战斗力，分队指挥员在出发前必须对所属分队行军准备的完成情况进行检查。检查事项如下：① 所属分队对行军命令传达落实和动员的情况；② 所属分队粮秣、饮水、武器、弹药、油料和各种器材的领取、携带情况，以及着装情况等；③ 生活物资保障准备情况、卫生保障准备情况等。

（二）行军的管理与指挥

（1）出发时，分队应按照上级的命令，准时加入上级行军序列。在有可能遭遇战斗的情况下行军时，各分队指挥员应在先头行进，以便及时受领任务。分队在公路或乡村道路行军时，应沿道路的一侧或两侧行进；乘车时，沿道路的右侧行进。

扫一扫
特殊条件下的行军要求

（2）行军中，分队应听从指挥，并注意保持行进速度和规定的距离；未经上级允许，不得超越前面的分队。经过渡口、桥梁、隧路等难以通行的地点时，分队应严密组织、有序通过；通过后，先头部队应适当放慢速度，避免后续部队跑步追赶。徒步行军的分队应主动给车辆、执行特别任务的分队和人员让路。

（3）分队应按上级的指示组织休息。小休息时，分队应靠路边，保持原队形，分队指挥员应督促士兵整理鞋袜和装具等。大休息时，分队应离开道路，进入指定地区，并派出警戒，必要时可占领附近的有利地形，加强对地、空的观察，保持战斗准备，以防止地面和空中敌人的突然袭击。休息完毕出发时，应先清点人数，检查装备，补充饮用水。在严寒地带行军时，小休息时间不要过长，并禁止躺卧，以免冻伤；在炎热季节行军时，要注意防暑。

> **军事百科**
>
> 大休息是指在一日行军行程过半时进行的较长时间的休息。其目的是让行军部队就餐和恢复体力，并检修车辆和补充油料。大休息时，部队应进入指定地域，做好隐蔽疏散配置，组织好警戒和调整勤务，保持战斗准备。需要注意的是，夜间行军通常不进行大休息。
>
> 小休息是指每徒步行军1小时、乘车行军2~3小时所进行的一次较短时间的休息。其目的是调整行军部队的体力。小休息时，部队应按原队形就地休息。

（4）在山林地行军时，通过山垭口和上下坡时应适当减速行进，以避免后续部队跑步追赶或掉队，火炮、车辆应适当加大距离。

（5）行军中，连级应指定一名干部，带领卫生员和若干体壮士兵组成收容组，在连队的后尾跟进，负责收容伤病员，组织掉队人员跟进。

（6）行军中，指挥员应当与所属单位保持顺畅的通信联络，及时了解和果断处置各种情况。临近战斗地区时，应及时搜集、通报前方情况，指挥部队迅速隐蔽地进入指定地区，尽快做好战斗准备。

军史讲堂

铸就一座历史丰碑——红军长征中行军最慢的一段

"长征万里险，最忆夹金山。"1935年6月，中央红军强渡大渡河，飞夺泸定桥，甩掉国民党追兵后，来到夹金山下。这是中央红军长征路上翻越的第一座大雪山。中央红军成功翻越夹金山，实现了红一、红四方面军两大主力红军的胜利会师，壮大了革命力量，为红军继续挥师北上奠定了坚实的基础。长征在这里翻开了新的一页。

回首——永远不会泯灭的历史

夹金山位于四川省雅安市宝兴县，山下有一个藏寨——硗碛（qiāo qì）。从硗碛再往前走，就是红军长征翻越夹金山纪念地。站在红军长征翻越夹金山纪念地，就能看到一条上山的小路。这条路被当地人称作"红军小道"，全长约30千米，从夹金山脚头道水沟起，经二道水沟、筲箕（shāo jī）窝，至夹金山垭口王母寨。这里，就是红军翻越夹金山的起点。脚下的小路，正是当年红军走过的路。

"当年红军翻山的时候衣衫单薄，有些只穿着一双草鞋，而且那时的气温比现在还要低，积雪还要厚。"宝兴县委党史研究室主任朱樊刚说。

夹金山垭口海拔4114米，山顶终年积雪。红军队伍中大部分是南方人，从未经历过这样高寒缺氧的环境，翻越夹金山成为他们长征以来最艰苦的一关，也成为记忆中最难的一段路。据红三军团副参谋长伍修权回忆，过夹金山时，最初是走100步喘一口气，后面慢慢地改为50步喘一口气，最后降到30步喘一口气。"但不能再减少了，走不动也得走，否则只能永远躺在这里。"伍修权说。杨成武将军也曾回忆："越往上爬，空气越稀薄，呼吸越困难。人们头晕脚软，一步一停，一步一喘。"

最终，中央红军用7天时间翻越了夹金山。朱樊刚介绍，这几乎是红军长征中行军最慢的一段。

越是艰险越向前。红军翻越夹金山，铸就起一座不胜不休、勇往直前的历史丰碑。在位于宝兴县城的红军长征翻越夹金山纪念馆（见图9-1）里，挂着8位元帅、7位大将的照片，他们都曾在长征中翻越夹金山。

图9-1　红军长征翻越夹金山纪念馆

讲述——永远不会破碎的深情

藏族姑娘马花讲述了她爷爷和红军的故事:"爷爷跟我讲,红军看上去都是些十七八岁的娃娃,有些还受了伤。他们也不进屋,就躺在路边休息,吃自己带的炒米,喝溪沟里的凉水,没拿当地群众的任何东西。红军是好人。"于是,当红军翻越夹金山时,马花的爷爷手提一盏马灯主动给红军带路。与红军分别时,红军以马灯和红军为谐音,为马花的爷爷取了一个汉族名字——马登洪。"从此,爷爷让我们家人都姓'马'。"马花说。

这样的故事还有很多。在红军长征翻越夹金山纪念馆里,一组画面再现了当地人对红军的支援场景:运粮食,配合红军作战;架设桥梁,抢修栈道;赶制军需品,发动青年参加红军……

长征是宣言书,长征是宣传队,长征是播种机。红军走到哪里,就把革命主张宣传到哪里,为人民谋幸福的主张更是深入人心。纪念馆工作人员介绍,当年,仅在宝兴就有400余名优秀儿女参加了红军。红军离开后,反动武装派人铲除红军标语,收缴红军遗物,但在宝兴人民的精心保护下,红军的象牙印章、干粮袋、马灯、马刀、手榴弹、炮筒、铁锅、铜盆、苏维埃分田证、识字读本,以及石刻、墙体、岩体的标语等大量物品仍然被保留了下来。

传承——永远不会忘却的纪念

"不管时间过去多久,长征精神都要代代相传。"在充分挖掘历史的基础上,新时代长征精神的传承有了更多载体。

时光荏苒,亲历者越来越少,对历史资料的收集和整理就更加重要。在宝兴,有不少人一直在寻访和整理当年的历史。朱樊刚听说有一位年近九旬的老人非常了解红军当年在夹金山的情况,就和几位伙伴一起去寻访。"开车到硗碛镇上,一边打听一边找,爬了大半天的山路,最后在一个偏远的小山坡上找到老人的家。"

在红军长征翻越夹金山纪念馆中,藏有一份红军出版的《不胜不休》报。"'不胜不休'已经成为一种宝兴精神。"纪念馆工作人员说。在汶川特大地震、芦山强烈地震后,宝兴人民发扬这种精神,在灾后迅速建起一个更加幸福、美丽、和谐的新宝兴。

如今,红军长征翻越夹金山纪念地已经成为很多学校的现场教学点。一所学校的负责人介绍:"我们整合了宝兴境内9处省级以上重点文物保护单位、27处革命遗址遗迹资源,集中打造红色文化研学产品。"为了在新时代弘扬长征精神,很多学校还精心设计了精品教学路线,开设"重走长征路、翻越夹金山""红军小道负重前行"等一系列体验课程。学生们着"红军装",举"红军旗",走"红军路",吃"红军苦",身临其境地感受到了红军长征路上的艰辛。

(资料来源:人民网,有改动)

二、宿营

宿营是指部（分）队在行军、输送或战斗后的临时住宿。其目的是使部（分）队得到休息和整顿，为继续行军或战斗做好准备。宿营一般分为舍营（利用居民房舍住宿）、露营（在房舍外露宿或用帐篷住宿），或者舍营和露营相结合的宿营。宿营地域应根据敌情、地形和任务选定。

（一）营地的选择

营地的选择应根据敌情、地形、任务和行军编成等而定。选择宿营地时，通常应考虑以下几个条件。

（1）有适当的地幅和充足的水源，便于人员、车辆用水，便于筹集粮秣和军用车辆燃料，便于防治疾病和救治伤病员。

（2）有良好的地形。所选地形应便于疏散和配置部（分）队，便于构筑必要的工事，便于组织防空、防化、防核，四周有警戒空间，便于抗击敌人的袭击和反空降；有良好的进出道路，能尽量避开易遭敌袭击的醒目目标，能最大限度地避开疫区和传染病流行地。

（3）在冬季，露营地域应避风向阳；在夏季，露营地域应避开山洪水道、潮湿处和易于发生泥石流和坍塌的地方，并便于排水。

> **军事百科**
>
> 地幅通常是指在一定的界线内或两条线之间所包括的空间。它和地域有些相似，其面积可大可小。

（二）宿营的部署

宿营部署主要考虑怎样便于各部（分）队宿营地域的紧急集合、紧急疏散、紧急转入行军状态、紧急投入战斗等情况。

宿营部署应依据敌情、地形和宿营方式而定，尽量按建制和行军序列给各部（分）队分配宿营地，以便各部（分）队集合后能够直接由宿营地投入到行军或战斗中。各部（分）队通常以营为单位分散配置，宿营地为圆形或近似于正方形。集合场一般安排在宿营地中心或背向敌方一侧，以便各部（分）队快速集中。此外，在部署宿营时还应为宿营部队确定紧急疏散的地域。

乘车行军时，各部（分）队应视情况留适当人员在车上住宿，车辆应停放在疏散隐蔽、离宿营地近且便于机动的位置。

（三）宿营的组织与管理

部（分）队到达宿营地域时，应迅速开设指挥所、架设通信线路、沟通通信联络、组织值班勤务，并迅速、隐蔽地进入宿营地宿营。为防止敌人突然袭击并为继续执行任务准备情报，部（分）队宿营后应向有敌情顾虑的行动方向派出侦察人员，并在周边组织人员进行宿营警戒。离开宿营地时，部（分）队要尽量消除一切住宿痕迹。

部（分）队指挥员应勘察紧急集合场和紧急疏散地域，以及随时抗击敌袭的预想阵地；规定作息时间，明确应急措施；提出防奸、保密、防火和纪律等要求，严格控制人员、车辆的流动；检查部队宿营情况，如人员休息和车辆、装备、物资的隐蔽、疏散、伪装情况，宿营警戒和战斗值班分队的派遣及配置情况，各分队防雨、防潮、防冻、防火及防病措施情况等，发现问题应及时予以纠正。

第三节　野外生存

野外生存是指人在食宿无着落的特殊环境中生存与自救的活动。现代战争的残酷性、复杂性和连续性，增加了军人在孤立无援的敌后或生疏的荒野丛林等特殊环境下完成战斗任务的难度。因此，为了生存与安全，军人必须学会野外生存的方法与技能。学生虽然不用上战场，但在一些非作战的特殊情况下，如旅游、探险等活动中，有时也会迷途于荒岛、丛林、深山或大漠中，从而陷入困境。因此，学生也应该掌握一定的野外生存知识。

"野外生存"为普通高等学校军事课的选讲内容，感兴趣的同学可以扫描右侧二维码学习关于野外生存的详细知识：获取食物、寻水、取火及野炊。

野外生存

第四节　识图用图

地形图是指将地面的自然和社会要素，按一定的投影方法和比例关系，用规定的符号、颜色和注记综合测绘在平面图纸上的图。它是研究地形的重要资料，是部队训练和组织指挥作战的重要工具之一。因此，军人必须学会识图用图。

"识图用图"为普通高等学校军事课的选讲内容，感兴趣的同学可以扫描右侧二维码学习关于识图用图的详细知识：地形图基本知识及其使用训练。

识图用图

一、填空题

（1）日常战备主要包括战备教育、节日战备和_____等内容。

（2）根据军队战备工作轻、重、缓、急的不同，我军的战备等级从_____到_____分别为三级战备、二级战备和一级战备。

（3）以步兵为例，没有装备战斗携行具的装具携带方法分为全副武装和轻装两种，着装通常按照_____的原则进行。

（4）紧急集合通常以_____、_____等为信号。

（5）宿营地域应根据敌情、_____和_____选定。

二、简答题

（1）简述战备教育的主要内容。
（2）紧急集合的要领是什么？
（3）简述"三分四定"的主要内容。
（4）选择宿营地时应注意哪些问题？

三、论述题

如何组织行军？如何处置行军中遇到的各种情况？

重走长征路——追寻红色足迹，感受艰辛历程

实践目的：
通过行军拉练宣传活动，重温红军长征艰苦卓绝的光荣历史，缅怀革命先辈的光辉足迹，在掌握国防知识和技能的基础上筑牢理想信念根基，厚植爱党爱国情怀。

实践方案：
（1）分组。全班学生以5~8人为一组进行分组，每组设组长1名。
（2）各组查找红军长征的相关资料，选取一项长征途中具有代表性意义的事件，如遵义会议、四渡赤水、飞夺泸定桥、翻雪山、过草地和会宁会师等。
（3）各组结合所选事件的实际情况与本章所学内容，设置"行军""宿营""疏散隐蔽""生化防护"和"战备规定"5项军事训练科目，写一份行军拉练活动方案。活动方案中的行军路程不能超过10千米。

（4）各组成员进行分工合作，根据确定的活动方案制作行军拉练活动的宣传材料。

（5）各组派一名代表在全班展示本组活动方案和宣传材料，并讲解在行军拉练过程中应该注意的问题。

（6）各组根据活动方案在校园、周边社区等地开展宣传活动。在条件允许的情况下，全班可以在课下将行军拉练活动方案付诸实施。

（7）总结。活动结束后，各组组长组织小组成员进行活动总结，分享在活动开展中的感受。

参考文献

[1] 毛泽东选集[M]. 北京：人民出版社，1991.

[2] 邓小平文选（第三卷）[M]. 北京：人民出版社，1993.

[3] 中共中央宣传部，中央军委政治工作部. 习近平强军思想学习问答[M]. 北京：人民出版社，2022.

[4] 中共中央宣传部，中央国家安全委员会办公室. 总体国家安全观学习纲要[M]. 北京：学习出版社、人民出版社，2022.

[5] 高锐. 中国军事史略[M]. 北京：军事科学出版社，1992.

[6] 解放军报社. 智胜未来：智能化战争面面观[M]. 北京：人民出版社，2022.

[7] 杨文哲，康磊. 新时代军事技能训练[M]. 北京：首都师范大学出版社，2022.

[8] 马德宝，任振杰. 马克思主义军事理论中国化[M]. 北京：军事科学出版社，2017.

[9] 吴温暖. 军事理论与技能训练教程[M]. 北京：高等教育出版社，2020.

[10] 张春伟，唐雁，王泽松. 新编大学生军事理论与技能[M]. 北京：电子工业出版社，2024.

[11] 易贤文，冯炼. 强军固防 青春同行——大学生军事理论与技能训练教材[M]. 成都：四川大学出版社，2019.

[12] 姚养无，周毅. 军事理论与军事技能教程[M]. 北京：国防工业出版社，2018.

[13] 冯正广. 大学生军事理论教程[M]. 成都：西南交通大学出版社，2021.

[14] 中国人民解放军内务条令（试行）. 2018.

[15] 中国人民解放军队列条令（试行）. 2018.

[16] 中国人民解放军纪律条令（试行）. 2018.

[17] 黄自力. 新编大学生军事教程[M]. 北京：北京理工大学出版社，2017.

[18] 刘建飞. 中国特色国家安全战略研究[M]. 北京：中共中央党校出版社，2016.

[19] 张锦涛，谢钧. 世界主要大国军政概况[M]. 南京：南京大学出版社，2016.

[20] 邹舟，李莹军. 未来战争形态研究[M]. 北京：兵器工业出版社，2019.

[21] 宋华文，耿艳栋. 信息化武器装备及其运用[M]. 北京：国防工业出版社，2010.

[22] 王洪光. 经典战例评析（上卷）[M]. 北京：军事科学出版社，2009.

[23] 袁鹏. 国际战略与安全形势评估[M]. 北京：时事出版社，2020.